LE
DROIT DE VISITE
ET
LA GUERRE DE COURSE

NOTIONS PRATIQUES

DE DROIT MARITIME INTERNATIONAL ET DE LÉGISLATION COMMERCIALE

APPLICATIONS AUX GUERRES MARITIMES CONTEMPORAINES

Par E. DUBOC

LIEUTENANT DE VAISSEAU EN RETRAITE

BERGER-LEVRAULT & Cie, ÉDITEURS

PARIS
5, RUE DES BEAUX-ARTS, 5

NANCY
18, RUE DES GLACIS, 18

1902

Tous droits réservés

Bibliothèque du Marin.

Histoire des Flottes militaires, par Ch. CHABAUD-ARNAULT, capitaine de frégate de réserve. 1889. (*Ouvrage adopté pour l'École navale.*) Un volume in-8 de 512 pages avec 10 plans de batailles . . . . **6 fr.**

Les Flottes de combat étrangères en 1900, par R. DE BALINCOURT, capitaine de frégate. Un volume in-16 oblong de 668 pages avec 300 croquis, relié souple. . . . . **6 fr.**

Service administratif à bord des navires de l'État. *Manuel du commandant-comptable et de l'officier d'administration*, par C. NEVEU et A. JOUAN, commissaires de la marine. 3ᵉ édition, 1900, mise à jour. Un volume grand in-8 de 632 pages. . . . . **10 fr.** — Relié en percaline. . . **11 fr. 50 c.**

— **Appendice**, mettant le manuel à jour jusqu'au nᵒ 32 du *Bulletin officiel* de 1900. . . . . **1 fr.**

Répertoire du Service à la mer, par Ch. COURAYE DU PARC, sous-commissaire de la marine. 1896. Un vol. gr. in-8, br. 6 fr. — Relié en percal. 7 fr.

Précis de Droit maritime international et de Diplomatie, d'après les documents les plus récents, par A. LE MOINE, capitaine de vaisseau, licencié en droit. 1888. Un volume in-8 de 360 pages . . . . **6 fr.**

Éléments de Cosmographie et de Navigation, précédés de notions de trigonométrie sphérique, par J.-B. GUILHAUMON, ancien officier de vaisseau, professeur d'hydrographie. 3ᵉ édition. 1902. Un volume in-8 de 416 pages, avec 162 figures, broché. . . 7 fr. 50 c. — Relié en percaline. . . 9 fr.

Exercices de Trigonométrie sphérique, de Cosmographie, de Navigation et de Calculs nautiques. Renfermant plus de 150 questions posées aux examens de l'élève de la marine marchande et du capitaine au long cours, par J.-B. GUILHAUMON, ancien officier de vaisseau, professeur d'hydrographie. Un volume in-4º (*sous presse*).

Éléments de Machines à vapeur marines, par J.-B. GUILHAUMON, ancien officier de vaisseau, professeur d'hydrographie. 2º édition. 1901. Un volume in-8 de 237 pages, avec 131 figures, broché . . . . **5 fr.**

Théorie du Navire, par E. GUYOU, capitaine de frégate, membre de l'Institut. Suivie d'un Traité des évolutions et allures par le contre-amiral MOTTEZ. (*Ouvrage couronné par l'Académie des Sciences.*) 2ᵉ édition. 1894. Un volume in-8 de 440 pages, avec 151 figures . . . . **7 fr. 50 c.**

Résumé de Théorie du Navire, par J.-B. GUILHAUMON, ancien officier de vaisseau, professeur d'hydrographie. 2ᵉ édition. 1900. Un volume in-8, avec 31 figures et 2 planches hors texte, broché . . . . **2 fr. 50 c.**

Cours élémentaire d'Astronomie, par E. GUYOU, capitaine de frégate, membre de l'Institut, et WILLOTTE, ingénieur des ponts et chaussées. 2º édition. 1896. Un volume in-8 avec 170 figures dans le texte et deux planches. . . **10 fr.**

Cours élémentaire d'Électricité pratique, par H. LEBLOND, professeur d'électricité à l'École des officiers torpilleurs. 4ᵉ édition, revue et corrigée. 1901. Un volume in-8 de 552 pages, avec 201 figures, broché . **7 fr. 50 c.**

Électricité expérimentale et pratique. Cours professé à l'École des officiers torpilleurs, par H. LEBLOND, agrégé des sciences physiques, ancien élève de l'École normale supérieure. 2ᵉ édition. 1894-1895. 4 volumes in-8, 1830 pages, avec 410 figures et 3 planches . . . . **26 fr.**

Les Moteurs électriques à courant continu, par le même. 2ᵉ édition. 1898. Un volume in-8 de 576 pages, avec 129 figures . . . . **10 fr.**

(Les trois ouvrages de M. Leblond ont été couronnés par l'Académie des sciences.)

Éléments de Météorologie nautique, par J. DE SUONY, lieutenant de vaisseau, membre de la Société météorologique de France. 1890. Un volume in-8 de 488 pages avec 57 figures et planches . . . . **6 fr.**

Traité d'Artillerie, à l'usage des officiers de marine, par E. NICOL, lieutenant de vaisseau. Un volume in-8 de 336 pages, avec 86 figures. . . . . **8 fr.**

Torpilles et Torpilleurs des nations étrangères, suivis d'un *Atlas des flottes étrangères*, par H. BUCHARD, lieutenant de vaisseau. 1889. Un volume in-8 de 254 pages et 114 planches. . . . . **6 fr.**

Marines étrangères. Situation. Budget. Organisation. Matériel. Personnel. Troupes. Défenses sous-marines. Armement. Défenses du littoral. Marine marchande, par H. BUCHARD. 1891. Ouvrage contenant 30 planches d'uniformes et d'insignes. Un volume in-8 de 636 pages. . . . . **10 fr.**

LE
DROIT DE VISITE

ET

LA GUERRE DE COURSE

LE
DROIT DE VISITE

ET

LA GUERRE DE COURSE

NOTIONS PRATIQUES

DE DROIT MARITIME INTERNATIONAL ET DE LÉGISLATION COMMERCIALE

—

APPLICATIONS AUX GUERRES MARITIMES CONTEMPORAINES

Par E. DUBOC

LIEUTENANT DE VAISSEAU EN RETRAITE

BERGER-LEVRAULT & Cie, ÉDITEURS

PARIS | NANCY
5, RUE DES BEAUX-ARTS, 5 | 18, RUE DES GLACIS, 18

1902

PRÉFACE

Le général américain Francis Lippitt dans la conclusion d'un remarquable article sur le « Droit maritime
international (¹) » s'exprimait ainsi : « Je suis tenté de
« faire une remarque, quelque paradoxale qu'elle puisse
« paraître, à savoir : qu'à l'époque où nous sommes,
« la connaissance de certaines branches du Droit inter-
« national a plus d'importance pour les officiers de
« marine que pour les diplomates qui représentent
« leur pays à l'étranger ; et cela, parce que les diplo-
« mates ne sont jamais forcés de prendre instantané-
« ment une décision sur une question importante qui
« se présente. Avant de prendre un parti, ils ont sous
« la main tous les livres et toutes les autorités néces-
« saires pour leur permettre d'arriver à une conclusion
« correcte ; et, dans tous les cas, ils peuvent recevoir
« rapidement par le télégraphe des instructions de
« leur Gouvernement qui les déchargeront de toute
« responsabilité. Tel n'est pas le cas de l'officier com-
« mandant un navire de guerre. Il peut à tout moment

---

(1) Proceedings of the United States naval Institute. *International law —
Naval captures.* June 1898.

« être appelé à une action subite, qui peut avoir pour
« conséquence d'entraîner son pays dans une guerre,
« sans avoir ni le temps ni les moyens de consulter
« ses chefs, et dans des circonstances où aucune com-
« munication télégraphique ne lui permet de prendre
« les ordres de son Gouvernement. »

C'est parce que nous avons ressenti vivement la
justesse rigoureuse des lignes ci-dessus que nous avons
entrepris d'écrire cet ouvrage dans la pensée qu'il
pourrait être utile aux officiers de la marine de guerre
et de la marine marchande.

Nous nous sommes proposé de leur donner un guide
à la fois théorique et pratique.

Dans la première partie de cet ouvrage sera traitée,
d'une façon très complète, la question du « Droit de
Visite » envisagée de haut, d'abord en temps de paix,
puis en temps de guerre.

La deuxième partie sera consacrée à des « Notions
sommaires de législation maritime commerciale », que
l'officier de marine, non initié généralement aux choses
de la marine marchande, doit cependant posséder pour
opérer avec l'autorité et la compétence désirables la
visite des papiers de bord d'un bâtiment suspect.
L'officier, dès qu'il a mis les pieds sur le pont d'un
navire de commerce encourt de graves responsabilités.
Toute hésitation, toute erreur commise par lui en deçà
ou au delà du droit peut être très préjudiciable aux
intérêts de la nation dont il est le représentant autorisé. Il ne lui est donc pas permis d'ignorer ce qu'il a

à faire dans certains cas particuliers qui pourront se présenter, car les résolutions qu'il lui faudra prendre pourront avoir des conséquences heureuses ou regrettables, selon qu'il aura agi avec discernement, ou bien avec une certaine indécision, dans la crainte de tomber dans l'erreur. Or, comment l'officier de marine qui n'a jamais eu sous les yeux, ni un connaissement, ni une charte-partie, ni un manifeste, sera-t-il à même de juger si les papiers de bord qu'on lui montre sont bien en règle et si l'acte de nationalisation répond bien aux couleurs du pavillon montré à la poupe ?

Nous avons pensé qu'il y avait, sous ce rapport, une lacune à combler, dans l'instruction professionnelle de nos officiers et sans avoir la prétention de tout dire sur la matière, nous espérons que ce chapitre spécial leur sera de quelque utilité.

Après la théorie viendra l'examen détaillé des papiers de bord français et étrangers, anglais surtout, et le lecteur trouvera à la fin du volume la reproduction intégrale des principaux documents à examiner tels que certains feuillets de l'*Official log-book,* ainsi que des exemples de chartes-parties et de connaissements français et anglais.

Les Assurances maritimes ; les divergences entre les papiers de bord et les marchandises ; les transferts de pavillon, les fraudes, les ventes fictives et les faux papiers seront l'objet d'études particulières dont il est inutile de faire ressortir l'intérêt, ces dernières questions n'ayant été jusqu'ici traitées que d'une manière incidente par différents auteurs qu'on ne peut songer à réunir dans une bibliothèque de bord.

Dans la troisième partie, pour couronner l'ouvrage, viendront successivement, et par ordre chronologique formant une série d'applications pratiques, divers documents relatifs aux « Blocus » et au « Droit de Visite » exercés pendant la guerre de 1870 ; pendant la guerre franco-chinoise ; la guerre italo-abyssine (cas du *Doel-wijk*) et pendant la guerre hispano-américaine.

Pour cette revue historique des événements concernant le Droit de Visite et les blocus nous avons été à même de nous documenter aux sources officielles les plus authentiques.

Enfin, à l'Appendice, nous avons cru devoir signaler à l'attention du lecteur quelques points autour desquels semble se dessiner une évolution du Droit maritime international, tendant à renforcer les Droits de la guerre.

Telles sont les attaques formulées contre la célèbre « Déclaration de Paris de 1856 » ; et le modus vivendi adopté par les belligérants vis-à-vis des câbles télégraphiques sous-marins ; question intimement liée à la « guerre industrielle » et qui offre aujourd'hui un intérêt considérable.

Quelques-uns de nos anciens camarades, approuvant l'idée qui a présidé à la conception de ce manuel théorique et pratique du « Droit de Visite », nous ont assuré qu'il répondait à un besoin réel.

Cet ouvrage s'adresse également aux officiers de la

marine marchande, car il importe qu'ils soient fixés, en toutes circonstances tant sur leurs devoirs que sur les droits des navires visiteurs, et qu'en cas d'abus, ils soient à même de formuler sans retard, au nom des intérêts qui leur sont confiés, les protestations légales qui seront appuyées, s'il y a lieu, de revendications en dommages et intérêts poursuivies par les armateurs.

Puisse ce travail ne pas être inutile à nos camarades de la marine de guerre, si les circonstances les obligent un jour à exercer le « Droit de visite » à bord d'un navire suspect en qualité d'officier de corvée; et à nos camarades de la marine marchande, s'ils ont à subir cette visite de la part d'un croiseur ennemi; nous serons alors largement récompensé de nos efforts.

Émile DUBOC.

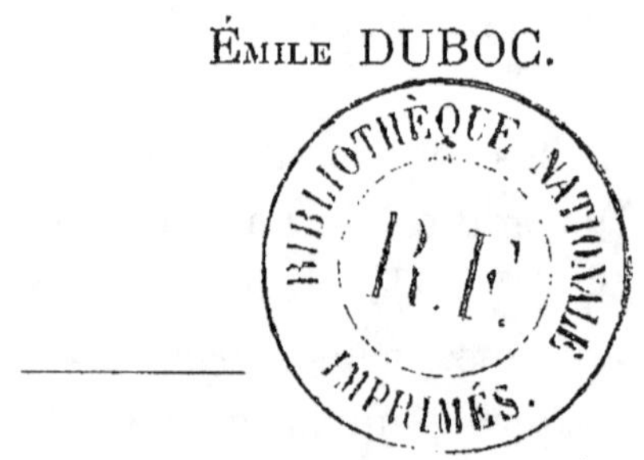

OUVRAGES ET DOCUMENTS A CONSULTER

CLAUDE CHAMPENOIS. — *Les Armements maritimes.*

HENRI FROMAGEOT. — *Code maritime britannique.*

V. TOUSSAINT. — *Code manuel des armateurs et des capitaines de la marine marchande.*

LAURIN. — *Droit maritime.*

A. HAUMONT et LÉVAREY. — *Les Transports maritimes.*

FRIOCOURT. — *Précis de droit commercial maritime.*

GAUCHY. — *Le Droit maritime.*

Thèses de Desjardins.

Archives diplomatiques, janvier 1897, p. 81, donnant la traduction de la *Gazetta Officiale* du 15 décembre 1896, contenant le jugement de l'affaire du *Doelwijk.*

Revue de Droit international public. 1897-1898-1899.

Journal de Droit international privé. 1897. Numéros III et IV et 1808, pp. 291-493-525-652 et 825.

HENRI BARBOUX. — *Jurisprudence du Conseil des prises (1870-1871).*

CALVO. — *Le Droit international.* Cinquième volume.

ORTOLAN. — *Diplomatie de la mer.*

PISTOYE et DUVERDY. — *Prises maritimes.*

FAUCHILLE. — *Blocus maritimes.*

G. DUCHATEAU, lieutenant de vaisseau. — *Le Blocus naval.* Traduit de l'Army and navy Gazette. *Revue maritime,* avril 1896.

A. PILLET. — *Le Droit de la guerre.*

— *Les Lois actuelles de la guerre.*

Capitaine BRIDE. — *La guerre hispano-américaine de 1898.*

HENRI FROMAGEOT. — *Code disciplinaire et pénal pour la marine marchande.* Paris.

Documents américains et anglais.

The Shipping world year book.

Proclamations and decrees during the war with Spain; Washington, Government printing office, 1889.

United States Supreme Court Reports; vol. 174 à 176.

Annual Report of the Attorney General of the United States; Washington Government printing office; années 1899 et 1900.

EVERETT WHEELER. — *The Law of Prize as affected by decisions upon captures made during the late war between Spain and the United States.* (International law Association Rouen Conference 1900.) London, 1900.

Instruction to blockading vessels and cruisers; Navy Department, n° 492.

Appendix to the Report of the Chief of the bureau of Navigation. Naval operations of the war with Spain. 1898. Washington Government office.

Commander STOCKTON. — *Proceedings of the U. S. Naval Institute. Submarine telegraph cables in time of war.* Annapolis. Sept. 1898.

General FRANCIS J. LIPPITT. — *Proceedings of the U. S.,* etc. *International law. Naval captures.* Annapolis. June 1898.

Professor THEODORE S. WOOLSEY. — *Proceedings of the U. S.,* etc. *The right of search and its limitation in time of peace.* Annapolis, vol. XXII, n° 4, 1896. (Traduit en français par M. Mangin, sous-commissaire. *Revue maritime.* Janvier 1898.)

MACDONELL esq., master of the Supreme Court London. — *Journal of the royal United Service.* Recent changes in the rights and duties of belligerent and neutrals according to international law. July-August 1898.

N. W. SIBLEY. — *The Westminster Review.* Pacific blockade. London. June 1897.

Documents traduits de l'allemand.

Rear-admiral PLUDDEMANN (German navy). — *Comments on the main features of the spanish-american war.* (Translated from the german.)

Commander J... — *Sketches from the spanish-american war.* (Translated from the german.)

Documents espagnols ou traduits de l'espagnol.

D. Victor M. Concas y Palau, capitan de navio. — *Causa instruida por la destruccion de la escuadra de Filipinas*. Madrid. 1899.

Victor M. Concas y Palau. — *La escuadra del almirante Cervera*. Madrid. 1899.

Lieutenant José Muller y Tejeiro. — *Battles and capitulation of Santiago de Cuba*.

LE
DROIT DE VISITE

ET

LA GUERRE DE COURSE

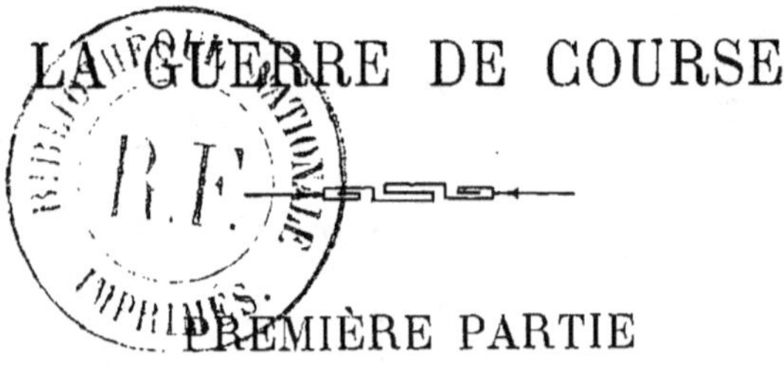

PREMIÈRE PARTIE

CHAPITRE Iᵉʳ

LE DROIT DE VISITE EN TEMPS DE PAIX

> Tout navire doit être considéré comme
> une colonie flottante de son état.
> (Klüber, *Droit des gens*, p. 296.)

Arrêter et visiter en pleine mer un navire de commerce en temps de guerre constitue un droit légitime, accordé aux belligérants. C'est, en effet, le seul moyen qu'ils possèdent de s'assurer que le bâtiment suspect ne viole pas la neutralité en transportant de la contrebande de guerre destinée à l'ennemi.

Quant au droit de visite en temps de paix, il est en opposition évidente avec le droit naturel, et il a donné lieu à tant d'abus, que toutes les nations, sauf l'Angleterre, sont unanimes à le repousser.

Nous nous proposons dans cette étude de donner un historique succinct des événements qui se rattachent au prétendu droit de visite en temps de paix.

Nous traiterons ensuite du droit de visite en temps de guerre. Ces deux questions ne sont pas sans intérêt non seulement pour les jurisconsultes et les marins, mais pour tous ceux à qui est chère par-dessus tout l'indépendance de leur pays.

Du Droit de Visite en temps de paix.

Nous l'avons déjà dit, mais nous ne saurions l'affirmer avec trop d'énergie, le droit de visite en temps de paix a pu s'exercer à titre de droit conventionnel, mais il ne peut prétendre faire partie du droit des gens.

Le marin a son domicile sur son navire et nul n'a le droit d'y pénétrer sans un mandat de justice délivré par le gouvernement de son pays, à moins d'une demande de secours en cas de danger, faite par le navire lui-même. Les Anglais ont trop souvent soutenu la thèse contraire, pour que nous n'ayons pas plaisir à citer ici leur célèbre jurisconsulte, sir W. Scot, devenu depuis Lord Stowel, des lèvres duquel s'échappèrent les paroles suivantes :

« Aucune nation, dit-il, ne peut exercer un droit de visite sur les portions communes et vagues de l'Océan, *qu'à titre de puissance belligérante.* Aucune nation n'a le droit, sous prétexte d'un bien éminent, de recourir à des moyens illicites ou de vouloir imposer la reconnaissance d'un grand principe en renversant d'autres grands principes qui lui font obstacle (¹). »

______

(1) *Droit de visite,* par Jollivet, député, 1842.

L'Angleterre a mis en avant trois raisons principales pour exercer le droit de visite en temps de paix :

1° La souveraineté de certaines mers ;

2° La police générale en vue de la répression de la piraterie ;

3° La répression de la traite des nègres.

Prétentions à la souveraineté des mers.

La souveraineté des mers, c'est le système exposé par Selden, en 1635. L'Angleterre prétend à l'empire absolu et à la propriété de la mer Britannique (mer d'Irlande) et des quatre mers qui entourent l'Angleterre, l'Écosse et l'Irlande.

Dans le même ordre d'idées, le Portugal et l'Espagne prétendaient à la souveraineté des mers du Nouveau-Monde, en vertu d'une bulle du pape Alexandre VI, et le doge de Venise se proclamait souverain maître de la mer Adriatique, son épouse, dans laquelle il jetait solennellement un anneau nuptial. Jadis encore, l'empire ottoman revendiquait la propriété absolue de la mer Noire, dont il possédait à peu près toutes les rives. L'admirable *mare liberum* de Grotius (1609) avait déjà fait justice de ces prétentions excessives :

« La liberté des mers, dit-il, comme toute autre liberté, comme la pratique de toute vérité, est au-dessus du droit et des espérances des hommes. »

L'Océan environne et borne tout, il n'est environné et borné par rien ([1]). En réalité, le droit naturel veut, sur l'étendue immense des océans, *le bâtiment libre sur la mer libre*.

S'appuyant sur cette prétendue propriété des mers entourant les îles d'Angleterre, l'insolence des marins de cette nation était sans bornes. On en jugera par l'incident suivant, relaté par Richelieu dans son testament politique :

« Sully, s'étant embarqué à Calais sur un vaisseau portant

([1]) Theod. Graswinckel, 1653.

les couleurs de France au grand mât, fut contraint de baisser
pavillon devant une flamberge anglaise, *dont les boulets per-
cèrent les cœurs de tous les bons Français.* »

C'est au point que l'application des idées du fameux *mare
clausum* entraînait pour les étrangers, pour les *non-Anglais,*
en pleine paix, même pour les bâtiments de guerre, l'obligation de saluer le pavillon britannique !

A quelles vexations ne devaient pas être soumis les pau-
vres navires marchands assez malheureux pour être obligés
de traverser les eaux dites anglaises ?

En ce qui concerne les bâtiments de guerre, Louis XIV
mit un terme à ces insolences, par l'ordonnance d'avril 1689 ;
mais, en vertu du principe que toute violence amène une
réaction, il alla trop loin. Non content de refuser le salut,
il l'exigea.

Voyons maintenant la seconde raison invoquée par l'Angleterre : la répression de la piraterie.

Répression de la piraterie.

Entre le xive et le xviie siècle, les navires de commerce
étaient le plus souvent armés en guerre pour se défendre
contre les pirates. C'est ce qui se voyait encore, il y a dix
ans à peine, sur les côtes de la Chine méridionale et du
Tonkin. On ne rencontrait pas une jonque un peu importante
qui n'eût deux, quatre ou huit canons. Malheureusement,
comme l'occasion fait le larron, telle jonque qui se trouvait en
présence d'un autre bateau moins bien armé ne se gênait
nullement pour le piller ou pour *le pirater,* selon l'expression consacrée, et continuer son chemin sous les apparences
d'une pacifique jonque de commerce ayant tous ses papiers
en règle et son petit autel dédié à Bouddha.

Au moyen âge, les mêmes causes engendrèrent les mêmes
effets. C'était le beau temps de la piraterie. En bonne règle,

chaque nation eût dû se charger de faire la police de ses propres navires de commerce. Mais comment distinguer en pleine mer, de loin, si le navire suspect est pirate ou non, alors que rien ne ressemblait mieux à un pirate qu'un navire de commerce, et réciproquement.

De là est né le droit dit *d'enquête de pavillon,* lequel est né du *droit d'approche,* qui consiste à s'assurer par des signes extérieurs de la nationalité du bâtiment. Ces deux droits sont légitimes, car il est évident qu'ils ne portent nulle atteinte aux attributs de la nationalité et à l'indépendance réciproque des États souverains, à condition qu'on n'oblige pas le navire suspect à s'arrêter ou à changer de route.

De nos jours, cependant, il convient d'user de ces droits avec une extrême discrétion. Un bâtiment de guerre, sachant qu'il engage directement la responsabilité de l'État, y regardera à deux fois avant de s'en prendre à un paquebot. Il n'usera des droits précités que dans les parages notoirement infestés par les pirates ou les flibustiers, vis-à-vis de navires qui lui ont été signalés ou sur lesquels il a de graves présomptions.

On se rend compte déjà combien la pente est glissante sur ce terrain et quelle faible distance sépare le droit d'enquête de pavillon du droit de visite. C'est affaire de tact et affaire de flair.

Au temps de la vieille marine à voiles on n'y regardait pas de si près, d'autant plus que les communications avec les pays d'outre-mer étaient aussi rares et aussi difficiles qu'elles sont devenues promptes, grâce aux câbles télégraphiques. Dans ces conditions, les navires de guerre en général, et en particulier les navires de guerre anglais, ne se faisaient aucun scrupule d'user et d'abuser du prétendu droit de visite. C'était un prétexte pour étendre à toutes les mers du monde ce droit de police, limité d'abord aux mers dites anglaises. Selon le bon plaisir de ceux qui l'exerçaient, le plus souvent sans raison plausible, le navire de commerce était arrêté ; ses panneaux ouverts ou défoncés, la cargaison bouleversée ou même réquisitionnée ; le secret de ses opérations de commerce et la situation de ses comptoirs étaient violés, puis transmis aux Chambres de commerce britanniques ; le malheureux capitaine, obligé de céder à la force, s'estimait heureux si, après avoir nourri à faim et à soif ceux qui avaient envahi son bord, il n'arrivait à constater après leur départ que la disparition de quelques objets précieux ou même de l'argent qu'il possédait.

Être armateur ou marin à cette époque était, on le voit, un métier hasardeux.

Comme on le suppose bien, les protestations des victimes étaient vaines ; vaine également l'opposition du capitaine ; et vaines encore les preuves consignées dans les cahiers du bord.

Pour se garantir à la fois contre les pirates et contre les visites qui constituaient une nouvelle forme de piraterie, non moins redoutée que la première, les navires de commerce avaient coutume de naviguer de conserve, pour se prêter mutuellement main forte à l'occasion.

L'un des capitaines que désignaient son âge et son expérience avait le titre d'amiral, qui lui conférait une autorité admise par tous, mais qui ne mettait pas la flottille complètement à l'abri des vexations dont nous venons de parler.

Prétendue philanthropie anglaise. — Répression de la traite des noirs.

La troisième raison invoquée pour justifier le droit de visite en temps de paix a été inspirée en apparence par la philanthropie, quand il a plu à l'Angleterre de déclarer solennellement qu'il fallait réprimer la traite des nègres.

Nous ne pouvons nous dispenser de donner ici un exposé rapide des phases par lesquelles est passé ce commerce de chair humaine. Nous emprunterons les renseignements qui vont suivre à la déclaration lue par M. Macedo, ministre de Portugal, à la conférence de Bruxelles (19 novembre 1889) (1).

« Dès le milieu du xvi⁰ siècle, un certain John Hawkings, sujet anglais, profitant habilement de ce que le pape Alexandre VI avait interdit aux Espagnols de naviguer dans l'est du méridien des Açores, s'associa à plusieurs personnages de haute marque et envoya trois navires à Sierra Leone pour y charger des nègres qu'il vendit à bon prix à Saint-Domingue. L'année suivante (1563) sept navires de Sa Majesté, dont le principal jaugeait 700 tonneaux et portait le nom de *Jésus,* firent sur une plus grande échelle le même genre de trafic avec un succès encore plus marqué. Bientôt, la traite devint populaire à Londres, Liverpool et Bristol.

« Une compagnie autorisée par Charles II en 1662, et dans laquelle figurait le duc d'York, frère du roi, se chargea de fournir les Indes occidentales, à raison de 3,000 noirs par an. A la paix d'Utrecht (1713), imposée par l'Angleterre à l'Espagne, le contrat préalablement existant entre la France, le Portugal et l'Angleterre fut monopolisé par cette dernière puissance qui s'engagea à approvisionner les colonies espagnoles de 144,000 têtes de bétail humain en l'espace de trente-cinq ans.

« A la fin du xviii⁰ siècle, 90 navires étaient spécialement affectés à ce service, tant et si bien qu'il y avait pléthore de nègres dans plusieurs colonies anglaises, notamment dans l'île de la Jamaïque, qui, voyant les colonies étrangères encore insuffisamment pourvues de travailleurs, adressa en 1774

---

(1) Correspondance diplomatique.

une pétition à la métropole, en vue de restreindre le commerce des noirs.

« Telle fut la cause initiale de ce grand mouvement philanthropique qui, d'ailleurs, n'eut dans ses débuts aucun succès. Le gouvernement britannique déclara froidement que *jamais il ne permettrait* aux colonies de restreindre ni de décourager, sous quelque forme que ce fût, un commerce aussi avantageux pour la nation. C'était la *traite obligatoire,* et l'on continua à importer dans les colonies anglaises, bon an mal an, de 5o,ooo à 6o,ooo nègres, et 3o,ooo à 4o,ooo seulement pour l'ensemble des colonies étrangères, le tout sous pavillon anglais.

« Jusque-là tout allait bien, les colonies anglaises regorgeaient de bras ; le commerce maritime et l'industrie prospéraient ; mais tout a une limite. Il arriva un moment où les colonies, bondées d'esclaves, démontrèrent victorieusement la nécessité de mettre un frein à l'importation des noirs, et elles finirent par être écoutées malgré les réclamations des armateurs et des villes de Liverpool et de Bristol, à qui ce commerce rapportait annuellement un revenu de 5 à 6 millions de francs.

« C'est à partir de ce moment que la diplomatie anglaise s'employa activement auprès de tous les gouvernements pour que la traite fût abolie sur les marchés africains au nom de l'humanité ! Et, pour assurer la répression de ce commerce qu'elle qualifiait maintenant d'infâme, elle proposa de conclure des conventions accordant aux croiseurs le droit de visite réciproque. »

Raisons cachées de la répression de la traite et du droit de visite.

Pourquoi ce revirement ? Pourquoi cet accès subit de philanthropie ? Pourquoi cette orientation nouvelle dans la politique maritime internationale? Pourquoi cette nation, dont les souverains eux-mêmes se firent en quelque sorte armateurs de bâtiments négriers, répudie-t-elle tout à coup la traite? C'est qu'elle vise de plus en plus à la suprématie des mers et qu'elle compte y parvenir en exerçant le Droit de Visite. On s'expliquera comment un droit en apparence inoffensif, droit appartenant par réciprocité aux nations liées par des conventions, comment ce Droit de Visite peut devenir un instrument de domination entre les mains d'une marine puissante, quand on aura une idée des abus auxquels il peut donner lieu. Nous en citerons quelques exemples. Mais, auparavant, nous allons donner une nouvelle raison d'ordre économique comme la première qui incita le gouvernement anglais à rechercher ce précieux Droit de Visite.

Jusqu'en 1830, l'Inde faisait contrepoids à l'industrie de l'Europe par ses produits manufacturés : châles, tissus de coton, etc., mais à partir de cette époque, elle fut inondée de produits anglais à tel point que l'industrie indienne qui occupait des millions d'hommes fut à peu près anéantie. Manchester et Glascow avaient vaincu Calcutta et Madras. Pour éviter la ruine de la population indienne il fallait créer dans le pays une production équivalente. Les hommes d'État anglais comprirent que le salut était dans le développement des cultures intertropicales, et on résolut de faire de l'Inde le plus grand centre de production de denrées coloniales du monde entier. Après avoir planté partout l'indigo, le pavot à opium, le coton, le quinquina, le thé, la canne à sucre, le café, etc., on centupla la production de l'opium, et, dix ans plus tard, l'Angleterre ne craignit pas, à la face de l'Europe indignée, de soutenir une guerre immorale pour obliger les Chinois à se laisser empoisonner.

Les plantations de coton, de canne à sucre et de café se développèrent avec une rapidité qui tenait du prodige. Mais ce n'était pas tout que de produire, il fallait renverser les marchés des Antilles et de l'Amérique. Dans l'Inde, la main-d'œuvre indigène ne coûtant rien, il était donc de toute nécessité de priver ces pays de travailleurs noirs, d'où cette philanthropie négrophile dont on aperçoit maintenant les véritables mobiles.

Ces considérations d'ordre économique, en apparence étrangères à notre sujet, s'y rattachent en réalité d'une manière très étroite. Elles étaient nécessaires pour donner la clef de la politique anglaise et pour donner une idée de l'importance capitale du Droit de Visite pour une nation qui n'a jamais cessé de le revendiquer comme un moyen de nuire aux colonies européennes ; de surveiller avec un soin jaloux les opérations commerciales dans tout l'univers afin de découvrir les secrets de ses rivaux et d'écraser leur commerce sous le poids de sa concurrence.

Instances de l'Angleterre pour obtenir de la France le Droit de Visite. — Traité de 1831.

Le duc de Wellington, dans un mémoire adressé le 20 août 1814 au ministre des affaires étrangères de France, puis lord Castlereagh au congrès de Vienne, avaient déjà réclamé l'établissement d'un Droit de Visite réciproque. Le prince de Talleyrand répondit au nom de la France « qu'il n'admettrait jamais, en fait de police maritime, que celle que chaque puissance exercerait sur ses propres bâtiments ».

L'Espagne, le Portugal et les Pays-Bas, vaincus par la ténacité britannique, donnèrent leur consentement (septembre 1817).

Sans perdre de temps, dès l'année suivante, lord Castlereagh réunit un congrès dans le même but. Au cours de la discussion, le duc de Richelieu, pressé par Charles Stuart, ambassadeur d'Angleterre, se refusa à accorder le Droit de Visite sur ce que « l'offre de réciprocité était illusoire, et que

les conflits inévitables auxquels donnerait lieu l'exercice du
Droit de Visite auraient pour effet de troubler la bonne har-
monie des deux gouvernements ».

Déjà M. Pasquier, ministre des affaires étrangères, pres-
senti sur la même question, avait répondu « que le remède
offrirait plus de dangers que le mal lui-même », ajoutant
« que la visite sur mer, en pleine paix, est un acte qui blesse
l'indépendance du pavillon, et qu'une nation ne saurait y
souscrire sans porter atteinte à son indépendance ».

En 1822, nouvelles instances de l'Angleterre au Congrès
de Vérone. Nouveau refus de la France, représentée par
Chateaubriand, dont la fière et noble réponse est à retenir :
« Cette année même, en pleine paix, le sang français a coulé
sur le rivage d'Afrique. La France reconnaît la liberté des
mers pour tous les pavillons étrangers ; elle ne réclame pour
elle que l'indépendance qu'elle respecte dans les autres et
qui convient à sa dignité. »

C'est ainsi que, pendant vingt ans, les divers gouvernements français résistèrent aux instances réitérées de l'Angleterre, lorsque survint la révolution de 1830, suivie de
l'avènement de Louis-Philippe. Le nouveau souverain était
regardé avec froideur par toutes les cours de l'Europe. Les
hommes d'État anglais ne laissèrent pas échapper cette circonstance favorable à leurs projets. L'Angleterre fut la première à reconnaître le roi des Français ; puis, faisant étalage
de ses idées libérales et humanitaires, elle convia, pour la
dixième fois, notre gouvernement à s'associer à elle pour
mettre un terme à l'odieux trafic de la traite des nègres. La
France, répudiant la politique vraiment nationale suivie
jusqu'alors, signa la célèbre convention du 30 novembre
1831, complétée par celle de 1832, sans réfléchir que tout
droit de réciprocité entre deux peuples inégaux en force
est une servitude déguisée, et amène fatalement l'oppression
du plus faible.

Dès lors, la côte d'Afrique est en état de blocus fictif. Jusqu'à cette époque, le Droit de Visite n'avait jamais été admis qu'en présence d'un blocus réel. Désormais, au premier coup de canon de semonce d'un croiseur anglais, nos bâtiments doivent s'arrêter. Les papiers de bord, la cargaison, l'équipage lui-même sont inspectés avec la dernière rigueur. Sous prétexte de réprimer la traite, on se livre à une enquête commerciale, pour connaître la nature et la valeur des produits échangés, ainsi que la situation exacte des points visités sur la côte.

Les trois quarts de nos bâtiments sont visités, surveillés et entravés dans leurs opérations commerciales, alors qu'à peine un quart des bâtiments anglais subissent la visite. L'article 3 de la convention spécifie d'ailleurs : *que le nombre de croiseurs pourra n'être pas le même pour l'une et pour l'autre nation.*

Les Anglais en profitent pour augmenter l'importance de leurs croisières : on voit des croiseurs anglais partout, des croiseurs français nulle part. Le petit nombre que nous entretenons armés délaisse la côte d'Afrique et a fort à faire aux Antilles pour surveiller la contrebande et s'opposer aux évasions de noirs, incessamment provoquées par les colonies anglaises voisines.

En 1839 et en 1840, nous n'avions pas un seul croiseur sur la côte d'Afrique. En 1842, nous en avions deux ; les Anglais en avaient au moins six. La conséquence de cet état de choses était que le commerce sous pavillon français était molesté et entravé, tandis qu'il était libre sous pavillon britannique. Le zèle des croiseurs anglais était, en outre, excité par un acte du Parlement du 24 juin 1824, accordant la moitié du navire capturé au commandant du navire capteur, tandis que le capitaine français n'avait droit qu'à quatre ou cinq parts. (Loi du 4 mars 1831.)

Tous les noirs saisis par les Anglais étaient conduits à

Sierra Leone, et là, *forcés de s'embarquer comme travailleurs libres,* pour être transportés aux Antilles anglaises ! N'était-ce pas là de la traite à peine déguisée ? N'était-ce pas dire à un négrier : J'ai la force pour moi, j'ai donc le droit de me substituer à vous ? Ces faits, à peine croyables, sont cependant authentiques et ressortent clairement des instructions de lord John Russel aux gouverneurs de Sierra Leone, en date du 17 juin 1840 et du 20 mars 1841.

Tels étaient les actes auxquels se trouvait associée la France par la convention de 1831, alors qu'on ne trouvait pour ainsi dire pas d'exemple de bâtiment français faisant le trafic des esclaves. Par contre, les négriers brésiliens, espagnols et portugais, s'ils étaient pris, pouvaient se dire qu'ils avaient fait la traite au profit de l'Angleterre.

Le Parlement anglais, pour activer encore le zèle des capteurs, accorda en surplus 10 liv. st. par tête de nègre capturé, homme, femme ou enfant ; et l'on citait tel capitaine anglais qui, en une seule croisière, avait gagné plus de 100,000 écus !

Conséquences malheureuses du traité de 1831.
Abus du Droit de Visite.

Dans l'espace de dix ans, aucun navire français n'avait été découvert faisant la fraude, malgré la fréquence et la rigueur des visites subies par nos nationaux ; mais combien eurent à souffrir de ce régime odieux ? Parfois les équipages sont maltraités, les navires mis au pillage, comme sur le *Marabout* et l'*Africaine*. Le capitaine de la *Noëmi-Marie* est frappé par le commandant du navire anglais, notre pavillon est grossièrement insulté, tels sont les épisodes fréquents du Droit de Visite.

Un navire de guerre français est contraint de subir la visite sur la côte du Sénégal et des nègres libres, destinés au recrutement colonial, sont considérés comme étant des esclaves par le croiseur anglais ! Quand on songe que cet affront passa inaperçu, il est évident que les croiseurs anglais pouvaient impunément tout se permettre vis-à-vis des navires marchands.

En effet, par suite de l'article 6 de la convention supplémentaire du 22 mars 1833, tout navire était taxé de se livrer à la traite des nègres, si l'on trouvait à son bord : des chaînes, de l'eau douce en quantité trop considérable, des gamelles, des chaudières trop grandes, des provisions de riz au delà des besoins probables de l'équipage, des planches pouvant servir à établir un entrepont, etc. D'autre part, un navire pouvait emporter des barriques ou tonneaux, à condition d'être muni d'un certificat de douane constatant que les armateurs avaient donné des garanties suffisantes, prouvant que ces barriques devaient être remplies d'huile de palme ou employées à tout autre commerce licite.

Cette réglementation, poussée à l'excès, étant donné l'état d'esprit des croiseurs anglais, devait donner lieu à des abus sans nombre. Citons en détail le cas du *Marabout*. Ce bâtiment, armé à Nantes, venait de quitter Bahia (25 septembre 1841) pour aller chercher de l'huile de palme sur la côte d'Afrique, lorsqu'un coup de canon de semonce, de la corvette anglaise la *Rose*, l'obligea à s'arrêter pour subir la visite. Le *Marabout* avait à son bord 72 planches de sapin, destinées à faire des cabines volantes pour loger 11 passagers portés régulièrement sur son rôle, ainsi que des marchandises sèches. Mais le capitaine, sachant que les planches étaient parfois réputées contrebande de traite, avait eu soin de se munir d'une autorisation en règle du consul de France à Bahia. Toutefois, le commandant de la *Rose* ne voulut rien entendre, et le *Marabout* fut saisi et conduit à Cayenne, où siégeait la juridiction chargée de statuer sur la validité de la prise. Là devaient être déposés : le navire, le capitaine, l'équipage, la cargaison et les papiers saisis à bord; mais au mépris du droit des gens, et contre toutes les règles issues des conventions, le capitaine de la *Rose* garda les matelots prisonniers à son bord et retourna sur la côte du Brésil continuer sa croisière.

Le cas du *Marabout* fut examiné et jugé par le Conseil des Prises. Le capitaine fut acquitté et mis en liberté, mais... *sans aucune indemnité !* Ainsi, voilà un navire détourné arbitrairement pendant plusieurs mois d'une entreprise commerciale licite et régulière, un équipage fait prisonnier et obligé de servir sur un bâtiment de guerre étranger; et ces actes si funestes à nos intérêts commerciaux et qui constituaient une offense grave à notre indépendance nationale restèrent impunis !

Tel était le fruit de la politique de l'amitié anglaise. Vis-à-vis des bâtiments de commerce danois et sardes, les commandants anglais agissaient avec le même sans-gêne, d'autant plus que, d'après la convention conclue avec le Danemark, l'Angleterre restait maîtresse de fixer le nombre de ses croiseurs, tandis que les rois de Danemark et de Sardaigne devaient solliciter du gouvernement anglais des commissions pour les leurs. Inutile d'ajouter, d'ailleurs, que les croiseurs sardes, sur la côte d'Afrique comme ailleurs, brillaient toujours par leur absence.

Les arrestations arbitraires comme celle du *Marabout* étaient de nature, on le conçoit, à décourager et à ruiner notre commerce, par suite du retentissement qui leur était donné dans le monde entier. Au moment où ce dernier bâtiment était saisi sur la côte du Brésil, un autre navire français, dans le port de Bahia, le *Saphir*, préparait une expédition pour la côte d'Afrique. La crainte d'être arrêté à son tour le décida à y renoncer. M. Goulin, armateur à Nantes, en arriva à demander au gouvernement si, pour se mettre en règle vis-à-vis des croiseurs anglais, il ne serait pas bon de faire viser les papiers du bord par les consuls d'Angleterre !

C'était l'asservissement de toutes les marines du monde au profit du commerce britannique, car les négociants étrangers, sachant à quels risques seraient exposées leurs marchandises par le fait des croisières, ne les faisaient plus naviguer que sous pavillon anglais. Comment pouvait-il en être autrement, puisque aucun article des conventions ne prévoyait le cas de vexations ou d'abus ? « Les motifs de suspicion étaient considérés comme suffisants, aux termes des articles 6 et 7, par ce seul fait que le navire transportait des objets énumérés plus haut, et *alors même que les tribunaux auraient jugé que le bâtiment n'était pas destiné à faire la traite.* » C'est en vertu des articles qui précèdent que l'armateur de l'*Ursule* se vit débouté, par la Cour de cassation, d'une demande de dommages-intérêts évaluée à 275,406 fr. C'est en vain que les plaintes des capitaines affluaient au Ministère de la marine. Celui-ci les communiquait au ministre des affaires étrangères, qui les transmettait ou ne les transmettait pas au Foreign-Office. De son côté, le gouvernement anglais faisait contredire les rapports des capitaines et des équipages français par ceux des capitaines et des équipages de ses croiseurs, et l'affaire en restait là, après plusieurs mois, et quelquefois après plusieurs années de réclamations stériles.

Abus du Droit de Visite à l'égard des navires américains. Guerre de 1812.

Les plaintes n'étaient pas moins vives de la part des Américains. « Dans deux communications de sir Stevenson, représentant des États-Unis, dit lord Palmerston, on relate que : le 21 octobre 1839, le lieutenant Seagrave accosta le

Douglas, en route pour la côte d'Afrique, examina les papiers et les passeports des passagers, brisa les écoutilles, fit amener le pavillon américain et captura le bâtiment comme négrier ; qu'il le garda en sa possession pendant huit jours, du 21 au 29 ; que les officiers et matelots du *Douglas* tombèrent malades pour avoir été exposés au soleil ; que trois d'entre eux moururent et que le capitaine n'en est pas encore rétabli ; enfin, que les provisions et les vivres furent consommés, sans indemnité, par les capteurs. Des actes semblables se passèrent à bord de la *Mary.*

« Ces procédés, dans l'opinion de sir Stevenson, réunissent tous les traits caractéristiques du plus flagrant et audacieux outrage. Très peu s'en faut, s'il s'en faut de quelque chose, qu'ils ne méritent d'être assimilés à un acte de piraterie ouvertement déclarée. »

Mauvais traitements, usage abusif des vivres, objets soustraits, tels que : chronomètres, argent, montres, voilà ce qui se passait communément entre capturés et capteurs. Et comment n'en aurait-il pas été ainsi, puisqu'il n'y avait aucune répression pour le présent, en cas d'abus, ni aucune responsabilité pour l'avenir ?

Notons, en ce qui concerne les États-Unis, que ce pays n'avait pas suivi l'exemple de la France et que ces vexations s'étaient exercées sans qu'aucune convention spéciale ait été conclue entre les deux pays. Les Américains avaient de bonnes raisons de repousser les propositions qui leur avaient été faites à plusieurs reprises. Ils avaient conservé le souvenir des vexations et des offenses faites à leur nationalité naissante, pendant les guerres de la République et de l'Empire, par les croiseurs anglais. Nous aurons occasion d'y revenir en traitant du Droit de Visite en temps de guerre. Qu'il nous suffise de dire ici que ce sont ces abus et ces vexations qui avaient amené le congrès de Washington à déclarer la guerre à la Grande-Bretagne, le 18 juin 1812.

Le Droit de Visite n'est pas indispensable pour réprimer la traite.

On avouera que c'est une étrange philanthropie que celle qui, entre plusieurs moyens qui s'offraient pour la répression de la traite africaine, consistait à choisir, pour la supprimer, le moyen le plus dangereux ! « Un moyen qui, avait déclaré Stevenson, si l'on y persiste, comme on en menace le gouvernement américain, entraînera aussi certainement la guerre entre les deux grandes nations que le soleil de demain se lèvera sur elles (¹). » N'avait-on pas détruit la piraterie sans violer en rien la liberté des mers ou l'indépendance des nations ? On pouvait de même arriver à supprimer la traite, en respectant la liberté du commerce, par la suppression des marchés à esclaves et en édictant des peines sévères contre ceux qui se livrent à ce trafic.

En se refusant d'adhérer au droit de visite réciproque, Chateaubriand avait proposé d'assimiler la traite à la piraterie et de la rendre justiciable de tous les tribunaux, y compris les tribunaux anglais (congrès de Vérone, 1822). Les lois du 15 août 1818, du 5 avril 1827 et du 8 mars 1831 prononçaient les peines les plus sévères contre les auteurs ou les *complices* de la traite des nègres, même dans le cas d'une simple tentative.

La peine était de dix à vingt ans de travaux forcés quand la traite avait eu lieu, avec confiscation du navire, de la cargaison et des amendes pouvant atteindre le double de leur valeur. La vente et l'achat des esclaves étaient punis non moins sévèrement dans nos colonies.

Des lois analogues, en vigueur aux États-Unis et à la Havane, avaient eu pour résultat de supprimer, en fait, les

---

(¹) *Droit de visite*, par Jollivet, député, 1842.

marchés de nègres aux Antilles et dans toute l'Amérique du Nord. Restait à obtenir les mêmes rigueurs de la législation brésilienne.

Notons, en passant, que la traite se faisait d'une manière très active sur la côte orientale d'Afrique, et aussi dans l'Inde, avec la tolérance sinon avec les encouragements tacites de la Grande-Bretagne, dont la philanthropie, si tapageuse dans l'Atlantique, n'avait pas encore doublé le cap de Bonne-Espérance.

La vérité est qu'en revendiquant le Droit de Visite avec la ténacité que l'on sait et en l'obtenant, en 1823, des Pays-Bas ; en 1824 et en 1836, de la Suède et de la Norvège ; en 1831, de la France et du Danemark ; en 1834, de la Sardaigne ; en 1837, des villes hanséatiques ; en 1838, des Deux-Siciles, et, en 1840, de Haïti, l'Angleterre ne poursuivait qu'un but : la domination de la mer, l'asservissement et la ruine des marines de commerce et, accessoirement, la prospérité de l'Inde, laquelle devait entraîner la ruine des colonies européennes.

Adhésion des grandes puissances. — Traité de 1841. Résistance patriotique du Parlement français.

Toutefois, les grandes puissances avaient jusque-là refusé leur adhésion. Une nouvelle conférence les réunit à Londres, et ce fut la France, ou plutôt les bons offices du gouvernement français, qui obtinrent le consentement de la Russie, de l'Autriche et de la Prusse, jusque-là hésitantes. L'accord fut signé le 20 décembre 1841.

Seuls, les États-Unis, jaloux de leur fière indépendance, demeurèrent inébranlables dans leur volonté de maintenir la liberté de leur pavillon. C'est en vain que le Cabinet de Londres, fort de l'adhésion quasi-universelle des puissances au Droit de Visite, se flatta d'arracher par l'intimidation ce qu'elle n'avait pu obtenir par la persuasion. Sa diplomatie en fut pour ses peines. Vaines encore furent les audacieuses insinuations du *Times*, qui, parlant des États-Unis, dans son numéro du 5 janvier 1842, disait : « Ils ont déjà eu à subir une guerre contre l'Angleterre seule ; une guerre, de leur part, contre toute l'Europe sera une nouveauté. »

Qui sait si cette guerre, dont la menace était contenue dans les lignes qui précèdent, ne serait pas devenue inévitable, si, par bonheur, l'esprit public, en France, ne s'était pas ressaisi, au moment où le Parlement fut appelé à ratifier la nouvelle convention. On avait cessé de croire à cette philanthropie en faveur de la race noire de la part d'une nation qui n'avait pas hésité à recourir à la force pour empoisonner la race jaune. On était fatigué de voir nos voisins prétendre à la souveraineté des mers et s'arroger les fonctions arbitraires et vexatoires de constables de l'Océan.

Le nouveau traité étendait le Droit de Visite à de nouvelles plages, désormais soumises au blocus fictif, et l'inscrivait dans le droit international, l'assimilant à un droit naturel. Il instituait des tribunaux mixtes pour juger les bâtiments saisis. Enfin, il appliquait la législation anglaise non seulement aux individus faisant la traite, mais aux armateurs. Notre marine devenue justiciable des tribunaux établis dans les colonies anglaises ; l'Angleterre admise à solder des agents fixés dans nos colonies, telles étaient les principales conséquences du nouvel accord ! En même temps, la flotte russe était enfermée dans la Baltique, et le cabinet britannique, non content de posséder Gibraltar, négociait l'acquisition d'Elseneur.

Successivement, plusieurs députés montèrent à la tribune pour combattre la ratification du traité que M. Guizot avait été le seul d'ailleurs à négocier et à signer. Il fut aussi seul à le défendre. Billaut ouvrit le feu, dans la séance du 23 janvier 1842, adjurant les marins présents à la Chambre de faire connaître leur sentiment. L'amiral Lalande prend aussitôt la parole : « Nous avons été élevés, dit-il, et nous vivons dans la conviction que la mer doit être libre ; qu'elle n'appartient à personne exclusivement ; que toutes les nations ont un droit égal et illimité d'en user, et que nous, marins français, nous étions les protecteurs nés de cette liberté des mers. (*Très bien ! très bien !*)

« Les traités de 1831 et de 1833 nous ont paru exorbitants ; ils froissent notre foi et ont causé le malaise que produit un mauvais moyen employé à bonne fin. (*Approbation.*)

« C'est la France qui, la première, a écrit sur son pavillon : *Liberté des mers !* Cette liberté, elle l'a voulue pour tous et en tous temps ; et ce que nous avons voulu et soutenu dans nos plus mauvais jours, dans les temps où nous n'avions presque pas les moyens de le vouloir, nous l'abandonnerions le lendemain de la révolution de Juillet ? »

— « Le croiseur anglais, ajouta Berryer, devient, par le traité que vous nous proposez, le juge provisoire d'un navire français. Il devient le juge compétent pour faire des actes d'instruction, de perquisition et de saisie. Il est à même, par conséquent, de ruiner l'armateur et les chargeurs en prolongeant l'interruption du voyage.

« Par la visite et la recherche, il arriverait à connaître, pour le plus grand avantage de certains concurrents, la provenance et la destination des marchandises, tous les détails d'une expédition, tous les secrets d'une entreprise. Il suffira de quelques arrestations abusives pour discréditer notre marine marchande et transporter une partie du fret français à la marine anglaise. »

Après la lecture des articles : « Vous avez livré aux Anglais l'Atlantique », s'écrie M. Thiers ; M. Guizot s'attire, en outre, de Berryer, l'apostrophe suivante : « Cette extension, que vous qualifiez d'insignifiante, soumet au Droit de Visite l'univers commerçant. »

Puis, c'est le tour de Dupin : « On nous apprend, dit-il, que lord Palmerston avait demandé l'Océan. Je suis bien aise qu'il l'ait demandé. Les Anglais se sont révélés par là. Ce sont toujours les mêmes prétentions, c'est toujours le *mare clausum* partout ; tandis que notre maxime, c'est le *mare liberum* partout. On ne leur a pas accordé l'Océan, mais on leur a accordé l'Atlantique ! *On ne leur accordera rien !* M. Guizot a commis une faute grave en signant le traité du 20 septembre 1841. »

Finalement, la Chambre vota l'ordre du jour ainsi conçu, présenté par M. Lefèvre : « Le gouvernement *préservera* de toute atteinte les intérêts de notre commerce et l'indépendance de notre pavillon », en même temps qu'elle repoussait l'ordre du jour de M. de Tracy, qui voulait substituer les mots : *continuera à préserver* au mot *préservera,* afin de ne pas mettre en cause les traités de 1831 et de 1833. Par le fait, ceux-ci se trouvaient condamnés par le Parlement, en même temps qu'il refusait de ratifier le traité de 1841.

Nous avons tenu à retracer en quelques lignes cette mémorable et patriotique séance du 23 janvier 1842, qui devait avoir un écho, comme nous le verrons tout à l'heure, quarante-huit ans plus tard à la Chambre des députés, à la suite de la conférence de Bruxelles.

Traité de 1845. — Conférence de Berlin (1884). — Conférence de Bruxelles (1889-1891). — Le Droit de Visite n'est pas rétabli.

En outre, à deux reprises différentes, en 1843 et en 1844, le Parlement exprima le vœu de voir notre commerce maritime sous la surveillance exclusive de notre pavillon.

Le mieux était de s'en tenir à la dénonciation pure et simple des conventions de 1831 et suivantes ; mais M. Guizot, anglophile quand même, sollicité de nouveau par le cabinet anglais, éprouva le besoin de conclure un nouvel accord, en 1845, lequel substituait en apparence l'Enquête de pavillon au Droit de Visite.

En réalité, cette nouvelle convention donnait, encore une fois, prise à l'arbitraire, et autorisait le croiseur dans certains cas mal définis à exercer le Droit de Visite. C'était un retour offensif de la diplomatie anglaise, qui, sur ce terrain, ne s'avouait jamais battue, et profitait habilement de toutes les circonstances pour revenir à la charge.

Ce ne fut toutefois qu'à force de souplesse que M. Guizot obtint l'avis favorable de la Chambre, dans la séance du 29 mai 1845.

« Je me sers à dessein du mot *fait,* dit-il, parce que les Américains n'ont pas voulu reconnaître, comme un droit, la visite sur des bâtiments portant pavillon américain, pour vérifier leur nationalité. Ils ont dit : « Ce n'est pas un *droit* que nous vous reconnaissons, c'est *un fait* que vous accomplissez à vos risques et périls. Ils n'ont pas écrit le mot droit, et nous avons fait de même. Ce n'est pas là, à proprement parler, un droit ; c'est une nécessité de la vie de la mer ; une nécessité de la police de la mer. »

Malheureusement, cette fois, la tribune demeura muette ; et la convention fut conclue pour une durée de dix ans. En 1859, le traité restant en vigueur, des instructions nouvelles interdirent d'exiger d'autres papiers que ceux de la nationalité, ce qui tend à prouver qu'auparavant des abus avaient été commis sous ce rapport. Ce qu'il y a de certain c'est que le Droit de Visite continuait à être admis, comme par le passé, avec cette seule différence qu'on y mettait plus de ménagements.

La déclaration du 16 avril 1856 ne s'était pas occupée du Droit de Visite. Lors de la conférence africaine de Berlin (1884), les puissances suzeraines du bassin du Congo furent unanimes à prendre l'engagement de réprimer la traite mais sur les marchés terrestres.

Quant au Droit de Visite sur mer, le comte de Benomar, délégué espagnol, émit le vœu que, les anciens traités réglant cette question étant tombés en désuétude, il n'y avait pas lieu de les maintenir, car ils étaient une menace pour la liberté du commerce et de la navigation. Il proposa de leur substituer une surveillance des puissances, exercée à tour de rôle, sur les points des côtes encore libres de souveraineté étrangère. Il ne fut donné aucune suite à cette motion.

La question en était là quand un membre de la Chambre des communes, en mars 1889, avec l'appui du gouvernement anglais, émit le vœu qu'il fallait arriver à une nouvelle entente internationale pour réprimer la traite qui se pratiquait encore sur la côte orientale d'Afrique, et faire passer dans la pratique la réalisation des déclarations formulées au congrès de Vienne (1815) et au Congrès de Vérone (1822).

C'est ainsi que prit naissance la Conférence de Bruxelles (novembre 1889 à février 1891).

La lettre de convocation citait le traité de 1841, dont nous avons relaté plus haut le retentissant échec auprès du Parlement français, ainsi que l'article 3 de la Conférence de Berlin.

M. Spuller, ministre des affaires étrangères, en recevant la visite du baron Lambermont, ministre d'État de Belgique, le 17 octobre 1889, lui fit la déclaration suivante, en ce qui concerne la traite sur mer : « La France a, touchant le respect dû au pavillon national, certaines traditions auxquelles nous entendons rester fidèles..... D'ailleurs, aucun fait authentique n'a pu être relevé contre les trafiquants arabes qui arborent, sur leurs boutres, le pavillon de la France. »

Désormais, instruit par le passé, notre gouvernement se tenait, avec raison, sur une prudente réserve, dont les raisons étaient exposées ainsi qu'il suit dans les instructions

données à M. Bourée, notre ministre plénipotentiaire à
Bruxelles, chargé de nous représenter à la conférence :
« ..... Le traité de 1845, conclu pour une période de dix ans,
a expiré en 1855, et comme il n'a pas été renouvelé, il est
devenu caduc. Depuis lors, le refus d'admettre le Droit de
Visite est devenu un principe auquel notre commerce et
notre marine attachent un prix égal, et dont les gouvernements qui se sont succédé en France n'ont pas cessé d'être
les gardiens jaloux.

« L'an dernier, sur une invitation de l'Angleterre et de
l'Allemagne, à l'occasion du blocus de Zanguebar, de nous
départir de cette règle, nous avons répondu que si l'on trouvait des esclaves, sous pavillon français, de conduire le bâtiment à notre croiseur. Cette mesure est transitoire et le
principe est sauf.

« S'il est possible d'arriver à l'établissement d'une police
internationale, dans la mer des Indes, ce ne peut être qu'à
la condition que l'on mette hors de cause le principe d'après
lequel un navire, « *appartenant à un citoyen français et*
« *naviguant sous pavillon français, ne peut pas être visité,*
« *en pleine mer, par un bâtiment étranger* ». Ces instructions, claires et précises, sauvegardaient la dignité et l'indépendance nationales. L'amiral Humann, délégué par la
Marine, fut adjoint à M. Bourée qui déclara que : « Les pro-
« positions anglaises ne contenant pas l'expression *Droit de*
« *Visite,* nous pouvons les discuter. »

Tel est l'excellent terrain sur lequel nous nous étions
placés. Le trafic des esclaves étant aboli sur les côtes nord
et occidentale d'Afrique, celles-ci devaient être mises hors
de cause. Sur la côte orientale, le trafic se faisant encore sur
des boutres, portant quelquefois indûment le pavillon européen, il était possible d'admettre certaines mesures propres
à vérifier le pavillon. On pouvait, dans ce cas, s'inspirer des
instructions confidentielles de 1867, arrêtées à défaut de

traité, entre la France et l'Angleterre, afin de sauvegarder les droits des bateaux suspects ; mais en aucun cas on ne pourrait inquiéter un bâtiment d'un tonnage supérieur à 5oo tonneaux, et en dehors d'une zone bien délimitée. En cas d'abus de pouvoir et de vexations de la part du croiseur, des dommages et intérêts seraient attribués à la partie lésée. L'acte de la Conférence, issu des bases que nous venons de faire connaître, fut communiqué aux divers gouvernements au commencement de 1891, pour être soumis à la ratification des parlements. Après des débats très mouvementés, la Chambre des députés vota à une forte majorité, dans sa séance du 25 juin 1891, la proposition suivante : « La Chambre surseoit à donner l'autorisation de ratifier l'acte général de la conférence de Bruxelles du 2 juillet 1890, la déclaration en date du même jour et le protocole signé à Paris le 9 février 1891. »

Faut-il le regretter ? Nous ne sommes pas de cet avis. De nombreuses clauses restrictives auraient pu le faire admettre en principe. Ainsi, la vérification des papiers était strictement limitée à ceux relatifs à la nationalité ; mais qui nous garantit qu'elle ne se serait pas étendue, dans la pratique, à l'examen des papiers de commerce ? Sur ce point spécial, comme nous l'avons démontré déjà, les croiseurs anglais avaient outrepassé les droits que leur conférait le traité de 1845. (Voir les instructions de 1859.)

Lors des débats, se plaçant à un point de vue plus élevé, M. Félix Faure s'était écrié : « Ce qu'avant tout je repousse, c'est qu'un officier étranger (officier capteur) puisse se tenir à côté de votre commissaire enquêteur, de l'agent de la République française, pour examiner comment il opère. »

Nous ne partageons pas l'avis de M. Desjardins, qui soutint que la présence de cet officier étranger ne paraissait impliquer aucun abandon de dignité de la part de la France, sous prétexte que la procédure devait être contradictoire.

Ce seul fait était, d'ailleurs, de nature à engendrer des conflits autrement graves, et pouvait avoir des conséquences autrement redoutables que le trafic des esclaves, désormais réduit à n'employer que de misérables boutres arabes.

CONCLUSIONS.

Comme l'on peut s'en rendre compte par cette étude, l'histoire du prétendu Droit de Visite en temps de paix n'est que le récit des abus commis en son nom. Loin de reprocher au Parlement de Paris l'intransigeance que certains ont cru devoir désapprouver, nous applaudissons sans réserve à la décision patriotique qu'il a prise, conformément au respect dû à l'indépendance et à la liberté du pavillon national.

Cette fière attitude est la seule qui convienne à la France, toutes les fois que sera soulevée la question de visiter en temps de paix les navires grands ou petits portant son pavillon. C'est à sa police seule qu'ils doivent être soumis. C'est ainsi que, dans le courant de l'année 1893, des boutres battant pavillon français furent visités, à plusieurs reprises, par des croiseurs anglais dans les eaux territoriales de Madagascar. Sur les vives protestations du gouvernement français, le Foreign-Office admit que les eaux territoriales de l'État protégé, comme l'avait proclamé, d'ailleurs, l'acte de Bruxelles, se trouvaient, comme le continent lui-même, soumises à la juridiction de l'État protecteur.

En dehors du temps de guerre, aucune puissance n'a sur la marine de commerce d'une autre nation le moindre droit de supériorité, ni d'apporter la moindre entrave à sa navigation, sans violer le grand principe de la liberté des mers.

A plusieurs reprises, le gouvernement anglais, appuyé d'un simple bill voté par le Parlement, s'était arrogé le Droit de Visite vis-à-vis des marines secondaires (24 août 1839 pour le Portugal et en 1845 pour le Brésil). C'était une violation manifeste du Droit des gens. Il avait essayé du même procédé, en 1858, avec les bâtiments américains ; mais les protestations énergiques du gouvernement de Washington l'avaient obligé à annuler les instructions données aux croiseurs britanniques.

Ces procédés inadmissibles, en droit, depuis que le monde existe, ne sauraient être tolérés à notre époque, et nous avons plaisir à citer le passage du discours prononcé à la Chambre des lords, par lord Lyndhurst, qui les condamne sévèrement (séance du 25 juillet 1858) : « Nous n'avons renoncé, dit-il, à aucun *droit,* car aucun droit comme celui en discussion n'a jamais existé. Nous avons abandonné l'usurpation d'un droit et, en le faisant, nous avons agi avec sagesse, justice et prudence..... Ce droit n'a jamais été affirmé par aucun des auteurs qui ont écrit sur le droit international..... Il n'est pas de décision de Cour de justice ayant juridiction pour se prononcer sur de telles questions, dans laquelle ce droit ait été jamais admis..... Quant à moi, je n'ai pu découvrir un principe de droit ou de raison sur lequel peut reposer un tel droit.....

« La règle relative à la pleine mer, c'est que là, toutes les nations sont égales. Un navire marchand fait partie du domaine du pays auquel il appartient. Quel droit a le navire d'une nation d'entraver un navire d'une autre nation quand leurs droits sont égaux ? »

Telle est la saine doctrine en ce qui concerne le prétendu Droit de Visite en temps de paix. Toutes les nations jalouses de leur indépendance et de la prospérité de leur commerce maritime se refuseront toujours à y souscrire. Ce que toutes veulent, c'est *le navire libre sur la mer libre.*

CHAPITRE II

LE DROIT DE VISITE EN TEMPS DE GUERRE

Le Droit de Visite en temps de guerre est légitime.

L'idée de neutralité est faite de deux autres : l'idée d'impartialité et l'idée d'abstention [1]. Quand un croiseur appartenant à une nation belligérante rencontre en pleine mer un navire de commerce, c'est un droit pour lui de s'assurer : 1° de la nationalité du bâtiment ; 2° s'il possède les deux qualités d'impartialité et d'abstention. De là sont nés : 1° le droit d'enquête du pavillon ; 2° le Droit de Visite et de recherche (*right of visitation and research*).

Nous examinerons plus tard les règles admises, de nos jours, entre les différentes nations, au sujet de l'exercice du Droit de Visite ; mais il est de toute évidence que, si le bâtiment rencontré porte de la contrebande de guerre à destination de l'ennemi, celle-ci est de bonne prise. Cela a été admis de tout temps, et continue à être en vigueur. Le Droit de Visite, exercé dans ces conditions, constitue un droit de légitime défense et ne viole en rien le Droit de la guerre. C'est un droit secondaire, motivé encore par le droit de blocus qui n'a jamais été contesté aux belligérants, pourvu qu'il soit effectif.

Nous considérons donc, en principe, le Droit de Visite comme légitime, nous réservant, dans l'historique de la question, de signaler les abus auxquels il a souvent donné

---

(1) CALVO, *Le droit international théorique et pratique,* 5e édit., t. IV, p. 411.

lieu dans la pratique. Comme l'a dit avec raison l'abbé Galiani au siècle dernier, « le navigateur ne pouvait rester tranquille, dans le doute sur les intentions des vaisseaux qu'il voit rôder autour de lui ; on ne peut lui contester le droit de s'enquérir qui ils sont : la visite n'est donc pas un acte de supériorité ou de juridiction ; c'est seulement un droit de défense naturelle ou de précaution ». Tandis que la visite en temps de paix ne saurait être admise en dehors d'un traité formel, le Droit de Visite en temps de guerre est un droit indispensable, fondé sur la raison.

Les deux seuls publicistes qui l'ont contesté ([1]) sont le Danois Borneman et l'avocat hambourgeois Meno Pohls. Pour ce dernier, la visite n'est pas un droit, mais un fait. La preuve de la violation de la neutralité appartient au belligérant. Il ne peut arrêter le neutre et le visiter *qu'après avoir fait cette preuve*. Un tel sophisme ne mérite même pas la discussion. Ce qui précède l'a suffisamment réfuté.

Mais ces tentatives isolées ne portèrent aucun fruit, et, aujourd'hui comme hier et probablement comme demain, tant que la guerre navale existera, tous les peuples belligérants seront dans la nécessité d'admettre le Droit de Visite.

Origines du Droit de Visite en temps de guerre. — Le Consulat de la mer. Traité des Pyrénées. — Abus commis par l'Angleterre.

La question de la recherche de la propriété ennemie chargée sur navire neutre dut son origine ([2]) à la rivalité ou plutôt à la jalousie mercantile des Républiques de l'Italie. Pise, Gênes, Venise ne tiraient leur puissance que du commerce ; la ruine du commerce était la ruine de la nation. Ces villes

---

([1]) V. GILLES, *Du Droit de Visite*, p. 15.

([2]) V. HAUTEFEUILLE, *Des droits et des devoirs des nations neutres en temps de guerre maritime*.

étaient continuellement en guerre les unes contre les autres ;
anéantir le commerce de l'ennemi était par conséquent le
but principal, unique peut-être, de chacune des parties.
Dans ces luttes, il est probable que le plus faible dut chercher à sauver au moins une partie de son négoce, en se servant de navires neutres pour transporter en sûreté les
marchandises que son pavillon ne pouvait plus protéger.
L'adversaire, de son côté, fit tous ses efforts pour atteindre
son ennemi jusque dans ses dernières ressources. Le seul
moyen d'y parvenir était d'aller, sur le navire étranger, rechercher la marchandise ennemie qui y était chargée. Ce
fut celui qu'on adopta.

Remarquons qu'il ne s'agit pas ici de contrebande de
guerre. Le belligérant se propose uniquement, par l'accu-
mulation des ruines privées, d'amener la ruine de son adversaire. C'est ce que, à notre époque, on appelle la guerre
industrielle. Nous examinerons plus loin les cas particuliers
qui la justifient.

Le Consulat de la mer, écrit en langue romane, à Barce-
lone, à la fin du XIIIᵉ siècle, et traduit en français par un
avocat de Marseille, François Meysson, en 1577, fut pendant
longtemps considéré comme le *Coutumier général de la mer.*
Ses dispositions ont servi de base au Droit maritime international de l'Europe. Il y est dit au chapitre 276 (¹) : « Lorsqu'un navire armé... rencontre un navire marchand..., si le
navire qui sera pris appartient à des amis tandis que les
marchandises qu'il porte appartiennent à des ennemis,
l'Amiral du vaisseau armé peut contraindre et forcer le vaisseau ami qu'il aura pris à lui apporter ce qui appartiendra
à des ennemis. »

Cette contrainte, imposée au navire neutre, implique for-
cément une visite préalable. Mais ce navire, s'il est entravé

---

(1) GILLES, *Du Droit de Visite.*

dans sa navigation, et s'il se voit obligé de livrer au capteur la marchandise ennemie, n'est pas considéré lui-même comme étant de bonne prise. On saisit la cargaison, parce que c'est un moyen de nuire à l'ennemi, et qu'on doit toujours chercher à lui faire le plus de mal possible; mais là se borne l'action du vaisseau armé.

Telle était la règle adoptée par tous jusqu'au XVIIe siècle, règle adoptée par les Anglais eux-mêmes, bien qu'elle fût contraire à l'esprit et à la lettre de leur grande Charte « qui *défend de saisir et de confisquer,* en cas de guerre, les marchandises des négociants étrangers (ennemis) à moins que ce ne soit par représailles ». Il est beau, dit Montesquieu (1), que la nation anglaise ait fait de cela un *article de sa liberté!*

Toutefois, l'Angleterre ne se départit jamais de la règle générale que nous avons indiquée. Il lui est arrivé d'y déroger, dans des traités, à plusieurs reprises, et d'admettre que le pavillon neutre conférait la neutralité aux marchandises; mais, en fait, dans l'application de ces stipulations, elle fut toujours fidèle au Consulat de la mer. Si Cromwell concéda cette faveur aux Portugais en 1654; si, plus tard, Charles II l'accorda aux Hollandais par les traités de 1668 et de 1674 qui établissaient que le sort des marchandises était décidé par la qualité neutre ou ennemie du bâtiment, dans la pratique, jamais la marchandise ennemie ne fut respectée sous pavillon neutre; par surcroît, la marchandise neutre était capturée sous pavillon ennemi. Il y avait donc profit des deux côtés pour le commerce britannique. Aux yeux de certaines nations qui s'arrogeaient le droit de déclarer des blocus fictifs, il fallait en outre vérifier la destination du chargement.

La visite, pendant un certain temps, fut remplacée par une simple interrogation. Le navire, hélé à petite distance,

------

(1) *Esprit des lois.*

répondait aux questions qui lui étaient posées, sous la foi du serment, et ses affirmations étaient tenues pour suffisantes. Les navires de commerce, à cette époque, n'étaient jamais certains de l'identité du navire visiteur. Était-ce un bâtiment régulièrement armé, ou bien était-ce un pirate? En outre, les prétentions de l'Angleterre à la souveraineté des mers ont inspiré de tout temps aux autres puissances maritimes de légitimes appréhensions, et celles-ci se sont toujours montrées fort peu disposées à reconnaître des droits dont celle-là pouvait si facilement abuser. Ainsi, après la paix de Vervins, nous rapporte Grotius, la reine Élisabeth, continuant la guerre avec l'Espagne, pria le roi de France de permettre qu'elle fît visiter les vaisseaux français qui allaient en Espagne, pour savoir s'ils ne portaient point de munitions de guerre cachées; mais cette faculté lui fut refusée, par la raison que ce serait une occasion de favoriser le pillage et de troubler le commerce.

C'est le traité des Pyrénées (1659), conclu entre la France et l'Espagne, qui régla pour la première fois tous les détails de l'exercice du Droit de Visite. Le traité d'Utrecht (1713) en reproduisit les dispositions principales. Mais, en outre, des conventions spéciales furent établies entre les divers États pour définir la contrebande de guerre, arrêter la rédaction des papiers de bord et s'opposer à leur falsification.

Ces stipulations, dans la pratique, ne furent pas toujours respectées de part et d'autre. Pendant la guerre de Sept ans, l'Angleterre notamment commit à l'égard des neutres les plus odieux attentats. Plusieurs députés hollandais adressèrent en 1756 une réclamation à l'ambassadeur d'Angleterre, au sujet des déprédations exercées sur les bâtiments marchands hollandais par les navires de guerre anglais sous prétexte de les empêcher de violer la neutralité (¹). L'Angle-

---

(1) Archives affaires étrangères, France, 2022, p. 16; GILLES, *Du Droit de Visite.*

terre prétendit alors que les navires hollandais s'étaient convertis, *par adoption,* en navires français. A ce titre, elle les visitait et s'emparait de la cargaison, et même du navire.

Remarquons en passant que les Anglais, pendant leurs nombreuses guerres, n'ont jamais admis que le commerce des neutres pût être florissant et pût s'exercer sans entraves. Dès lors que le leur souffrait par suite des hostilités, il était nécessaire que cet état de souffrance s'étendît au commerce maritime en général, sous peine de voir la suprématie passer aux mains de ses rivaux. Cette politique, suivie avec ténacité pendant plusieurs siècles, nous donne la raison pour laquelle le Droit de Visite en temps de guerre, légitime en lui-même, donna lieu à tant d'abus de la part des croiseurs anglais.

Pendant la guerre de l'Indépendance des États-Unis, « désireuse d'empêcher toutes relations avec ses colonies révoltées, l'Angleterre faisait arrêter les navires marchands *en quelque mer qu'ils fussent,* et ses commandants, après avoir tiré sur eux *à boulet,* visitaient et pillaient les cargaisons, malgré la régularité des papiers ; nombre de vaisseaux français furent ainsi capturés, avant toute déclaration de guerre, quoique n'ayant à bord aucune contrebande de guerre » (¹). Les mêmes procédés étaient appliqués vis-à-vis des autres puissances. Le 12 janvier 1776, le comte de Guines écrit à M. de Vergennes, ministre des affaires étrangères de France : « Deux vaisseaux danois viennent d'être arrêtés dans la Manche, sous prétexte qu'ils portaient des munitions aux Américains. On les a conduits à Dover ; ils ont été visités, insultés, on ne leur a rien trouvé. Le Danemark demande que les capitaines anglais soient punis : il ne peut l'obtenir parce que lord Suffolk a déclaré ministériel-

----

(1) Paul Fauchille, *La diplomatie française et la ligue des neutres de 1780,* p. 3 et 4.

lement que l'on n'avait agi que par son ordre » (¹). L'abbé Desnoyers, envoyé de France à La Haye, écrit au ministre le 2 juillet 1776 que les bâtiments hollandais étaient visités partout, par ordre du ministère anglais, jusqu'à être pillés dans les objets qui ne sauraient être de contrebande (²).

Vexations à l'égard des neutres. — Traité franco-américain (1778). — Ligue des neutres (1780).

La situation de neutre, en temps de guerre, devenait donc intolérable, dès que l'Angleterre se trouvait au nombre des belligérants. Il s'en fallait de peu, comme on vient de le voir, que le navire neutre ne fût traité en ennemi. Ces procédés étaient de nature à obliger les puissances à prendre fait et cause pour l'une des deux parties, autrement dit à allumer une guerre générale.

Le 6 février 1778, la France signa avec les États-Unis un traité d'amitié, qui réglait entre autres choses l'exercice du Droit de Visite, le bornant à l'examen des papiers de bord (art. 27). Cet acte proclamait, en outre, la liberté des marchandises ennemies sous pavillon ami (art. 23) et limitait la contrebande de guerre aux seules armes et munitions de guerre (art. 24).

L'Angleterre considéra ce traité comme une déclaration de guerre ; et, afin d'entraîner les neutres à sa suite, dans la guerre contre la France et l'Amérique, elle donna de nouveau à ses croiseurs les ordres les plus vexatoires pour l'exercice de la Visite (³).

C'est alors que le ministre français, M. de Vergennes,

---

(1) Archives affaires étrangères, Angleterre, *Correspondance politique*, t. 514, p. 55.

(2) Archives affaires étrangères, Hollande, *Correspondance politique*, t. 529, p. 1 et 34. V. Paul Fauchille, *La diplomatie française et la ligue des neutres de 1780*, p. 5.

(3) Gilles, *Du Droit de Visite*.

comprit la nécessité de proclamer, d'une façon solennelle, les droits des neutres et de réglementer l'exercice du Droit de Visite. Dans ce but, il publia le Règlement du 26 juillet 1778, déterminant la façon d'agir de la France à l'égard des neutres, à la condition formelle toutefois de la réciprocité de la part de l'Angleterre.

Mal inspirés, les cabinets étrangers n'acceptèrent pas d'exercer une pression dans ce sens sur le *Foreign Office*.

L'Espagne, dès qu'elle fut intervenue dans la guerre d'Amérique, usa, vis-à-vis des neutres, des mêmes procédés arbitraires que l'Angleterre.

Il ne pouvait en être autrement, les rigueurs subies depuis longtemps par toutes les marines du monde appelant de nouvelles rigueurs à titre de représailles.

La situation était devenue d'autant plus intolérable, qu'en dehors des traités existants chaque nation se réservait de donner à ses croiseurs des instructions particulières. En France, ces actes avaient la forme de lois permanentes. En Angleterre, ce n'étaient que des règles éphémères, spéciales pour la circonstance. Les ordonnances danoises ou autrichiennes, différentes des précédentes, mais non moins rigoureuses, étaient impératives et imposaient aux neutres des règles plus ou moins injustes. En réalité, il s'agissait là de règles intérieures, qu'on avait la prétention de rendre exécutoires pour des peuples jouissant de leur indépendance, et jaloux de la conserver.

Déjà en 1689, le Danemark avait conclu avec la Suède la première ligue de neutralité. En 1778, M. de Vergennes avait échoué dans sa tentative d'en créer une seconde. Mais, deux ans plus tard, le 9 mars 1780, l'impératrice Catherine de Russie, sur de nombreuses plaintes de ses sujets molestés par les croiseurs espagnols, publia la célèbre déclaration de neutralité armée, qui fut adressée aux cours belligérantes de Londres, Versailles et Madrid. « L'Impératrice de toutes les Russies, disait-elle, a cru de sa justice d'exposer aux yeux de l'Europe les principes qu'elle va suivre. Elle le fait avec d'autant plus de confiance qu'elle trouve ces principes consignés dans le droit primitif des peuples, que toute nation est fondée à réclamer, et que les puissances belligérantes ne sauraient invalider sans violer la loi de la neutralité, et sans désavouer les maximes qu'elles ont adoptées, notamment dans différents traités et engagements publics. Ils se réduisent aux points suivants : 1° que le vaisseau neutre puisse naviguer *librement,* de port en port, et sur les côtes des nations en guerre ; 2° que les effets appartenant aux sujets desdites puissances en guerre soient libres sur le vaisseau neutre, à l'exception des marchandises de contrebande de guerre ; 3° que, pour déterminer ce qui caractérise un port bloqué, on n'accordera cette dénomination qu'à celui où il y a, par les dispositions de la puissance qui l'attaque, des vaisseaux arrêtés et suffisamment proches pour constituer un danger évident d'entrer. »

De Vergennes, par une dépêche du 27 juillet 1780, reconnut les principes de la déclaration, mais revendiqua pour la France l'honneur d'avoir été la première à les poser. L'Espagne y adhéra, en août de la même année ; la Prusse, le 8 mai 1781 ; l'Empereur d'Autriche, Josèph II, le 9 octobre 1781 ; le Portugal et le Royaume des Deux-Siciles, en 1782 et 1783. Le Danemark et la Suède y avaient adhéré dès le principe.

C'est le Danemark qui devait porter tout le poids de la vengeance anglaise. En pleine paix, et pendant une saison qui empêchait les navires suédois et russes de venir à son secours, la flotte danoise fut attaquée à Copenhague et détruite. Cette odieuse violation du droit des gens fut, on le sait, renouvelée en 1807.

Fin de la ligue des neutres (1801). — Visite des convois. — Blocus fictifs. — Abus du Droit de Visite et guerre anglo-américaine (1811).

Cette puissante ligue des neutres se brisa contre l'opiniâtreté des hommes d'État anglais, qui réussirent à entraîner les Pays-Bas avec eux dans leur lutte contre les États-Unis. Mais la Hollande n'imita pas ses nouveaux alliés dans ses procédés vexatoires et arbitraires vis-à-vis du commerce maritime des pays neutres. L'Angleterre seule continua à les employer, émettant même la prétention de visiter les navires de commerce convoyés par des bâtiments de guerre, et ces derniers eux-mêmes.

C'est sur la question des convois que porta spécialement la nouvelle déclaration de neutralité armée des puissances du Nord du 16 décembre 1800 : les bâtiments marchands, convoyés par des vaisseaux de guerre, sont exemptés de la visite, sur déclaration du commandant des vaisseaux que ceux-là n'ont pas à leur bord de contrebande de guerre.

A la mort de Paul Ier, l'Angleterre manœuvra habilement pour se rapprocher de la Russie ; en lui accordant que les bois de construction ne seraient pas réputés contrebande de guerre, elle parvint à lui faire signer le traité du 17 juin 1801, autorisant la recherche de la marchandise ennemie sous pavillon neutre, les blocus fictifs et la visite des convois. C'était l'effondrement de la ligue.

La Suède et le Danemark, sans dissimuler leur mécontentement, furent contraints d'accéder à ce nouveau traité ; et l'Angleterre put dès lors, sans aucune retenue, se livrer vis-à-vis de la France à des actes condamnés à toute époque par le droit des gens.

A ces abus de la force, Napoléon répondit en lançant le fameux décret de Berlin du 21 novembre 1806 : « Considé-

rant, dit ce décret, que l'Angleterre n'admet pas le droit
des gens suivi universellement par tous les peuples policés ;
que la conduite de l'Angleterre, digne en tout des premiers
âges de la barbarie, a profité à cette puissance, au détriment de toutes les autres ; qu'il est de droit naturel d'opposer à l'ennemi les armes dont il se sert, et de le combattre
de la même manière qu'il combat lorsqu'il méconnaît toutes
les idées de justice et tous les sentiments libéraux, résultat
de la civilisation parmi les hommes ; nous avons résolu
d'appliquer à l'Angleterre les usages qu'elle a consacrés
dans sa législation maritime. »

Cette lutte de la puissance napoléonienne, se faisant le
champion du droit outragé, contre la suprématie navale anglaise, prit un caractère d'acuité encore plus vif lors du décret de Milan de 1807. Qu'on en juge par les articles qui
suivent : « Articles I et II. — Tout bâtiment, de quelque
nationalité qu'il soit, *qui aura souffert la visite* d'un vaisseau anglais, etc... est par cela seul dénationalisé, a perdu
la garantie de son pavillon, et est devenu propriété anglaise
et de bonne prise. — Article III. — Les îles britanniques
étant déclarées en état de blocus, sur mer comme sur terre,
tout bâtiment, de quelque nation qu'il soit, allant en Angleterre, est de bonne prise. »

Cet appel fut entendu par la Russie qui publia en 1807
une déclaration en faveur de la neutralité armée et y rappela
les principes proclamés par Catherine en 1780. Mais l'Angleterre, ayant réussi à renouer une coalition, les États-
Unis restèrent seuls avec la France à défendre le droit des
neutres qui continua à être foulé aux pieds.

Au lieu des escadres qui devaient finir à Trafalgar et de
ses chaloupes canonnières, il eût fallu à Napoléon de nombreuses frégates et corvettes ayant sur les navires similaires
anglais l'avantage de la vitesse. En les lançant, sur toutes
les mers, à la poursuite du commerce anglais, il eût donné

aux décrets de Berlin et de Milan la seule sanction qui pût faire réfléchir son ennemi et l'amener à récipiscence.

Nous ne pouvons nous défendre, en constatant les défaillances de toutes les nations signataires de la ligue des neutres, d'admirer l'opiniâtreté avec laquelle le gouvernement des États-Unis lutta constamment pour préserver ses navires des vexations attachées au Droit de Visite.

Les croiseurs anglais, en visitant les navires américains, abusant de la communauté de race et de langage, ne craignaient pas d'y exercer la presse, feignant de reconnaître des sujets anglais parmi les équipages des bâtiments visités. Ces marins, enrôlés de force sur les vaisseaux de Sa Majesté, étaient contraints de se battre contre la France, et se trouvèrent même dans une situation encore plus cruelle quand leur pays, lassé de tant d'outrages, déclara la guerre à l'Angleterre (1811).

Vaines étaient les protestations des victimes ; vaine l'opposition du capitaine ; vaines aussi les preuves consignées dans les cahiers du bord !

Un article du *Times,* de janvier 1842, faisant allusion aux faits que nous venons de citer, reconnaît leur exactitude avec un cynisme révoltant : « Toutefois, dans l'exercice et la pratique de ce Droit de Visite, *légitime ou non,* car il n'est pas nécessaire de nous prononcer maintenant sur ce point, la partie visitante, étant naturellement la plus forte et de plus étant ordinairement composée de gens à habitudes expéditives, était assez sujette à *l'arbitraire* dans ses décisions touchant ce qu'il fallait regarder comme américain ou comme anglais. *En cas de doute, elle prenait la levée !* Et chacun peut se rappeler qu'une fois pris et logé à bord d'un navire anglais, *à raison ou à tort,* il n'était pas facile d'en sortir. L'américain n'avait donc qu'à se bien tenir, avec autant de chances d'être coupé en deux par un boulet français, avant d'obtenir justice, qu'aucun de ses camarades anglais. » Cet article n'a pas besoin de commentaires.

Nous allons maintenant passer en revue quelques faits relatifs au droit de visite exercé abusivement vis-à-vis des convois et des navires de guerre.

Résistance des neutres à la visite des convois. — Cas du « Wasa », de la « Freya », du « Haufersen », du « Saint-Jean ». — L'Angleterre, seule, n'a pas encore renoncé à la visite des convois.

Le navire de guerre engage la responsabilité et la parole de la nation à laquelle il appartient. Le commandant d'un croiseur qui escorte un convoi a qualité pour affirmer qu'aucun des navires qu'il escorte ne renferme de contrebande de guerre. Ne pas s'en tenir à sa seule affirmation, c'est faire injure à la loyauté et à l'honneur du pavillon qui flotte à la poupe de son vaisseau.

Telles étaient les stipulations du traité d'Utrecht admises par tous les pays, sauf l'Angleterre, et parfois aussi l'Espagne.

Vers le milieu du xviie siècle, la reine Christine de Suède, avant la déclaration de la première ligue de neutralité armée (1689) conclue avec le Danemark, avait résolu d'organiser des convois, afin de soustraire ses bâtiments marchands à la visite, pendant la guerre des Républiques anglaise et hollandaise. Après la conclusion de la paix, les Hollandais eux-mêmes essayèrent d'obtenir que leurs convois ne soient pas visités ; mais Cromwell s'y refusa formellement, la visite étant considérée en Angleterre « comme un attribut de la suprématie maritime et un moyen de domination sur les neutres ». Sans le Droit de Visite, les marines des pays non belligérants eussent été à même de faire à la marine anglaise une concurrence redoutable. C'est ce qu'il fallait empêcher, même au mépris du droit des gens.

On ne pouvait qu'opposer la force à d'aussi audacieuses

prétentions. C'est ce que fit le roi de Danemark, Christian V, dans son code maritime de 1683. On y lit dans l'article 3 du chapitre VII : « S'il y a parmi ces navires marchands, naviguant en convoi, un navire armé, il doit hisser le pavillon et défendre les autres, en ne permettant pas qu'un navire étranger les aborde, même pour les passeports ou papiers, et il doit le repousser autant que possible. Tous les autres navires, composant la flotte, doivent l'assister de tous leurs moyens. Si des navires étrangers veulent forcer la flotte à discontinuer sa route, il s'y opposera de toutes ses forces, et il ne permettra rien qui soit préjudiciable à l'honneur du Roi et aux intérêts de ses sujets (¹). »

Déjà, l'amiral hollandais Byland, à la suite des négociations infructueuses relatées plus haut, s'était rencontré escortant un convoi, avec des navires anglais qui voulurent procéder à la visite. Il s'y était opposé en faisant feu sur les chaloupes qui s'avançaient vers son navire, en dépit de ses avertissements. Cette affaire avait donné lieu à un échange de dépêches diplomatiques dans lequel l'Angleterre avait maintenu ses prétentions avec une énergie digne d'une meilleure cause.

En 1781, autre incident, à propos d'un convoi escorté par le vaisseau suédois *Wasa,* que les Anglais obligèrent à subir la visite. La Russie, prise comme arbitre par la Suède, déclara que les navires marchands escortés devaient être exemptés de la visite, et fit savoir à toutes les Cours de l'Europe que sa décision n'était que la conséquence des principes établis par la ligue de la neutralité armée de 1780.

Pendant les guerres de la Révolution française, le Danemark et la Suède convoyèrent leurs navires marchands pour éviter la visite. Jusqu'en 1799 ils ne furent pas inquiétés ; puis les Anglais revinrent à leurs anciens errements.

---

(1) **Pardessus**, *Droit maritime,* t. III, p. 3o5.

Le 29 août 1800, la frégate danoise *Freya,* escortant un convoi, rencontre dans la Manche une force navale anglaise, et se refuse à la visite. Elle tire sur les chaloupes qui veulent l'aborder de force, et reçoit presque aussitôt la bordée de la frégate amirale anglaise. Trois autres frégates surviennent, et la *Freya,* après un combat acharné, est obligée de se rendre. C'était une attaque manifeste contre l'indépendance du Danemark. L'affaire se régla par voie diplomatique, la *Freya* fut remise en liberté; mais le Danemark fut obligé de souscrire, comme nous l'avons vu, à la convention du 17 juin 1801, conclue entre l'Angleterre et la Russie. On se souvient que ce traité autorisait la visite des convois par les bâtiments de guerre, à l'exclusion toutefois des corsaires. Cette dernière clause visait évidemment la France.

Vers la même époque, à la fin de 1799, la marine danoise s'était déjà opposée à la visite des convois dans les circonstances suivantes. Plusieurs frégates anglaises, non loin de Gibraltar, avaient rencontré la frégate danoise *Haufersen,* capitaine van Deckum, escortant un convoi. Une chaloupe anglaise, voulant faire la visite de vive force, reçoit des coups de fusil qui lui blessent un homme. Finalement, la frégate danoise et son convoi vont mouiller à Gibraltar. Le capitaine van Deckum refuse à l'amiral anglais, lord Keith, de lui communiquer ses instructions, mais déclare qu'elles comportent de s'opposer à toute visite. Lord Keith en réfère à son gouvernement, qui réclame du Danemark un désaveu, des excuses et une réparation. La manière d'envisager la question en Angleterre fut nettement formulée, à cette occasion, par sir Merry, chargé d'affaires britannique à Copenhague, qui rédigea la Note suivante le 10 avril 1880 :

« Le droit de *visiter,* et d'examiner les navires de commerce, en pleine mer, de quelque nation qu'ils soient, et quelles que soient la cargaison et la destination, est regardé par le gouvernement britannique comme ne pouvant être contesté à toutes les nations en guerre. Il s'ensuit que la résistance qu'oppose à la visite le commandant d'un navire de guerre d'une puissance amie doit être regardée comme un acte d'hostilité. » Le comte Bernstorf, ministre de la Cour de Danemark, répondit par ces fières paroles : « Le Droit de Visite n'est pas un droit naturel, mais un droit conventionnel, qui peut s'exercer en temps de guerre ; mais jamais le droit des gens n'a permis de visiter des navires convoyés par un bâtiment de guerre. Ce serait avilir le pavillon de la nation qui y consentirait. L'Angleterre, en pareil cas, ne le souffrirait pas pour les siens. Le commandant danois n'a fait que son devoir. » Toutefois, le gouvernement danois n'obtint aucune réparation, et ne fit que s'attirer l'inimitié anglaise, qui devait se manifester, quelques années plus tard, par le bombardement de la capitale de ce petit pays et la destruction de sa flotte, accomplis de la façon lâche et odieuse que l'on sait.

En janvier 1798, encore dans les environs de Gibraltar, un convoi de navires chargés de bois, escorté par la frégate suédoise *Ulla Fersen,* avait été rencontré par une division anglaise et, le capitaine s'étant refusé à la visite, le convoi avait été pris. Le juge d'amirauté valida la prise par la raison que « l'Angleterre n'ayant conclu sur ce point (visite des convois) avec la Suède *aucun traité restrictif de ses droits légitimes,* la peine encourue pour la résistance à ce dit Droit de Visite maritime est la confiscation de la propriété qu'on voulait soustraire aux recherches » (¹).

Jusqu'à présent, nous avons vu les prétentions anglaises revendiquer le Droit de Visite sur les bâtiments marchands, non convoyés, ou faisant partie d'un convoi. La raison que nous avons cru devoir en donner était dans le besoin d'entraver le commerce maritime des neutres. Du côté de l'Es-

---

(1) Archives affaires étrangères, n° 2024, p. 364 ; GILLES, *Du Droit de Visite.*

pagne, les procédés n'étaient pas moins vexatoires ; mais ils avaient un autre mobile. Il s'agissait d'assurer le blocus de Gibraltar. Nous ne saurions toutefois les approuver dans la circonstance suivante : La corvette danoise *Saint-Jean,* le 27 février 1782, rencontra douze vaisseaux espagnols près du golfe de Larrache. Deux vaisseaux, une frégate et un chébec, se rapprochèrent et montrèrent leur pavillon en l'appuyant d'un coup de canon. Le contre-amiral Solafranca envoya à bord du *Saint-Jean,* qui avait mis en panne, un officier avec l'ordre de se faire montrer les papiers. Le capitaine danois fit répondre qu'il venait de Copenhague, qu'il allait dans la Méditerranée, qu'il était armé en guerre, et qu'il n'avait d'autres papiers à bord que ses instructions. Peu après, l'officier espagnol revint à la charge. Le capitaine danois recevait avis d'avoir à se rendre immédiatement, avec ses papiers, à bord du vaisseau espagnol, et que l'amiral voulait procéder à la visite de la corvette. « Je n'ai d'autres papiers que mes ordres, répéta le capitaine Herbst, et je ne quitterai le pont de mon vaisseau que contraint par la force. » Il accepta, toutefois, de se rendre à Cadix, escorté par les Espagnols, et, dès lors, les gouvernements intéressés furent saisis de l'affaire. La Russie et la Hollande consultées émirent l'avis que la corvette danoise avait été indûment arrêtée, et que les navires marchands eux-mêmes, quand ils étaient convoyés, devaient être à l'abri de toute visite.

Depuis 1815, le principe ainsi déclaré par la Russie et la Hollande fait partie du droit maritime de toutes les nations de l'ancien et du nouveau monde, à l'exception toujours de la Grande-Bretagne (¹). C'est grâce à cette résistance de la part de l'Angleterre que la question n'a même pas été tranchée, ni dans les déclarations publiées par les puissances

____

(1) GILLES, *Du Droit de Visite.*

belligérantes au commencement de la guerre d'Orient, ni dans la déclaration de Paris du 16 avril 1856.

En 1864, le Danemark, la Prusse et l'Autriche admirent que les convois seraient exemptés de la visite.

Pendant la guerre franco-allemande, le même principe prévalut. Les Instructions françaises du 25 juillet 1870 imposaient toutefois au convoyeur l'obligation d'une déclaration écrite, relative aux navires marchands placés sous son escorte.

L'article 218 du code de la marine marchande italien du 24 octobre 1877 défend également la visite des. convois ; et, plus près encore de nous, le Règlement international des prises maritimes adopté par l'Institut de droit international en 1887 reproduit à peu près textuellement les dispositions des Instructions françaises de 1870. (Voir p. 123.)

Procédure usitée pour la visite. — Distance assignée au croiseur. — Résistance armée ou fuite du navire arrêté. — Faux papiers. — Cas de saisie. — Paquebots-poste.

Il nous faut maintenant examiner par quelles phases sont passés les procédés usités pour arrêter le navire et opérer la visite.

C'est au traité des Pyrénées (1659) et au traité d'Utrecht (1713) que reviennent le mérite d'avoir posé des règles à ce sujet.

Le croiseur marque sa manœuvre et indique son intention de communiquer avec le navire marchand, en hissant son pavillon et en l'appuyant d'un coup de canon à poudre. Après cela, le navire doit s'arrêter et le croiseur envoie une chaloupe avec un officier et un petit nombre d'hommes pour procéder à la visite.

Le coup de canon que tire le croiseur est ce qu'on appelle le coup d'assurance ou de semonce (*affirming gun*). « C'est, en temps de guerre maritime, observe Cauchy, le *qui-vive* d'une sentinelle avancée. » « Le bruit du canon, dit le commandant portugais Carlos Testa, est comme la voix solennelle qui parle au nom de la souveraineté dont il a le devoir de soutenir l'honneur et les droits ; la parole d'honneur d'un officier est admise par les nations comme une preuve, parce qu'elle émane directement d'un fonctionnaire à qui son caractère public donne une autorité digne de crédit ; elle est un document vivant, émanant d'un délégué de la souveraineté. »

Pour appuyer ses prétentions à la visite des convois, l'Angleterre a toutefois soutenu, au dire de Gessner, « que l'on a vu des officiers de marine donner leur parole à faux ». En outre, les hommes d'État anglais, dans leur correspondance diplomatique (lord Palmerston), affectant de suspecter la sincérité du pavillon arboré par les navires, l'ont qualifié parfois avec dédain de *morceau d'étamine*. Si des actes de mauvaise foi se sont produits à cet égard, ils ne sont évidemment que des exceptions qui ne sauraient infirmer les principes du droit et l'honneur des peuples civilisés.

En ce qui concerne les navires de guerre, en droit comme en fait on ne peut admettre, un seul instant, qu'il y ait fraude. Le coup de canon d'assurance doit être tiré sous pavillon national comme en témoignent en France l'ordonnance du 17 mars 1796, la loi du 2 prairial an XI (22 mai 1803), l'article 3 des Instructions ministérielles de 1870. Le Règlement de l'Institut de droit international de 1887 est du même avis.

La distance à laquelle doit se tenir le croiseur pendant la visite est fixée par le traité des Pyrénées (1659) à une portée de canon. L'Angleterre n'a consenti à cette clause qu'une seule fois dans le traité du 17 juin 1801, conclu avec la Russie ; mais il y était dit : « à moins que l'état de la mer et le lieu de la rencontre ne nécessitent un plus grand rapprochement ». De la sorte, ses croiseurs, maîtres d'apprécier les circonstances, conservaient le moyen de raccourcir à leur gré la distance réglementaire, et d'user, avec le droit pour eux, de leurs procédés vexatoires habituels.

Les Instructions françaises de 1854 (art. 12) et un traité conclu entre l'Allemagne et le Mexique en 1869 prescrivent de se tenir hors de portée du canon. Les Instructions françaises de 1870 renouvellent cette règle : « *Autant que possible,* hors de portée du canon, si le navire s'arrête. »

La portée du canon nous semble un terme vague. Cette façon de parler signifiait autrefois deux à trois mille mètres. Avec les progrès accomplis par l'artillerie moderne, les projectiles peuvent tomber à dix ou douze kilomètres, au delà par conséquent de l'horizon visible pour un observateur peu élevé au-dessus de la mer. Bien que les croiseurs modernes soient généralement pourvus de canots à vapeur, cette distance assignée au croiseur nous paraît exagérée. Elle peut même, dans certains cas, favoriser le guet-apens de la part du navire visité et constituer un grave danger pour les embarcations. Dès lors que le Droit de Visite est admis pour les belligérants, et que la loyauté du navire de guerre ne saurait être suspectée, il y aurait intérêt à ce que la distance assignée au croiseur fût mieux définie, et ramenée en dedans de la portée du canon, par exemple à trois ou quatre mille mètres. Plusieurs raisons sérieuses militent en faveur de cette manière de procéder.

Personne ne soutiendra que le navire arrêté puisse aujourd'hui se trouver en présence d'un pirate. Cette hypothèse écartée, de deux choses l'une : ou bien le navire rencontré appartient à la nation belligérante ennemie, ou bien à une nation neutre. Dans le premier cas, obliger le croiseur à stationner à une distance de dix ou douze kilomètres, c'est rendre absolument illusoire un droit légitime et exposer l'embarcation à être coulée dans le cas où le navire arrêté

posséderait un seul canon : n'aurait-il que des fusils, l'équipage du canot pourrait être impunément massacré. En outre,
au moment où l'embarcation sera parvenue à la moitié de
la distance, le navire suspect, gonflé de vapeur, s'échappera
à toute vitesse, et ne tardera pas à disparaître, surtout si la
nuit approche pendant que le croiseur ira à la recherche de
son canot, qu'il ne peut abandonner, et le hissera peut-être
avec une peine infinie, si la mer est un peu dure. Si, au contraire, il s'agit d'un navire neutre, celui-ci a tout intérêt,
s'il n'a pas de contrebande de guerre, à en finir le plus vite
possible avec une formalité à laquelle il ne peut se soustraire. Il vaut donc mieux, dans les deux cas, que le croiseur se rapproche assez près du navire arrêté, pour que le
parcours de l'embarcation et le temps nécessaire pour la
mettre à la mer et sous pression soient aussi courts que possible. Reste à envisager la possibilité d'abus et de vexations
pouvant être commis par le croiseur. Les vexations résulteront du caractère de l'officier visiteur et des instructions
qu'il aura reçues bien plus que de la distance. On peut encore
répondre à ceux qui manifestent cette crainte, que le procès-
verbal de la visite, consigné sur le journal de bord, ainsi
que les observations du capitaine visité, seront un titre suffisant pour établir une demande de dommages et intérêts ;
et que la nation belligérante ne pourra s'y refuser, dans son
intérêt bien entendu, sous peine de s'aliéner la nation neutre
à laquelle appartient la partie lésée.

Si le navire suspect refuse de s'arrêter et manifeste par sa
manœuvre l'intention d'échapper à la visite, le croiseur est
autorisé à tirer à boulet, sur son avant, mais sans l'atteindre.
Si, enfin, cette seconde sommation reste sans effet, le croiseur a le droit de donner la chasse et d'employer la force,
sans qu'on puisse le rendre responsable des avaries qui peuvent arriver au navire poursuivi. Si le neutre refuse *par la
force* et engage un combat à la suite duquel il est réduit, le

navire est considéré comme de bonne prise. Nous partageons
à cet égard l'avis de Hautefeuille qui assimile la résistance
à l'exercice de la visite au fait de porter de la contrebande
de guerre et de violer la neutralité. On ne peut nier dans
tous les cas qu'il s'agit là d'une violation flagrante du droit
international ; et nous ajouterons que celui qui se met sciemment dans un cas semblable le fait à ses risques et périls.

Nous sommes, sur ce point, d'accord avec la jurisprudence anglaise, avec cette restriction que le navire doit être
confisqué ainsi que la cargaison dans le seul cas où elle
appartient au capitaine ou à l'armateur. Dans le cas contraire, la cargaison doit être rendue. Si le navire qui a tenté
d'échapper à la visite est ennemi, chargé de marchandise
neutre, celle-ci doit être également rendue. Nous ne saurions
aller aussi loin que le juge de l'Amirauté William Scott (lord
Stowell) qui, dans le cas d'un navire neutre chargé par des
neutres, *confisque le tout*. Il est évident que, seuls, le capitaine et l'armateur qu'il représente ont violé le droit, et que
les chargeurs n'en sauraient être rendus responsables.

Nous venons de donner ici notre avis personnel ; mais il
nous faut convenir que les Règlements français, y compris
les Instructions de 1870, n'autorisent la saisie et la capture
que s'il y a *résistance armée* de la part du navire de commerce.

Il est à craindre qu'en cas de guerre cette manière de
procéder, essentiellement libérale et généreuse, comme le
caractère français, ne trouve pas d'imitateurs, et que le défaut de réciprocité de la part de l'ennemi ne place notre
pays dans une situation d'infériorité évidente. Cela est telle-
ment vrai que le Règlement de l'Institut de droit international de 1887 dit qu'en cas de fuite (§ 23) il y a lieu de *saisir*
navire et cargaison. Les tribunaux compétents auraient à
juger ensuite de la validité de la prise, tant pour la cargaison
que pour le navire.

L'amiral Courbet, en 1884, lors des difficultés entre la France et la Chine, avait prescrit, avant d'employer la force vis-à-vis d'un bâtiment qui prend chasse, de lui signaler de s'arrêter par des signaux tels qu'ils sont déterminés dans le Code international des signaux. Nous approuvons fort cette manière de faire, d'autant plus qu'elle vient à l'appui de ce que nous disions plus haut relativement à la distance à laquelle doit se maintenir le croiseur pendant la période de semonce; car on ne peut distinguer les couleurs des pavillons au delà de trois à quatre kilomètres. Cette communication par signaux est d'ailleurs de toute nécessité pour légitimer la visite et valider la saisie et la prise, dans le cas où le navire qui prend la fuite ignore la déclaration de guerre.

Envisageons maintenant le cas du navire qui s'est arrêté au coup de canon de semonce, et qui a permis à l'embarcation du croiseur de l'accoster. Que va-t-il se passer?

Pour enlever à la visite tout caractère de violence, l'officier qui montera à bord ne sera accompagné que de deux ou trois hommes et se fera d'abord montrer les papiers de bord. Les Instructions ministérielles du 25 juillet 1870 exigent que le capitaine possède les pièces suivantes : 1° l'acte de propriété, le congé ou passeport et le rôle d'équipage, pièces qui établissent la nationalité du bâtiment; 2° les connaissements, chartes-parties et factures qui établissent la nature et la nationalité du chargement.

Ces documents, établis en exécution de Règlements intérieurs (le Règlement de l'Institut de droit international de 1887 n'a pas été adopté par les États), pourront varier quant à la forme; l'essentiel est qu'ils prouvent clairement ce qu'il est important de connaître.

L'absence d'un de ces papiers ne pourra être un motif suffisant de saisie, mais pourra donner lieu à suspicion. Il en sera ainsi surtout si deux pièces destinées à se contrôler sont contradictoires. Mais l'absence totale de papiers, soit qu'ils aient été jetés à la mer immédiatement avant la visite, soit pour toute autre raison, dispense de toute visite. Cette infraction aux règles internationales entraîne, de plein droit, la saisie et la confiscation du navire. Dans tous les cas, le tribunal des prises statuera en dernier ressort. Cette jurisprudence résulte notamment du traité de 1786, conclu entre la France et l'Angleterre.

Du côté des navires de commerce, il s'est rencontré assez fréquemment des faux papiers ; et, pour cette raison, l'exhibition des papiers, dans certains cas, ne saurait suffire. En règle générale, l'étendue des investigations doit dépendre du degré de suspicion qui existe à l'égard du bâtiment visité ; mais elles ne doivent jamais se départir d'un caractère bien marqué de modération. Pendant les guerres du premier Empire, le commerce des faux papiers régnait en Angleterre sur une vaste échelle, comme en témoigne la lettre trouvée à bord d'une prise anglaise par le corsaire français le *Nantais,* lettre que nous reproduisons plus loin. (Fraudes. — Ventes fictives. — Faux papiers, page 99.)

La visite doit donner lieu à une notification du blocus s'il en existe, car ce n'est qu'après avoir eu connaissance de cette notification que le navire qui tente de le forcer est saisissable.

En résumé, voici les cas dans lesquels un navire neutre est exposé à la saisie : 1° si le navire ne met pas en panne ou ne stoppe pas au signal donné ; 2° s'il résiste par la force à l'ordre d'arrêter, ou même s'il essaie de lutter par la force, ou s'il s'y prépare ; 3° s'il ne peut justifier suffisamment de sa nationalité ; 4° s'il n'a point de papiers ou s'il les a fait disparaître ; 5° s'il a des papiers doubles ou des papiers qui sont ou qui paraissent faux ; 6° s'il est convaincu ou soupçonné de rupture de blocus ; 7° si le capitaine s'oppose à la visite des endroits ou des contenants dans lesquels on soupçonne qu'il se trouve des papiers ou de la contrebande de guerre, ou s'il refuse d'ouvrir ceux qui sont fermés ; 8° si la cargaison se compose de contrebande de guerre.

Dans ce dernier cas, et d'après certains règlements, si les articles de contrebande de guerre ne forment qu'une partie du chargement, le capitaine pourrait échapper à la saisie, en se défaisant immédiatement de ces objets ou en les débarquant dans le port le plus proche. Nous estimons, quant à nous, que la quantité devrait peu importer. Le seul fait d'avoir de la contrebande de guerre suffit, à notre avis, pour constituer une violation des qualités essentielles de tout navire neutre qui sont l'impartialité et l'abstention.

Dans tous les cas, s'il y a doute, l'officier qui a fait la visite revient à son bord, et la décision est prise par le commandant du croiseur qui signale au navire de continuer sa route ou de le suivre au mouillage. En cas de saisie les papiers et la cargaison sont mis sous scellés, et un procès-verbal des circonstances qui l'ont accompagnée est signé par les deux parties. Puis, un personnel suffisant amarine le navire saisi pour le conduire dans un port de la nation du croiseur. Le tribunal compétent statue ensuite sur la validité de la prise.

Telle est la procédure suivie généralement jusqu'ici, notamment pendant les guerres du premier Empire.

Toutefois, en cas de force majeure, il peut être admis que la prise soit prononcée par le croiseur, et que, dans l'impossibilité de conduire le navire dans un port, la destruction de la prise s'impose. C'est la manière de procéder qui fut adoptée notamment, lors de la guerre de sécession américaine, par les croiseurs fédérés qui brûlaient leurs prises en pleine mer et n'ont jamais, de ce fait, été considérés comme pirates. Dans ce cas, les équipages et les passagers, embarqués provisoirement sur le croiseur, sont déposés, à la première occasion, sur une côte ou un bâtiment neutre.

En ce qui concerne les paquebots-poste, le Règlement de l'Institut de droit international de 1887 dit « qu'ils ne seront pas visités (recherches faites dans la cargaison) si le commissaire du gouvernement dont ils portent le pavillon, se trouvant à leur bord, déclare *par écrit* que les paquebots ne transportent ni des dépêches, ni des troupes pour l'ennemi, ni de la contrebande de guerre pour le compte et à destination de l'ennemi ». Toutefois, aucun traité formel n'a été conclu à ce sujet.

Cas particuliers. — Le « Doelwijk ». — Pavillon du navire de guerre escortant un convoi. — Le Droit de Visite exercé par un torpilleur. — La guerre industrielle.

Le droit de visite ne cesse qu'avec la guerre elle-même ; il peut être exercé jusqu'à la paix définitive, y compris le temps d'un armistice, car l'armistice ne met pas fin à la guerre.

C'est ce principe que les Italiens ont appliqué en 1896, lors de leur conflit avec l'Abyssinie. Quoiqu'un décret de leur gouvernement du 18 juin 1896 ait considéré l'Érythrée comme n'étant plus en état de guerre, ils ont cru, dans les premiers jours du mois d'août 1896, pouvoir visiter et capturer un navire hollandais, le *Doelwijk,* à 10 milles au large de Djibouti, le traité de paix n'étant pas encore conclu à cette époque. Ce navire, affrété au mois par une maison française, était chargé de contrebande de guerre à destination du port français de Djibouti, c'est-à-dire d'un port neutre. Le jugement rendu sur cette affaire ayant donné lieu à de vives controverses, nous y reviendrons en détail dans le chapitre consacré à la guerre italo-abyssine (page 185).

Nous avons vu que le Droit de Visite en temps de guerre était né de la rivalité et de la jalousie mercantile des Républiques de l'Italie vers le XIIᵉ siècle. Cinq cents ans plus tard, l'Angleterre et la Hollande, pour se disputer la suprématie du commerce maritime, se donnèrent le même objectif, à savoir la ruine du trafic de l'ennemi par la voie de mer. Et leurs ambitions s'accordèrent sur un point, c'est qu'il fallait profiter de la guerre pour entraver et supprimer même, si possible, le commerce maritime des neutres. Le Droit de Visite fut le moyen dont les puissances belligérantes usèrent et abusèrent pour y parvenir.

Nous avons retracé ces abus et n'avons pas à y revenir. Le Droit de Visite en temps de guerre n'en est pas moins par lui-même un droit légitime qu'on ne saurait refuser aux belligérants. Ce droit pèsera toutefois, il faut le reconnaître, d'un poids assez lourd sur le commerce des neutres, surtout si les pays en état de guerre n'ont pas adhéré à la déclaration de 1856, ou si les circonstances les obligent à la dénoncer. Il restera aux neutres, qui redouteraient des abus dans l'exercice du Droit de Visite, la faculté de convoyer leurs navires marchands.

On a émis la prétention de soustraire à la visite des belligérants les navires marchands neutres escortés par un navire de guerre neutre mais d'une autre nation. Hautefeuille et le commandant Ortolan sont très justement d'avis que l'immunité ne peut s'étendre qu'aux navires de la même nation que le bâtiment convoyeur. En effet, si le commandant d'un navire de guerre a qualité pour parler au nom de la nation qu'il représente, sa parole et ses affirmations les plus solennelles n'engagent que son pavillon, elles n'ont plus qu'une valeur relative quand il s'agit des autres nations neutres.

Un navire de guerre ennemi pourrait-il conférer l'immunité à un convoi de navires neutres ? L'Angleterre a déclaré « que le seul fait pour un bâtiment de commerce neutre de naviguer sous l'escorte d'un vaisseau de guerre ennemi entraîne de plein droit la confiscation » (¹). Cette manière de

____

(1) Calvo, *Le droit international théorique et pratique,* 5ᵉ édit., t. V, § 2982, p. 237, affaire du trois-mâts *Sampson.*

voir a été controversée ; mais nous sommes portés à nous y rallier. Il est inadmissible que, pour se soustraire au Droit de Visite, droit admis par toutes les nations, un navire de commerce vienne se placer sous la sauvegarde d'un navire de guerre belligérant. Ce serait en quelque sorte violer la neutralité, sans parler des complications qui pourraient survenir au cas où le combat s'engagerait entre le convoyeur et le bâtiment qui se présente pour faire la visite.

On a encore prévu le cas de navires marchands ennemis, naviguant sous l'escorte d'un navire de guerre d'une puissance neutre. La propriété privée flottante de l'ennemi étant de bonne prise, l'État neutre qui entreprendrait de s'opposer à l'exercice de ce droit en convoyant des navires de commerce appartenant à un pays belligérant violerait la neutralité d'une façon manifeste.

En résumé, on ne peut admettre qu'un seul mode d'organiser un convoi, en vue d'échapper au Droit de Visite. Il doit être composé de navires neutres escortés par un navire de guerre, portant le pavillon de la puissance neutre à laquelle ils appartiennent.

Enfin, dans ces dernières années, on a soulevé le cas d'un torpilleur rencontrant un navire de commerce. Ce dernier doit-il se soumettre à la visite? Sans aucun doute ; car un torpilleur, régulièrement commissionné et portant le pavillon de guerre, possède les mêmes droits que les plus puissants cuirassés ; il représente la nation en guerre au même titre que ces derniers. Vouloir se dérober à la visite d'un torpilleur, soit par la fuite, soit par la force, c'est violer les règles du droit international qui n'a assigné aucune limite minima aux dimensions des croiseurs ni des corsaires. Un navire de commerce qui en agirait ainsi le ferait à ses risques et périls et, à notre avis, serait saisissable et de bonne prise. Il serait tenu d'obtempérer aux ordres du torpilleur, qui lui enjoindrait de faire route sur un port de sa nation.

Disons un mot, en terminant, de la guerre maritime dont le but principal est de nuire au commerce ennemi, et que l'on a appelée dans ces derniers temps la guerre industrielle.

Le principe émis par le Consulat de la mer qu'il faut s'efforcer de nuire à son ennemi de toute manière à condition de ne pas outrepasser le droit de la guerre nous semble *à priori* absolument légitime. En vue de sa légitime défense la partie belligérante la plus faible a le droit et même le devoir d'attaquer le commerce de son adversaire, quand elle ne possède pas d'autre moyen de l'affaiblir et de l'amener à composition. Si le belligérant dont la flotte de guerre est dans un état manifeste d'infériorité ne pouvait avoir ce moyen d'action sur son ennemi, il en résulterait que la nation la mieux pourvue de cuirassés, et ne redoutant aucune coalition en bataille rangée, serait à même d'asservir toutes les autres marines et de dicter ses lois au monde !

Dans ces conditions, on conçoit que les dispositions restrictives de la déclaration de Paris concernant la course soient difficilement admises ; et nous sommes d'avis que les puissances, liées par cette déclaration, ne devraient pas hésiter à la dénoncer, si elles n'avaient pas d'autre moyen de faire respecter leurs droits. Un premier pas a déjà été fait en ce sens par toutes les puissances, qui se préparent ouvertement à armer leurs paquebots en course.

Il faut espérer que la grandeur des maux qui résulteront des guerres de l'avenir suscitera chez toutes les nations étrangères à un conflit le désir d'en prévenir l'éclosion et de concourir, par leurs conseils, au maintien de la paix.

(Publié par l'auteur dans la *Revue générale de droit international public,* 1897.)

DEUXIEME PARTIE

CHAPITRE Ier

NOTIONS DE LÉGISLATION MARITIME COMMERCIALE

L'ÉTAT LÉGAL DU NAVIRE DE COMMERCE

En temps de paix comme en temps de guerre, le navire de commerce n'a droit à la vie civile, à la protection publique et au respect international que si son état légal est établi et manifesté dans de certaines conditions qui varient pour les détails d'une nation à l'autre, mais qui sont généralement déterminées par les mesures suivantes :

1° L'immatriculation. — « Registry. »

Enregistrement fait en France par le service des douanes et le quartier d'inscription maritime, et en Angleterre par le bureau du *Registrar* le plus voisin.

2° L'acte de nationalisation. — Pavillon. « National character and flag. »

C'est un acte qui confère les droits et devoirs inhérents à la nationalité qu'il détermine. Sa marque extérieure est le pavillon national, qui doit être exhibé au départ d'un port

et à l'arrivée, et sur la réquisition d'un bâtiment de guerre
de toute nation.

3° Le passeport ou congé. — « Certificate of clearance. »

Acte de police délivré par un fonctionnaire de la douane,
après vérification de la nationalité; après acquittement des
droits dus, et sans lequel le capitaine d'un port ne peut
laisser sortir le navire.

4° Signalement extérieur permanent. — « Deck-lines. Name of the ship. — Draught of water and Load-Line. »

Le nom et le port d'attache doivent être inscrits à la
poupe.

En Angleterre, le nom doit en outre être inscrit à l'avant
de chaque côté. Le numéro officiel du navire et le nombre
indiquant son tonnage enregistré seront gravés sur le maî-
tre-bau. Une échelle en pieds indiquant le tirant d'eau sera
marquée de chaque côté de l'étrave; mais d'autres obligations ont encore été mises en vigueur par la loi du 15 août
1876 (loi Plimsoll). L'article 437 du Code britannique est
ainsi conçu :

« Tout navire britannique sera marqué d'une façon per-
manente et apparente avec des lignes (*deck lines*) ayant au
moins 12 pouces de long et 1 pouce de large, peintes en
long sur chaque bord au milieu du navire et indiquant l'em-
placement de chaque pont situé au-dessus du niveau de
l'eau.

« Les lignes de pont (*deck lines*) devront être blanches
ou jaunes sur un fond foncé, ou noires sur un fond clair. »

Disque Plimsoll de charge maxima. « Load-line. » — On
devra peindre de la couleur ci-dessus énoncée, et au milieu

du navire, de chaque bord, un disque circulaire de 12 pouces de diamètre, portant une ligne horizontale de 18 pouces de long, tirée par son centre qui sera placé à tel niveau que peut approuver le *Board of Trade* (Ministère du commerce).

La loi anglaise(1) oblige encore les fabricants d'ancres à marquer sur toute ancre fabriquée par eux, à la fois sur le collet et sur la verge en-dessous du jas, son nom ou ses initiales et, en outre, un numéro de progression ainsi que le poids de l'ancre.

Enfin, les embarcations du navire doivent porter le nom du navire, celui de son port d'attache et le nom du capitaine. (Loi sur les douanes de 1876, art. 175.)

5° Constitution légale de l'équipage. — « Engagement of seamen. — Agreement with the crew. »

C'est le commissaire de l'inscription maritime en France qui est chargé de la constitution légale des équipages.

La consécration de l'engagement au bureau de l'Inscription maritime a lieu par la *Revue d'armement,* qui consiste :

1° Dans la présentation des engagés au commissaire et dans la lecture, expliquée s'il y a lieu, qui leur est faite par lui des conditions de l'engagement ;

2° Dans l'inscription des individus et dans la reproduction des clauses de leur contrat au *Rôle d'équipage.*

Les choses se passent de la même manière en Angleterre, en présence d'un surintendant qui certifie que chaque marin comprend les termes du contrat et légalise chaque signature.

Les surintendants (*superintendents*) sont des agents placés à la tête des *mercantile marine offices* (bureaux de la marine marchande) dans tous les ports. Ils sont nommés par

---

1. *Code maritime britannique,* art. 543. *Marking of anchors.*

le conseil maritime local, sous le contrôle du *Board of Trade* (Ministère du commerce).

C'est le surintendant qui reçoit des mains du capitaine, au retour d'un voyage, le rôle d'équipage (*list of the crew*) conforme au modèle approuvé par le *Board of Trade,* et dont nous reparlerons en détail au chapitre des « Papiers de bord ».

6° La Lettre de marque. — « Commission of privateering. »

Exceptionnellement, si un navire de commerce est autorisé à faire acte de guerre, il doit être pourvu d'une commission spéciale appelée Lettre de marque.

Signalons, en passant, les puissances qui n'ont pas adhéré à la Déclaration de Paris et se sont réservé par conséquent le droit d'armer des corsaires. Ce sont : l'Espagne, les États-Unis et le Mexique.

Toutefois, les nations signataires, tout en renonçant à la guerre de course proprement dite, se sont assuré le concours de paquebots rapides à titre de croiseurs auxiliaires armés en guerre et pourvus de commissions spéciales.

Les officiers et les équipages appartiendraient à la partie active ou à la réserve de la marine de guerre au lieu d'être de simples volontaires. En réalité, c'est une question de mots. La Déclaration de Paris, en fait, n'a pas aboli la course ; mais elle l'a entourée de garanties plus grandes, en ce sens que l'État lui-même étant devenu armateur de corsaires, les choses se passeront, sans doute, plus régulièrement qu'avec des navires armés par des particuliers.

DES PAPIERS DE BORD

Le capitaine d'un navire de commerce est tenu d'avoir à son bord, avant de prendre la mer, certaines pièces dont les unes concernent le navire et sa nationalité et les autres le chargement.

PAPIERS CONCERNANT LE NAVIRE ET SA NATIONALITÉ

Les premières sont au nombre de cinq, à savoir :
1º L'acte de nationalisation (francisation) ;
2º Le rôle d'équipage ;
3º Le procès-verbal de visite ;
4º Congé ou passeport ;
5º Patente de santé.

1º L'acte de nationalisation (francisation).
« Certificate of Registry. »

Cet acte est établi après l'apposition sur le navire et les accessoires du navire des marques exigées par la loi. Il doit donc donner, en outre des renseignements relatifs au jaugeage, à la mâture, à la machine et à la construction, le signalement extérieur. C'est en quelque sorte la mensuration anthropométrique appliquée à l'individualité du navire ; c'est son état civil et sa carte d'identité. Y doivent figurer nécessairement le nom ou les noms des propriétaires reconnus par la loi et dûment enregistrés, ainsi que le nom du port, dénommé port d'attache, dans lequel s'est fait l'enregistrement. Au dos, doivent être mentionnées toutes les modifications survenues dans la propriété partielle ou totale du navire.

D'après la loi anglaise, cinq personnes au maximum sont admises à la propriété d'un navire, bien que celle-ci puisse être divisée en 64 parts.

Toutes les conditions relatives à chaque francisation sont consignées, par le service des douanes, sur un registre spécial dit des francisations. Un titre sur parchemin en est délivré aux propriétaires sous le nom d'*acte de francisation* et constitue le brevet de nationalité du navire.

Les conditions et formalités exigées pour obtenir la francisation sont définies par les lois des 21 septembre 1893 et 27 vendémiaire an II. Elles ont été conçues dans un esprit essentiellement protecteur, et tendaient à réserver exclusivement aux bâtiments de construction et de propriété françaises, le bénéfice du trafic maritime national. La législation de ces dernières années a rendu la francisation plus accessible aux bâtiments étrangers.

Dans la marine anglaise, le *National Character and flag* se prouve par le *certificate of registry,* lequel n'est délivré qu'aux navires britanniques, propriété de *personnes ayant les qualités requises pour être propriétaires de navires britanniques.*

Les formalités requises sont non moins rigoureuses qu'en France, et s'inspirent de la loi originaire protectrice de la marine anglaise connue sous le nom d'*acte de navigation,* votée par le Parlement, sous Cromwell (1651).

Si le pavillon arboré à la poupe d'un navire de commerce lui confère certains droits et avantages dont le principal consiste dans la protection de la part de la nation qu'il représente, il impose aussi certains devoirs.

Le bâtiment qui circule sans pavillon ou en ayant plusieurs, ou n'ayant pas de titres à porter celui qu'il arbore est hors la loi des nations, sujet à capture de la part de toutes les marines du monde et justiciable des lois du capteur. C'est ce qui justifie le *droit d'enquête,* et, dans certains cas, le *droit de vérification,* d'après les papiers de bord, du pavillon exhibé.

La nationalité se perd par la suppression de l'une quelconque des conditions requises pour l'obtenir. Une francisation simulée, par exemple, expose ceux qui s'en sont rendus coupables à une amende de 6,ooo fr., et le capitaine qui s'en est rendu complice est en outre déclaré incapable de commander aucun bâtiment français.

En second lieu, en cas de vente du navire à l'étranger, la confiscation du cautionnement peut être prononcée si l'*acte de francisation* a été prêté à un navire devenu étranger. Il en est de même si, en cas de perte du navire, cet acte n'a pas été remis, dans le délai fixé, aux autorités compétentes, à moins d'impossibilité constatée.

Enfin, on s'expose à la confiscation du navire et du chargement aggravée d'une amende de 3,ooo fr., lorsqu'on exerce une navigation exclusivement réservée à la marine nationale avec un navire non régulièrement francisé, ou même n'ayant pas l'équipage français réglementaire.

On voit par la sévérité des sanctions encourues ci-dessus quelle importance s'attache à la nationalité et à l'acte qui en fait foi.

La loi anglaise n'est pas moins rigoureuse. L'article 69 du Code maritime britannique dit en effet :

« Si une personne fait usage du pavillon britannique et prend les couleurs nationales britanniques à bord d'un navire, qui est en tout ou en partie la propriété de personnes n'ayant pas les qualités requises pour être propriétaires d'un navire britannique, dans le but de faire passer ce navire pour un navire britannique, le navire sera sujet à confiscation en vertu de la présente loi, *à moins que ce caractère n'ait été assumé en vue d'échapper à la prise d'un ennemi ou d'un navire de guerre étranger dans l'exercice d'un droit quelconque de belligérant.* »

Supposons, par exemple, que l'état de guerre existe entre la France et l'Allemagne et qu'un croiseur français soit aperçu par un navire de commerce allemand. Ce dernier prend chasse, *sous pavillon anglais,* pour gagner les eaux neutres de la Grande-Bretagne et se rencontre avec un croiseur anglais au moment où il vient d'échapper à la poursuite de notre croiseur. Il semblerait, d'après la clause restrictive de l'article *69,* qu'il pourra dès lors hisser impunément son véritable pavillon, après avoir amené le pavillon anglais, sans que le croiseur anglais puisse l'inquiéter en rien. Reste à savoir si, en dehors des eaux neutres, ladite clause ne constitue pas une infraction au droit des gens et aux règles strictes de la neutralité, en accordant en quelque sorte une protection arbitraire à un pavillon indûment arboré sur un navire qui eût pu être de bonne prise.

Il est évident, d'ailleurs, que l'exhibition d'un pavillon, en temps de guerre surtout, ne peut être considérée comme une preuve de nationalité, et qu'en dehors des eaux territoriales neutres, même en présence d'un croiseur appartenant à la nation neutre dont le pavillon a été exhibé (le cas du convoi mis à part), le droit strict du croiseur belligérant est d'obliger le navire rencontré à subir la visite et de ne pas hésiter à user de la force s'il tente d'y échapper par la fuite.

Voyons maintenant le cas inverse, celui d'un navire de commerce anglais qui cherche à cacher sa nationalité.

Il tombe alors sous le coup de l'article 70 du Code maritime britannique, ainsi conçu :

« Si le capitaine ou le propriétaire d'un navire britannique agit ou laisse agir, transporte ou laisse transporter des papiers ou documents quelconques, dans le but de cacher le caractère britannique du navire aux regards *d'une personne ayant pouvoir, d'après le droit anglais, de s'enquérir dudit caractère,* ou dans le but de tromper une personne ayant pouvoir comme il est dit ci-dessus, le navire sera sujet à confiscation en vertu de la présente loi, et le capitaine, s'il commet l'infraction ou s'il en est complice, sera pour chaque infraction réputé coupable de *misdemeanor* (délit). »

Or, le Droit anglais ne peut refuser à un bâtiment de

guerre français, dans certaines circonstances, le droit de s'enquérir de la nationalité dudit navire.

En prenant l'article 70 au pied de la lettre, il semble donc que la législation anglaise ait voulu interdire aux navires britanniques la faculté d'échapper aux investigations ou à la poursuite d'un croiseur ennemi, en arborant par stratagème un pavillon qui n'est pas le leur. Peut-être *la personne* visée par ledit article n'est-elle dans la pensée du législateur qu'un fonctionnaire anglais, civil ou officier ? Mais cette hypothèse est gratuite, et il est à remarquer par ailleurs que le cas d'un navire britannique hissant un faux pavillon pour échapper à la capture d'un ennemi n'est pas prévu, comme à l'article précédent. Ce cas spécial se retrouve cependant assez souvent mentionné dans le Code britannique pour qu'il ne s'agisse pas ici d'une omission involontaire. Nous trouvons, en effet, à l'article 5 que, pour échapper au danger d'être capturé, le navire anglais pourra cacher, enlever, altérer, effacer ou oblitérer les marques extérieures, telles que nous les avons énumérées plus haut (Signalement extérieur permanent). Cela est considéré, chez toutes les nations, comme de bonne guerre, de même que le croiseur fera tout son possible pour se donner les apparences d'un vapeur de commerce. C'est une raison de plus pour justifier, en temps de guerre, le Droit de Visite et user du droit de vérification du pavillon en examinant en premier lieu : l'acte de francisation, le *certificate of Registry* et les pièces analogues délivrées à leurs navires par toutes les nations.

2° Le Rôle d'équipage. — « Official Log-book » et « ship's log-book ».

Le Rôle d'équipage est la liste générale de tous les gens de mer employés à bord d'un navire, portant mention de leurs grades, emplois, appointements et salaires. C'est la pièce qui consacre l'état légal de l'équipage et énumère les conditions du contrat qui lie le capitaine et les personnes placées sous ses ordres.

Le Rôle d'équipage, ouvert par le commissaire qui passe la revue d'armement, porte le numéro de son inscription sur le *Répertoire des armements* du quartier, le signalement du navire, les noms, filiation et signalement des hommes embarqués et leur situation militaire.

En dehors de la *Revue de désarmement,* il est déposé dans les vingt-quatre heures de l'arrivée, au bureau de l'inscription maritime ou à la chancellerie du consulat, à l'étranger. Il y reçoit un visa d'arrivée et plus tard un visa de réexpédition.

Les noms des passagers embarqués doivent figurer en bas du Rôle d'équipage et on doit y inscrire les naissances et les décès en cours de navigation (¹).

Le capitaine ne peut faire aucun changement ni addition au Rôle arrêté par l'autorité compétente, maritime ou consulaire. Toute altération d'écriture, toute insertion de conventions additionnelles, dispositions, obligations ou décharges, constituerait un faux en écriture publique punissable des travaux forcés à temps. (Code pénal, art. 47.)

Il est à remarquer que le Rôle d'équipage doit être renouvelé à chaque *voyage* pour les bâtiments armés au long cours et au grand cabotage. On entend ici par *voyage* ou *campagne,* le temps qui s'écoule entre le départ d'Europe et le retour dans un port européen, même étranger.

Pour le petit cabotage et la petite pêche, l'armement administratif est d'une durée uniforme d'un an, et le rôle doit être par conséquent renouvelé à époque fixe.

Ce renouvellement se fait également tous les ans pour les

---

(1) Actuellement les navires français ont des formules spéciales pour les actes de l'état civil.

bâtiments astreints par un genre de navigation spéciale à rester longtemps hors d'Europe. (Circulaire du 13 mai 1878.)

Les bateaux de plaisance n'ont généralement qu'un *permis de navigation;* mais il peut leur être délivré un Rôle, dans le cas où ils possèdent un équipage salarié, en vue d'établir ultérieurement les droits des marins à la pension dite de demi-solde.

Tenue du Rôle d'équipage.

Le document principal est l'exposé de la revue passée par le commissaire de l'inscription maritime, qui indique par grade le nombre des individus présents à bord avec les avances qu'ils ont reçues et celui présenté au désarmement, défalcation faite des débarqués en cours de voyage, des désertés, des absents par disparition et des morts.

Ensuite vient l'extrait de l'engagement, que signe le capitaine, de remplir toutes les obligations que les lois et les règlements lui imposent, d'où il résulte principalement qu'il doit :

1° Ne recevoir à son bord que les hommes dénommés au rôle ;

2° Remettre, dans les vingt-quatre heures de l'arrivée dans un port, le rôle d'équipage au bureau de l'inscription maritime ou au consulat, avec la déclaration du jour de sa première sortie et des changements survenus parmi les gens de son équipage, etc. ;

3° Représenter tout l'équipage au lieu où se fera le retour du navire ou justifier, par des pièces en bonne forme, les désertions, les débarquements ou les décès survenus, l'entrée à l'hôpital des malades laissés à terre, etc.... ;

6° Produire les inventaires des effets des morts et des déserteurs, ou justifier par des procès-verbaux qu'ils n'ont rien laissé à bord ;

Etc., etc.

L'engagement du capitaine est suivi du visa du commissaire qui constate la présence des individus dénommés au Rôle, donne au capitaine l'autorisation de les employer pour la navigation, aux conditions stipulées à son engagement et déclare que le Rôle a été établi en double expédition.

Enfin, le Rôle est terminé, au revers, par des cases destinées à recevoir les visas d'arrivée et de départ.

Les premiers indiquent le lieu de l'arrivée, le point d'où le navire a été expédié, la nature de son chargement, le nombre d'hommes de l'équipage et celui des passagers reçus à bord. Les visas au départ mentionnent la date de l'expédition, le lieu de destination et, comme à l'arrivée, le chargement, la force de l'équipage et le nombre des passagers.

Fait important à noter pour l'exercice du Droit de Visite, le *Rôle d'équipage* doit mentionner exactement le nombre, l'espèce, le calibre et la valeur des armes existant à bord, ainsi que la quantité, l'espèce et la valeur des munitions.

Par ce qui précède, on peut se rendre compte que le Rôle d'équipage est un document de la plus haute importance.

Il est en effet :

Le titre authentique de constitution de la société spéciale de l'équipage et de l'autorité dans cette société ;

Le supplément aux registres de l'état civil pour les naissances et les décès qui peuvent se produire à bord ;

Le mémorial des faits purement civils, constatés par le capitaine comme magistrat civil, tels que : testaments, découvertes de papiers privés, etc. Et enfin :

Un titre international dont l'absence ou l'irrégularité peut faire considérer le navire comme pirate ;

Une preuve de la nationalité de l'équipage pouvant devenir la preuve de la nationalité du navire.

De l' « Official Log-book ».

L'*Official log-book* est le registre officiel qui correspond, à bord des navires anglais, à notre Rôle d'équipage, et il a la même importance que ce dernier.

Il ne faut pas le confondre par conséquent avec le *Ship's log-book* ou journal de bord, qui ne sert qu'à inscrire les routes suivies par le navire et les incidents divers relatifs à la navigation proprement dite.

L'*Official log-book* contient 24 feuillets, précédés d'*Official notices* ou renseignements généraux au nombre de 28, relatifs aux règles internationales pour prévenir les abordages, aux signaux de détresse, aux devoirs du capitaine en cas d'abordage ou de naufrage, et à différents extraits du *Merchant shipping act* de 1894.

Le feuillet n° 1 de l'*Official log-book* proprement dit (voir page 271) contient : 1° le nom et la désignation du navire et du capitaine ; 2° le port et la date du départ, la nature du voyage, et une dernière case pour inscrire le port et la date d'arrivée. Ce feuillet est signé à droite par le capitaine et à gauche contresigné par le *superintendent,* qui doit y apposer le timbre spécial de son *office.*

Ce feuillet, s'il s'agit de la navigation au long cours, doit être présenté au *superintendent* quarante-huit heures après l'arrivée du navire ; ou, s'il s'agit du cabotage, dans un délai de 21 jours après le 30 juin ou le 31 décembre de chaque année.

Les pages 2, 3 et 4 contiennent des extraits du *Merchant shipping act.*

La page 5, ayant pour titre : *Index to entries in Official log-book,* est une table en deux colonnes.

Dans la première se trouvent énumérés 19 cas principaux visant les événements de mer que le *M. S. act* de 1894 prescrit de relater : punitions et gages de l'équipage, naissances, maladies, décès, *load-line,* emploi et décès de lascars, etc., etc. La deuxième colonne indique les pages auxquelles il faut se reporter pour trouver la mention détaillée du cas prévu dans la première colonne.

Les pages 6, 7 et 8 ont pour titre : *List of crew and Report of Character.* Elles contiennent la liste des marins composant l'équipage, avec l'emploi de chacun, l'appréciation du capitaine sur l'aptitude et la conduite, avec une colonne finale renvoyant, s'il y a lieu, à un autre feuillet du registre.

La page 9 est un état numérique des *lascars* ou indigènes asiatiques employés à bord comme marins, comme mécaniciens ou comme domestiques.

Les pages 11 et 12 (voir page 272) sont destinées à inscrire les indications relatives aux *deck-lines* (lignes de pont), à la *load-line* (ligne de charge), à la position du disque Plimsoll, aux tirants d'eau et au franc-bord à chaque départ et à chaque arrivée.

Le texte imprimé à la page 10 est un rappel aux règlements et lois en vigueur sur la matière.

Nous avons tenu à reproduire le feuillet 11, les questions de tirant d'eau et de marques extérieures étant d'une importance très grande dans l'exercice du Droit de Visite, en ce sens que ces indications peuvent être rapprochées avec fruit des connaissements et autres papiers indiquant la nature du chargement, afin d'en contrôler la sincérité.

Les pages 13, 14 et 15 sont réservées aux mariages, aux naissances et aux décès.

Enfin, les pages de 16 à 24 incluse sont consacrées à l'enregistrement individuel de faits concernant l'équipage conformément aux prescriptions du Code maritime britannique, tels que : maladies, gages dus au décès ou au débarquement, vente d'effets, blessure, décès, etc. On y inscrit aussi les dates auxquelles on a procédé à la visite réglementaire des provisions de vivres et d'eau.

Ces feuillets sont revêtus, lors des relâches, de la signature du consul, qui prélève à cet effet des honoraires déterminés et appose en même temps un timbre portant le chiffre de ces honoraires.

Ces signatures et ces timbres constitueront une preuve de l'authenticité de l'*Official log-book* présenté au cours d'une visite; mais il sera bon de se rappeler d'une manière générale que ce document, comme tous ceux fournis par le *Board of Trade,* doit être revêtu du sceau dudit *Board* et signé par son secrétaire ou l'un de ses secrétaires adjoints.

3º Le Procès-verbal de visite.

Ce procès-verbal prouve que le navire est en état de prendre la mer. Pour les bâtiments à vapeur, il doit être doublé du *permis de navigation.*

4º Le Congé ou acte de police. — « Certificate of clearance. »

Cette pièce, délivrée par la douane, permet au capitaine de se rendre dans tel lieu désigné. Le *congé* constate que le navire est identique avec celui dont on présente l'acte de francisation, et qu'il réunit encore toutes les conditions qui lui ont valu d'être francisé. Il certifie, d'autre part, que le navire a satisfait à toutes ses obligations actuelles et a acquitté les droits dus.

Passeport.

Le *congé* délivré à un navire *étranger* sortant d'un port français porte le nom de *passeport.* Il n'est délivré que sur présentation des pièces justificatives de l'origine du navire, et dressé sur papier timbré.

5º **Patente de santé.** — « **Bill of health.** »

Cette dernière pièce n'est pas obligatoire au départ d'un port, mais il est de règle qu'un navire s'en munisse à cause des ennuis que pourrait lui occasionner l'absence de ce document à l'arrivée au port de destination ou en relâche.

La patente est délivrée au nom du gouvernement territorial, par l'autorité sanitaire. Elle est souvent visée par le consul de la nation à laquelle appartient le navire, s'il est étranger ; et quelquefois en port étranger par le consul du pays de destination.

Le *certificat de relâche* consiste dans le visa des papiers sanitaires du bâtiment qui, ayant relâché dans un port, demande que l'état sanitaire de ce port soit certifié au dos de sa patente.

La patente, outre l'état sanitaire du lieu où elle est délivrée, mentionne le nom du navire, celui du capitaine et certains renseignements relatifs aux hommes de l'équipage, à leur nombre, aux passagers, au tonnage du navire et aux marchandises.

Elle constitue donc un papier dont l'importance n'est que secondaire, mais dont l'examen peut fournir des éléments de contrôle très utiles dans certains cas.

PAPIERS CONCERNANT LES MARCHANDISES

Les papiers concernant les marchandises sont au nombre de quatre, à savoir :
1º *Les chartes-parties ;*
2º *Les connaissements ;*
3º *Les acquits de paiement* ou *à caution* des douanes ;
4º *Le manifeste de sortie.*

Le propriétaire d'un navire qui loue son navire à des tiers le *frète*. Il s'appelle le *fréteur*. Le chargeur *affrète* le navire et s'appelle *affréteur*. Ce contrat se nomme *affrètement* sur l'Océan et *nolisement* sur la Méditerranée. L'acte qui sert à le constater se nomme *charte-partie*.

Le prix convenu pour le chargement se nomme *fret* ou *nolis*.

1° La charte-partie. — « Charter-party. »

La charte-partie n'est pas autre chose que l'acte qui constate le contrat de louage d'un navire ou les conditions du transport de marchandises par ce navire.

Il arrive souvent dans les affrètements partiels du navire qu'il n'est point fait de charte-partie et, dans ce cas, le connaissement, dont nous parlerons tout à l'heure, en tient lieu. Celui-ci suppose en effet et contient implicitement un contrat antérieur relatif au louage du navire.

Quant à la charte-partie proprement dite, elle doit être faite par écrit, en autant d'originaux qu'il y a de parties intéressées, sous seing privé, par-devant notaire ou un courtier maritime, et un exemplaire de chacun de ces contrats doit exister à bord.

Elle énonce le nom et le tonnage du navire, le nom du capitaine, les noms du fréteur et de l'affréteur, le lieu et le temps convenu pour la charge et la décharge, le prix du fret ou nolis, les indemnités prévues pour les cas de retard et les autres conventions qu'il plaît aux parties d'y introduire.

C'est ainsi que les chartes-parties anglaises prévoient les cas d'exception suivants comme de nature à annuler le contrat : l'acte de Dieu (force majeure), les ennemis de la reine, les pirates, les voleurs, l'acte de Prince (Embargo ou Angarie), les émeutes, l'incendie, les abordages, les périls de la mer, les accidents de machine ou de chaudières, etc.

Le navire est déclaré au départ par le fréteur en parfait état de navigation, c'est pourquoi il ne peut être changé en cours de voyage. Si la substitution avait lieu à l'insu du chargeur, ce dernier serait en droit de demander des dommages et intérêts en cas de retard, d'avaries et même de perte totale par force majeure.

Ce point est important à noter dans l'exercice du Droit de Visite, la charte-partie ne pouvant subir aucune espèce de transfert d'un navire à un autre.

Si, avant le départ du navire, il y a interdiction de commerce avec le pays pour lequel il est destiné, c'est encore un cas de nullité. L'interdiction peut provenir de déclaration de guerre, de représailles ou de maladies pestilentielles.

Lorsque le lieu de destination n'est pas interdit, les dangers qui peuvent survenir, pour le navire, de l'interdiction dont est atteint un pays voisin, ou de croisières d'un belligérant dans les parages du port de destination, ne pourraient autoriser à rompre la charte-partie.

Cela sera intéressant à considérer dans les cas où se trouvera appliquée la théorie du *voyage continu*.

La question de l'arrimage n'est pas sans intérêt pour nos lecteurs, en ce sens que c'est le capitaine qui en est responsable et qu'il est fait sous sa direction. Le capitaine, au cours d'une *visite*, ne peut donc exciper de son ignorance à ce sujet et devra donner toutes les explications nécessaires pour faciliter, le cas échéant, l'exercice du Droit de Visite.

En règle générale, les marchandises lourdes, les métaux, pièces de machines, matériel d'artillerie, etc., sont placés au fond de la cale.

2° Le connaissement. — « Bill of lading. »

Lorsque le chargement est complet, le chargeur doit présenter un connaissement à la signature du capitaine. Cet acte doit exprimer la nature et la quantité, ainsi que les espèces ou qualités des objets à transporter.

Le connaissement indique le nom du chargeur, le nom et l'adresse de celui à qui l'expédition est faite, le nom et l'adresse du capitaine, le nom et le tonnage du navire, le lieu du départ et celui de la destination. Il énonce le prix du fret et doit être daté.

Chaque connaissement est fait en quatre originaux au moins : un pour le chargeur, un pour celui auquel les marchandises sont adressées, un pour l'armateur du navire et un pour le capitaine. Ce dernier est donc tenu de produire les connaissements représentant la totalité de la cargaison.

Les quatre originaux du connaissement sont revêtus de la signature du chargeur et de celle du capitaine et, chose importante à noter, la signature de ce dernier n'est donnée qu'après le chargement de la marchandise, de telle sorte que le connaissement aux mains de l'expéditeur est en quelque sorte un reçu des objets embarqués.

Il en résulte que toute marchandise portée sur un connaissement doit certainement exister à bord et, en cas de contestation à ce sujet, le Droit de Visite *devient légitime.*

D'autre part, il ne faut pas perdre de vue que, soit par la faute du chargeur, soit de connivence entre celui-ci et le capitaine, d'autres marchandises que celles figurant au connaissement peuvent se trouver dans la cargaison en vrac ou dans les colis fermés. C'est en général le service des renseignements qui pourra mettre sur la trace de semblables fraudes, auquel cas, si les indices sont suffisants, la *saisie* pourra être ordonnée, même si les recherches faites n'ont amené aucun résultat.

Tout capitaine est tenu d'exhiber au préposé des douanes, soit à la sortie, soit à l'entrée, les connaissements dont il doit être porteur sous peine d'une amende variant pour la France de 100 à 600 fr.

3° Acquit de paiement ou acquit-à-caution.

Dans les vingt-quatre heures qui suivent le chargement de la marchandise, le chargeur est tenu de fournir au capitaine les *acquits-à-caution* ou de paiement des droits délivrés par la douane.

Cette quittance énonce les marques et numéros des colis, le nom et domicile de celui qui a payé les droits, le lieu de destination, le nom du navire sur lequel les marchandises sont chargées et la quantité de celles-ci.

Cette pièce est donc utile pour déterminer la nationalité du propriétaire de la marchandise.

4° Manifeste de sortie.

Le manifeste est un état général du chargement du navire ou le résumé de tous les connaissements. Aucun navire français ou étranger, chargé ou sur lest, ne peut sortir d'un port de France sans être muni d'un manifeste visé par la douane, indiquant la nature de la marchandise, l'espèce, les marques et les numéros des colis.

Les marchandises de réexportation doivent être présentées séparément sur ce manifeste.

Dans les pays étrangers, c'est le consul qui délivre le manifeste de sortie sur un état du chargement qui lui est remis par le capitaine.

Manifeste d'entrée.

Aucune marchandise ne peut être importée par mer, soit d'un port étranger, soit d'un port français, sans un « manifeste d'entrée », qui n'est autre chose qu'un résumé des connaissements des colis à débarquer, de même que le manifeste de sortie.

Si l'original est écrit en langue étrangère, il doit être accompagné d'une traduction en français faite par un courtier maritime et, si le navire est étranger, certifiée et signée par le capitaine.

Tous les capitaines sont tenus de remettre à la douane un « manifeste d'entrée », quand même leur navire serait sur lest.

En temps de guerre, les neutres relâchant dans les ports de France y sont également obligés.

Au cabotage, le capitaine n'est tenu qu'à présenter le « manifeste de sortie », qui sert de manifeste d'entrée. Il ne peut y suppléer par la présentation des acquits-à-caution.

CHAPITRE II

LE DROIT DE VISITE ET LES ASSURANCES MARITIMES

IMPORTANCE ET SINCÉRITÉ PROBABLE
DE LA POLICE D'ASSURANCES

Le capitaine doit être nanti de la copie textuelle de la police d'assurance sur corps, c'est-à-dire sur le navire, pour le voyage qu'il va entreprendre.

La police est datée, énonce le nom et le domicile de celui qui fait assurer, sa qualité de propriétaire de l'objet ou sa qualité de mandataire; le nom et la désignation du navire et celui du capitaine.

Quelquefois le nom du navire n'est pas mentionné. On se borne à en spécifier la classe. La police énonce le lieu où les marchandises doivent être chargées, leur destination avec ou sans escales, la nature et la valeur des objets assurés, le temps auquel les risques doivent commencer et finir; la prime et, enfin, les risques assurés : périls de la navigation; par le fait de l'ennemi (risques de guerre); par le fait de corsaires, forbans et pirates (piraterie), ou par les fautes ou la fraude du capitaine et de l'équipage (baraterie de patron).

L'examen de la police d'assurance, on le voit déjà, a une extrême importance au point de vue du Droit de Visite, puisque c'est une pièce représentant la valeur même du navire et des marchandises embarquées, avec l'itinéraire obligé qui sera suivi. S'il y a un papier dont la sincérité puisse inspirer confiance, à bord d'un navire, dans le cas de divergence entre les autres, c'est bien celui-là, puisque toute fausse déclaration de l'assuré entraîne la nullité de l'assurance, comme nous allons l'exposer plus loin.

Quel est, en effet, le caractère essentiel et prédominant de l'assurance ? C'est un contrat de bonne foi, comme l'établit en termes rigoureux l'article 348 du Code de commerce, ainsi conçu : « Toute réticence, toute fausse déclaration de la part de l'assuré, toute différence entre le contrat d'assurance et le connaissement, qui diminueraient l'opinion du risque ou en changeraient le sujet, annulent l'assurance. L'assurance est nulle, même dans le cas où la réticence, la fausse déclaration ou la différence n'auraient pas influé sur le dommage ou la perte de l'objet assuré. »

Il n'est pas nécessaire que la fausse déclaration ou la réticence ait eu une influence sur la perte ou le dommage de la chose assurée. Par exemple, on assure comme bâtiment neutre un navire appartenant à des sujets belligérants et, par suite, exposé à la prise, risque non prévu par l'assurance ; le navire vient à périr par l'effet d'une tempête, pendant qu'il suivait sa route. Il est évident qu'ici la fausse déclaration n'a eu aucune influence sur la destruction du bâtiment ; et, cependant, l'assureur pouvant dire que, s'il avait été renseigné d'une manière exacte et complète, il n'aurait point donné son consentement au contrat ou ne l'aurait donné qu'à d'autres conditions, sera bien fondé à en demander l'annulation ([1]).

Le navire qui modifie l'itinéraire prévu perd le bénéfice de l'assurance.

S'il y a divergence entre la police d'assurance et le connaissement, dans le cas où l'assureur n'aurait pas eu connaissance de cette dernière pièce pour établir la police, il

---

([1]) Haumont et Levarey, *Transports maritimes*, t. I, p. 77. Berger-Levrault et Cⁱᵉ.

pourra demander la nullité de l'assurance toutes les fois qu'il existera entre ces deux pièces une différence portant sur un point essentiel, tel que : les marchandises, le nom du navire, les points de départ et de destination.

C'est ainsi qu'en vertu de l'article 364 « l'assureur est déchargé des risques et la prime lui est acquise, si l'assuré envoie le vaisseau en un lieu plus éloigné que celui qui est désigné par le contrat, quoique sur la même route.

« L'assurance a son entier effet si le voyage est raccourci. »

Mais, comme on le verra par le commentaire suivant, dû à M. de Courcy (¹), administrateur de la Compagnie d'assurances générales, dont la haute compétence fait autorité en la matière, ce dernier paragraphe est tombé en désuétude :

« Ceci, dit M. de Courcy, est copié sur l'ordonnance de 1681, le Code de commerce n'étant qu'un reflet de cette ordonnance; mais il est notoire que l'appréciation des risques de mer pour un voyage défini est absolument indépendante de la distance.....

« Beaucoup d'assureurs avisés, redoutant la barre de l'Adour, garantiront avec plus de confiance et à meilleur marché des risques partant du Havre à destination de Maurice ou du Brésil que des risques à destination de Bayonne. Le Sénégal est dix fois moins loin de nous que Valparaiso. Tel assureur garantira, sans aucune inquiétude, un navire de 2,000 tonneaux à destination de Valparaiso qui croirait insensé de garantir un navire de 500 tonneaux à destination du Sénégal.

« On voit combien il serait contraire à la vérité des faits, à la justice et au bon sens de décider qu'un contrat d'assurance, entaché d'une erreur substantielle sur la désignation du voyage, serait valable parce que le voyage réel serait *plus court* que celui qu'indiquerait le contrat. Le principe

---

(1) *Questions de droit maritime.*

de l'article 348 est parfaitement juste et sa rigueur n'est qu'apparente. »

Il faut donc en conclure que le voyage d'un navire ne peut être ni allongé ni raccourci, à moins de perdre le bénéfice de l'assurance, et cela répond à l'hypothèse émise qu'un capitaine appartenant à une nation belligérante n'hésitera pas à modifier son itinéraire pour échapper aux croisières de l'ennemi. Or, sans être à l'abri d'une capture, toujours possible, il expose le propriétaire du navire et celui des marchandises à une perte totale, en cas d'accident par fortune de mer, puisqu'en pareil cas l'assureur ne répond plus de rien. Mieux vaut recourir à l'assurance contre les risques de guerre, si élevée qu'elle soit, et nous en revenons à conclure que, selon toutes probabilités, la police d'assurance doit être sincère, attendu que cette sincérité est conforme aux intérêts mêmes de l'assuré et que ce dernier peut, d'ailleurs, s'assurer contre des changements de route forcés, contre l'arrêt de prince et contre l'embargo, à condition que ces risques soient mentionnés sur la police.

Mais, nous le répétons, ces risques, pour rester à la charge de l'assureur (article 351 du Code de commerce), doivent être courus dans les lieux qui ont pu être prévus lors du contrat; car, si les changements de route ont été *volontaires,* il est bien entendu que l'assureur est déchargé de toute responsabilité.

Pour être plus précis[1], on entend par changement de voyage une modification dans le point de départ ou le point d'arrivée, tels qu'ils ont été indiqués dans la convention. Il y a changement de route lorsque, les deux points extrêmes restant les mêmes, le navire se rend de l'un à l'autre par un détour non prévu, ou en faisant des escales non autorisées par le contrat.....

---

[1] HAUMONT et LEVARET, *Transports maritimes.* Berger-Levrault et Cie.

Ces changements, lorsqu'ils sont volontaires, ont pour effet de résilier le contrat, à moins de convention contraire, et, de plus, le prix de l'assurance reste acquis à l'assureur, pour la raison qu'il a couru un commencement de risque au début du voyage.

Tout ce qui précède, sans se rattacher directement au sujet qui nous occupe, était utile à connaître, l'état de guerre jetant une perturbation profonde dans le commerce maritime et la question des assurances se compliquant alors de conditions rigoureuses qu'aucune des deux parties en présence, à savoir le navire de commerce et le croiseur, ne doit ignorer.

Il nous faut ajouter que dans certains cas, quand on craint l'explosion d'une guerre pendant le voyage d'un navire, sa police ayant été signée en temps de paix pour les risques ordinaires, il est stipulé un *risque de guerre conditionnel,* dont le prix est réglé par les tribunaux, eu égard aux circonstances, aux dangers courus et aux stipulations déjà consenties de la police. Dans ces conditions, le capitaine a donc tout intérêt à suivre directement sa route, sans se préoccuper des événements qui peuvent surgir pendant sa traversée.

CHAPITRE III

DIVERGENCES ENTRE LES PAPIERS DE BORD
ET LES MARCHANDISES

Après avoir passé en revue la série des différents papiers
de bord, et examiné sommairement le mécanisme des opérations auxquelles donne lieu l'affrètement (chartes-parties),
le chargement (connaissements) d'un navire, il convient
d'examiner les irrégularités qui se produisent parfois et qui
ont pour effet de rendre inexacts les documents relatifs à la
cargaison.

Marchandises embarquées en supplément.

Un chargeur ayant affrété le navire en totalité, il peut
arriver qu'une fois le chargement terminé il reste de la
place disponible. Dans ce cas, par suite d'un accord entre
les deux parties, il peut se faire qu'on embarque des marchandises en supplément de ce qui est prévu par la charte-
partie. Le fret est au bénéfice du premier chargeur, cela
va de soi ; mais la question est de savoir s'il n'a pas été
omis de mentionner le fait sur charte-partie, et si de nouveaux connaissements mentionnant les nouveaux colis existent parmi les papiers de bord.

En d'autres termes, une charte-partie d'affrètement total
ne prouve pas d'une façon absolue qu'il n'y a qu'un seul
chargeur. L'examen détaillé des connaissements, en pareil
cas, doit être fait avec le plus grand soin.

Il faut aussi remarquer que si le chargeur est tenu de charger les marchandises convenues à la charte-partie, cette règle, dans la pratique, souffre quelques exceptions quand les colis, sans renfermer identiquement les mêmes denrées, contiennent une marchandise de même poids et de même nature. Ainsi, on pourra lire sur une charte-partie que le chargement se compose d'orge et d'avoine lorsqu'en réalité il se composera de blé. Le fait a une très grande importance, le blé pouvant être contrebande de guerre, comme le riz l'a été déclaré en Chine (voir *la Guerre franco-chinoise et le Blocus du riz*), et en cas de doute, le chargement devenant suspect, le droit de visite ne suffit plus, il faut exercer le Droit de Visite, faire ouvrir les panneaux et se rendre compte de la nature véritable du chargement.

Chargement clandestin.

Si, en cas d'affrètement total, le chargeur veut profiter de la place restée disponible sans payer un supplément de fret, il peut arriver qu'il charge clandestinement d'autres marchandises. Si le capitaine s'en aperçoit avant le départ, il a le droit de les débarquer ; mais s'il est de connivence avec l'affréteur ou si, étant de bonne foi, il ne découvre la fraude qu'en pleine mer, il n'en est pas moins vrai qu'il y a un défaut de concordance entre la charte-partie et le chargement, avec omission certaine sur les connaissements des marchandises embarquées en fraude. Le croiseur ne pourra encore se rendre compte du fait que par l'exercice du Droit de Visite, dont il n'hésitera pas à user si le service des renseignements l'a préalablement mis en garde contre pareille supercherie. Si le chargement clandestin est de nature à compromettre la sécurité du navire ou le succès de sa mission (matières inflammables ou explosives, contrebande de guerre, etc.), le capitaine, après avoir pris l'avis des principaux de l'équipage, *peut* déposer dans une relâche ou même jeter à la mer les marchandises clandestines ; mais le navire de guerre chargé de visiter un navire de commerce doit toujours se demander si ces marchandises n'ont pas été conservées à bord puisque le capitaine n'est pas dans *l'obligation* de s'en débarrasser en cours de route.

Clauses de réserve du capitaine.

En règle générale, les marchandises énoncées au connaissement sont les mêmes que celles qui ont été réellement chargées. Toutefois, il est matériellement impossible au capitaine, on le conçoit, de vérifier le contenu des colis. Le connaissement est donc établi par le chargeur et signé du capitaine ou réciproquement ; mais, très souvent, les connaissements contiennent des clauses de réserve ainsi formulées, telles que : « que dit être » ou bien encore : « qualité et poids inconnus », et insérées par le capitaine, pour couvrir sa responsabilité personnelle. Ces réserves, s'il y a suspicion, rendent légitime le Droit de Visite.

On se souvient que le connaissement, au départ du navire, est établi en quatre expéditions. Il est utile de noter qu'en cas de divergence entre elles, l'exemplaire qui est entre les mains du capitaine fait foi, d'après le Code maritime, s'il est rempli de la main du chargeur ou de son commissionnaire.

Si l'examen des papiers fait découvrir des divergences entre les connaissements et les chartes-parties, il y a lieu *a priori* de s'attacher plutôt à l'énoncé des connaissements, attendu qu'au débarquement des marchandises le destinataire ne s'occupe que des connaissements, puisque la charte-partie, comme nous l'avons vu, n'est qu'un contrat d'affrètement entre le propriétaire du navire et le chargeur. Toutefois, au point de vue du Droit de Visite, cette diver-

gence suffit pour rendre le chargement suspect. On exer-
cera donc le Droit de Visite avec ou sans saisie selon les
circonstances.

Encore un mot sur le connaissement à propos de la *théorie
du voyage continu* et de la *contrebande de guerre par destination*. Le connaissement peut être à personne dénommée, à ordre ou au porteur. Il est *à personne dénommée*
lorsqu'il désigne le nom de la personne à qui doivent être
remises les marchandises. Le chargeur dispose ainsi, dès
l'instant du chargement, de la marchandise, et ne peut plus
changer de destinataire. Le connaissement est *à ordre,*
lorsque la marchandise chargée reste à l'ordre du chargeur,
qui reste libre, même quand le navire est en pleine mer, de
choisir son destinataire. Enfin, il est *au porteur* lorsque la
marchandise doit être délivrée au porteur du connaissement quel qu'il soit. Il est évident que le connaissement à
« personne dénommée », si cette personne est d'honorabi-
lité notoire et sur laquelle il est en tous cas possible de prendre des renseignements, présentera plus de garanties, *a
priori,* que les deux autres.

A noter, enfin, que chacun des quatre exemplaires du ou
des connaissements doit être signé à la fois par le capitaine
et par le chargeur. (Art. 282 du Code commercial.)

CHAPITRE IV

TRANSFERTS DE PAVILLON. — FRAUDES.
VENTES FICTIVES. — FAUX PAPIERS

Le Transfert du pavillon. — Difficultés légales.

Le navire ennemi, en temps de guerre, étant toujours de bonne prise, les armateurs des pays belligérants se sont demandé s'il n'y avait pas un moyen licite d'échapper à ce danger en vendant leur navire en pays neutre.

La question a été étudiée surtout en Angleterre où elle présente un intérêt vital, à cause de l'immensité des capitaux engagés sur mer, capitaux qui, dans ce pays, dépassent, en tant que matériel naval seulement, 3 milliards de francs.

Mais on ne change pas le pavillon d'un navire aussi facilement qu'on vend une maison ou un objet quelconque. Comme on peut s'en rendre compte par l'examen du tableau qui accompagne les *Instructions complémentaires relatives à la guerre franco-allemande* ([1]), toutes les nations ont sur la matière des lois plus ou moins restrictives. Il ne suffit pas que la vente soit réalisée en tant que capitaux versés réellement (*bonâ fide*) ou qu'elle se déguise plus ou moins habilement au moyen de dispositions n'aboutissant en fin de compte qu'à une *vente fictive,* dont les effets doivent cesser au rétablissement de la paix.

Il faut compter encore, de la part des diverses puissances,

([1]) Voir page 132.

sur leur loyale et stricte observation des lois de la guerre,
l'idée de neutralité impliquant une attitude et une conduite
absolument impartiales vis-à-vis des.deux belligérants.

De plus, la législation intérieure des différents États prévoit pour la construction du navire, sa propriété et la composition de l'équipage certaines conditions de nationalité
qu'il serait parfois impossible et toujours difficile de réaliser.

Aux États-Unis, par exemple, la construction doit être
nationale, sauf de rares exceptions; la propriété doit être
exclusivement nationale, et les officiers et les deux tiers de
l'équipage doivent être Américains. (Voir le tableau, p. 143.)

Exemple de vente fictive. — Pourquoi une telle opération est illusoire.

On verra plus loin, au chapitre de la guerre franco-chinoise, que la flotte commerciale à vapeur chinoise, connue
sous le nom de *China Merchant steam navigation Company*,
fut vendue, dès le début de la guerre, pour 40 millions de
francs à la maison américaine Russell and C°, par les soins
de Li-Hung-Chang, qui en était le principal actionnaire, et,
qu'une fois la guerre terminée, les navires ainsi vendus *pro
formâ* firent retour, comme cela était convenu, à leurs anciens propriétaires, qui s'étaient tout simplement mis à l'abri
du pavillon américain pendant la durée des hostilités.

Est-il besoin d'ajouter qu'une pareille opération est condamnée par le droit des gens, par le droit international universellement admis, et que le gouvernement des États-Unis
n'aurait jamais accordé le bénéfice de la nationalité américaine à ces navires, en cas de saisie ou de capture. Il ne
s'agissait, en fait, que d'une manœuvre frauduleuse de nature à compromettre la neutralité du pays dont on emprun-
tait le pavillon, et n'apportant en réalité qu'une protection

illusoire aux navires qui l'avaient emprunté. La preuve en est que lesdits navires se tinrent toujours prudemment, soit à l'abri dans les ports, soit en dehors du rayon d'action de nos forces navales. Ce transfert de pavillon, très onéreux pour la compagnie chinoise qui en paya les frais augmentés d'une sérieuse commission octroyée à la maison Russell pour la dédommager de sa complaisance et des risques auxquels elle s'exposait, ne fut donc qu'une spéculation pour cette dernière et un leurre pour les Chinois.

D'ailleurs, en nous référant à l'article VII des « Instructions complémentaires » données aux bâtiments français en 1870, nous trouvons ce qui suit :

« Lorsqu'il résulte de l'examen des pièces de bord que, depuis la déclaration de guerre, la nationalité du navire, antérieurement ennemi, a été changée par une vente faite à des neutres ; que celle des propriétaires a été modifiée par naturalisation ou que l'équipage d'un bâtiment neutre comprend une proportion notable de sujets ennemis, il y a lieu de procéder avec la plus grande attention et de s'assurer que toutes ces opérations ont été exécutées de bonne foi (*bonâ fide*) et non dans le seul but de dissimuler une propriété réellement ennemie (*pro formâ*). »

En d'autres termes, tout navire qui a changé sa nationalité ennemie, au moment de la guerre, pour se couvrir du pavillon neutre, devient par cela même *suspect* et le croiseur qui l'a arrêté est en droit de le saisir. Et il y a lieu de remarquer qu'en ce qui touche l'Angleterre du moins, les effets du *séquestre* des bâtiments destinés à alimenter par leurs chargements sa population ou ses usines seraient aussi désastreux que ceux de la capture définitive. Ce moyen d'échapper aux conséquences d'une guerre maritime, si séduisant au premier abord, est donc en fait extrêmement dangereux et les parties contractantes y regarderont sans doute à deux fois avant d'en faire usage.

Ventes de navires ennemis « bonâ fide »
après la déclaration de guerre.

Dans la séance du 27 juillet 1870 de la Chambre des communes, l'amiral Erskine interpella le gouvernement pour savoir si un navire français ou prussien, actuellement dans un port anglais, qui viendrait à être acheté *bonâ fide* par un sujet anglais, et qui serait dûment enregistré, serait à l'abri de toute capture, comme étant incontestablement propriété anglaise.

L'attorney général répondit qu'il serait désirable que de pareilles questions, auxquelles on ne saurait faire de réponses catégoriques, ne fussent pas posées au gouvernement.

D'après la jurisprudence des tribunaux anglais, un navire acheté dans de telles conditions serait exempt de toute capture ; mais les tribunaux français ne partagent pas cette manière de voir, et si un navire prussien ainsi vendu venait à être capturé, ce serait à un tribunal français qu'il appartiendrait de juger la question.

Cette dernière partie de la réponse de l'attorney général de la Grande-Bretagne est en effet conforme à la jurisprudence du Conseil des prises qui base son opinion en cette matière sur l'article 7 du *Règlement du 26 juillet 1778 concernant la navigation des bâtiments neutres en temps de guerre,* règlement qui n'a jamais été abrogé. Cet article est ainsi conçu :

« Les bâtiments de fabrique ennemie, ou qui auront eu un propriétaire ennemi, ne pourront être réputés neutres ou alliés s'il est trouvé à bord quelques pièces authentiques, passées devant des officiers publics, qui puissent en assurer la date, et qui justifient que la vente ou cession en a été faite à quelqu'un des puissances alliées ou neutres avant le com-

mencement des hostilités, et si ledit acte translatif de propriété de l'ennemi au sujet neutre ou allié n'a été dûment
enregistré par-devant le principal officier de départ, et signé
du propriétaire ou du porteur de ses pouvoirs. »

Opinion d'un jurisconsulte anglais.

Réserve faite des entraves mises au transfert de pavillon
par la législation intérieure et par les devoirs qu'impose la
neutralité, il faut encore considérer, quand il s'agit de la marine marchande anglaise, que les armateurs du monde entier
réunis ne parviendraient pas à l'absorber, en eussent-ils le
pouvoir légal et la volonté. Cette marine compte, en effet,
13,159 navires au-dessus de 50 tonneaux, dont 5,453 vapeurs d'un tonnage total de 13 millions de tonnes (¹), et
l'ensemble des intérêts britanniques engagés sur la mer
s'élève annuellement à près de 28 milliards.

Qu'une compagnie chinoise soit achetée par un pavillon
neutre ; qu'une partie notable de la marine marchande américaine soit passée pendant la guerre de Sécession, qui dura
quatre ans, sous pavillon anglais, ce sont là des faits qui
n'ont rien de matériellement impossible ; mais que, par
exemple, le pavillon anglais soit absorbé par le pavillon
américain ou le pavillon allemand ou par les deux réunis, il
y a là une impossibilité matérielle, si les contrats de vente
sont faits *bonâ fide*. Quant aux contrats fictifs (*pro formâ*)
conclus hâtivement au début ou à la veille d'une guerre,
nous avons vu à quoi ils aboutiraient fatalement : à la saisie,
puis à la capture du navire.

Les jurisconsultes anglais eux-mêmes ne se font pas d'illusion à cet égard.

---

(1) Chiffres donnés par le *Répertoire général de la marine marchande* publié par le Bureau Veritas, pour 1899-1900.

Le professeur Westlake, dans un ouvrage ayant pour titre *La Loi internationale* (*International law*), s'exprime ainsi :

« Ceux qui redoutent le transfert en masse de la marine marchande britannique sous pavillon neutre ne tiennent pas suffisamment compte de l'énormité prodigieuse des capitaux qu'il faudrait réunir pour payer *bonà fide* la totalité des navires anglais. Cette masse énorme d'argent dépasse de beaucoup les sommes d'argent que les acheteurs neutres pourraient rassembler en une courte période et, pour ainsi dire, à l'improviste. D'autre part, le fait que les transferts non accomplis de bonne foi ne seraient pas considérés comme valides par un belligérant, obligeraient les navires suspects à être saisis pendant la durée de l'enquête à laquelle se livreraient les tribunaux des prises pour examiner les conditions du transfert. Autre conséquence fâcheuse ; si les transferts se faisaient sur une grande échelle, on ne tarderait pas à s'apercevoir que les taux d'assurance, sous pavillon neutre, atteindraient eux-mêmes des prix excessifs. »

On prête à un armateur anglais partisan du transfert les paroles suivantes :

« Le transfert, disait-il, ne serait pas permanent. Ce seraient encore les capitaux anglais qui continueraient à être mis en œuvre, et ils seraient garantis d'une manière ou d'une autre, par exemple, au moyen d'hypothèques (*mortgages*)... Puis, lorsque nous aurions purgé les mers des croiseurs ennemis, ou mieux encore quand la guerre serait terminée, nous rentrerions en possession de nos navires et nous continuerions, comme par le passé, à être les grands rouliers de l'Océan. »

L'armateur anglais dont il s'agit semble croire que la vente fictive de ses navires ne l'expose à aucun danger. C'est là une erreur qui, s'il mettait ses projets à exécution, pourrait lui être très préjudiciable, comme nous allons essayer de le prouver.

**Hypothèques ou « mortgages ». — Impossibilités légales
de prendre hypothèque après le transfert du pavillon.**

Nous avons cité, un peu plus haut, la prétention émise
par un armateur appartenant à une nation belligérante de
rester tout au moins partiellement propriétaire de son navire
après l'avoir vendu dans un pays neutre, par le moyen d'une
hypothèque.

Examinons à ce sujet les législations anglaise, allemande
et américaine. Dans chacun de ces pays, la propriété du navire doit être exclusivement nationale, et pour la totalité de
la valeur du navire.

L'article 71 du Code maritime britannique est très précis
à cet égard. Il est ainsi conçu :

« Art. 71. — Si une personne, *ne possédant pas les qualités requises,* acquiert, à titre de propriétaire..., un droit
légal de jouissance sur un navire usant du pavillon britannique et assumant le caractère britannique, ledit intérêt sera
sujet à confiscation en vertu de la présente loi. »

Or, quelles sont les qualités requises pour être propriétaire
en totalité ou en partie d'un navire britannique ?

L'article 1er du même Code va nous l'apprendre.

Art. 1er. — Un navire ne sera considéré comme navire
britannique que s'il appartient en entier à des personnes
rentrant dans les catégories ci-dessous décrites (*lesdites personnes ayant les qualités requises pour être propriétaires de
navires britanniques*), savoir :

a) Les sujets britanniques ;

b) Les individus naturalisés par ou en exécution d'un acte
du Parlement du Royaume-Uni — ou encore par et en exécution d'un acte ou d'une ordonnance de l'autorité législa-
tive compétente d'une possession britannique ;

c) Les individus admis à la jouissance des droits civils par lettre de *denization* (naturalisation restreinte et comptant non plus de la naissance, mais de la date de la lettre de *denization*);

d) Les associations établies conformément aux lois et soumises aux lois d'un des domaines de Sa Majesté et ayant leurs principaux centres d'affaires dans lesdits domaines.

Or, nous le répétons, les législations allemande et américaine reproduisent en d'autres termes les conditions stipulées à l'article ci-dessus.

La propriété des navires est donc enregistrée exclusivement dans ces pays sous le nom de personnes requises pour posséder, c'est-à-dire sous le nom de sujets ou assimilés de la nation à laquelle appartient le pavillon.

Reste la faculté de prendre hypothèque : mais celle-ci, pour être valable, doit être rendue publique, toute hypothèque clandestine étant de nulle valeur.

En effet, si plusieurs créanciers ont hypothèque sur le même navire et que le prix de ce navire soit insuffisant pour les désintéresser tous, ils ne viennent pas sur le prix au marc le franc, mais successivement les uns après les autres. Et celui-là est préféré qui a le premier rendu publique son hypothèque, et ainsi de suite.

Peu importe lequel des trois créanciers s'est fait donner hypothèque le premier. La préférence est accordée non à celui dont l'hypothèque est la plus ancienne, mais à celui dont l'hypothèque a été la première rendue publique.

En quoi consiste cette publicité ? Elle consiste dans une *inscription* sur un registre spécial tenu en Angleterre par le *Registrar* et en France par le receveur principal des douanes, et cette inscription fait mention des noms, prénoms et domicile du créancier et du débiteur, de leur profession s'ils en ont une, etc., etc.

L'inscription de l'hypothèque en assure la publicité, parce que le registre sur lequel elle est faite est lui-même public, en ce sens que le receveur des douanes est tenu de délivrer à toute personne qui le requiert, l'état des inscriptions existant sur un navire ou un certificat constatant qu'il n'en existe aucune.

Et il ne peut en être autrement, sans quoi, celui à qui on demande crédit, moyennant la constitution d'une hypothèque, ne pourrait mesurer le crédit qu'il pourrait accorder sans la connaissance des créances, antérieurement inscrites, qui peuvent être préférées à la sienne.

Or, le *Registrar* ou tout bureau similaire en Allemagne et aux États-Unis refusera toute inscription d'hypothèque si elle n'est pas présentée par une *personne requise* pour posséder la totalité ou une fraction de navire, c'est-à-dire s'il n'est sujet du pays ou naturalisé. Pour préciser, l'armateur anglais qui aura vendu son navire en Allemagne, et qui voudrait continuer à avoir des intérêts dans ce navire, ne sera pas admis à prendre hypothèque sur ce navire. Peut-être essaiera-t-il de tourner la loi en chargeant un tiers sujet allemand de prendre cette hypothèque pour son compte; mais alors quel recours aura-t-il contre ce dernier en cas de non-exécution de ses engagements? Ira-t-il réclamer le bénéfice de la loi d'un pays qu'il aura été le premier à violer? Dans ce cas, l'opération illicite qu'il aura conclue sera annulée et c'est à ses risques et périls qu'il aura conclu la *vente fictive* de son navire dans le cas où, n'en ayant reçu qu'une fraction du prix convenu, se réservant pour le surplus d'avoir une hypothèque clandestine, il se verrait dépossédé de cette dernière. Ferait seul foi devant les tribunaux le contrat de vente, dûment et légalement enregistré, quelles que soient les clauses secrètes conclues entre les parties, puisque ces clauses n'avaient pour but que de tourner la loi, c'est-à-dire de la violer.

Telles sont les raisons pour lesquelles, en cas de guerre, les armateurs appartenant à des nations belligérantes, à moins de grave imprudence, devront choisir entre ces deux alternatives : ou bien vendre leur navire à perte, mais en totalité, sans réserve aucune, à un sujet neutre avec la perspective pour tous deux qu'un croiseur belligérant ne tienne aucun compte de la nouvelle nationalité acquise par le navire; ou bien rester sous la protection du pavillon national dans le port ou en mer et en subir les risques.

Il semble que la prudence conseille aux armateurs avisés de prendre ce dernier parti.

Conséquences économiques désastreuses du transfert de pavillon. — Le commerce des faux papiers.

C'est un phénomène économique bien connu que *le commerce suit le pavillon,* et M. Chamberlain le proclamait encore dans un discours prononcé le 18 janvier 1899, à Wolverhampton.

Les transferts de navires américains sous pavillon anglais, opérés par centaines pendant la guerre de Sécession, eurent une conséquence désastreuse pour le commerce maritime de la grande République, mais toute au profit du commerce anglais. Ces ventes furent opérées parfois à vil prix, ce qui constitua d'abord une perte sèche pour les armateurs qui, par crainte de la course, voulaient se défaire de leurs navires; puis, quand l'*Alabama* succomba enfin, coulé au large de Cherbourg par le *Kearsage,* ils commencèrent à respirer et à reprendre courage. Mais il était trop tard, le commerce avait pris une autre voie, il s'était détourné de leur pavillon; et, depuis lors, ils n'ont jamais pu reconquérir la prospérité dont ils jouissaient en 1860.

La marine marchande à vapeur américaine n'occupe, en effet, aujourd'hui que le quatrième rang, après l'Angleterre, l'Allemagne et la France, avec 483 vapeurs seulement.

Il semble donc bien établi que loin d'être avantageuse

pour les armateurs et le commerce maritime en général, la mesure qui consiste à transférer les navires sous pavillon neutre, que les ventes soient fictives ou qu'elles soient faites *bonâ fide,* ne peut que nuire aux véritables intérêts de ceux qui seraient tentés de l'adopter. C'est une raison de plus, et non des moins déterminantes, pour que de telles opérations ne se réalisent qu'exceptionnellement en temps de guerre maritime. Elles ont pu avoir des chances de succès pendant les guerres de la République et du Premier empire, à une époque où l'Europe entière était coalisée contre la France, ce qui supprimait les entraves provenant de la législation intérieure des États. Pour la même raison, le commerce des faux papiers, favorisé par la complaisance ou la complicité des autorités internationales, a pu être florissant il y a aujourd'hui un siècle ; mais il n'en serait plus de même de nos jours.

Pour être édifié sur le sans-gêne avec lequel ce singulier commerce se faisait alors, il faut lire la lettre suivante trouvée à bord d'une prise anglaise par le corsaire français le *Nantais,* lettre écrite au capitaine anglais par ses armateurs.

En voici un extrait : « Au cas où vous auriez plus d'argent, en Europe, que vous n'en auriez besoin pour l'expédition de votre navire, il ne serait pas mal d'acheter deux ou trois différents passeports, au moyen de quoi, quand vous partirez du Bengale, vous vous servirez de celui qui conviendra le mieux, *et vous pourrez toujours vendre les autres ici, avec avantage.* Il faudra que le navire soit appelé de différents noms dans chaque passeport, et convenables au langage de chaque pays. »

Que dire de ces fraudes grossières sinon qu'elles sont réprouvées par le droit des gens et que toute nation civilisée, fût-elle même belligérante, ne pourrait que les condamner sévèrement, à l'égal de la piraterie, attendu qu'un navire possédant plusieurs nationalités fictives n'a plus aucun état légal réel, et n'a droit à la protection d'aucun pays.

La propriété du navire ennemi est indivisible. — Une hypothèque d'un sujet neutre sur un bâtiment ennemi n'est pas valable en matière de prises.

En parcourant le tableau (¹) qui donne les règles de la législation intérieure des différents États relativement à la propriété des navires, on voit qu'un navire peut avoir le droit de porter le pavillon de certaines nations, bien qu'il appartienne pour partie à des sujets d'un autre pays. Que faudra-t-il donc décider si le bâtiment appartient pour partie à des ennemis et pour partie à des neutres?

Telle est la question qui se pose depuis que la Déclaration de Paris a stipulé que « la marchandise neutre n'est plus saisissable sous pavillon ennemi ».

Ce principe a-t-il pour conséquence de permettre aux neutres qui ont une part de propriété dans le navire capturé de revendiquer dans le prix une part proportionnelle?

« Cette question, dit M. Barboux (²), s'était déjà présentée, en 1854, à la Cour d'amirauté d'Angleterre, par suite de la déclaration qu'avaient faite en commun la France et l'Angleterre, au début de la guerre, qu'elles n'entendaient pas profiter du droit de confisquer la propriété neutre naviguant sous pavillon ennemi. L'amirauté anglaise décida, le 15 août 1854, que *la propriété du navire était indivisible* au point de vue de l'exercice des droits de guerre. La Cour paraît s'être surtout déterminée par des raisons d'utilité et par la considération des moyens que la doctrine opposée

----

(1) Voir page 143, à la fin des instructions complémentaires pour la guerre de 1870.

(2) Jurisprudence du Conseil des prises pendant la guerre de 1870-1871.

fournirait au commerce ennemi pour se soustraire à l'exercice des droits de la guerre. (Voir cette discussion dans Pistoye et Duverdy, t. Ier, p. 336.) »

La question s'est posée une première fois devant le Conseil des prises, en 1870, à propos de la prise d'un navire prussien nommé *Nord-Deutschland*.

Un sujet anglais réclama une part de copropriété dans le navire. Mais, d'abord, il ne joignit aucune pièce justificative à la réclamation, et, d'autre part, sa prétention était contredite par les pièces du bord. Celles-ci attribuaient toute la propriété du bâtiment à des sujets prussiens (conformément d'ailleurs à la législation allemande, voir le tableau, p. 143). La réclamation fut donc écartée par une fin de non-recevoir.

Mais la question se présenta bientôt de nouveau, quoique d'une façon indirecte. Les lois allemandes permettent de constituer, sur le navire, des hypothèques qui paraissent avoir, autant que la nature des choses le permet, des effets analogues à ceux des hypothèques constituées en France sur des immeubles.

Le trois-mâts prussien *Turner* ayant été capturé, M. Hoffman, sujet anglais, courtier à Londres, demanda que, le navire une fois vendu, il lui fût réservé sur le prix une somme de 12,000 thalers, montant d'une créance hypothécaire qui résultait d'un titre authentique enregistré par l'administration allemande, à Dantzig, le 23 août 1866.

Sur cette réclamation, le commissaire du Gouvernement fit ressortir entre autres choses :

« Le réclamant s'appuie sur le principe établi par la Déclaration de Paris que la propriété neutre n'est pas saisissable sous pavillon ennemi. »

Le soussigné ne saurait admettre cette interprétation ; la convention annexée au traité de Paris n'a trait qu'aux marchandises et aux chargements, et n'a modifié en rien les lois et conventions antérieures, en ce qui touche le corps du navire.

Extrait du jugement. — Attendu que la propriété du navire, au point de vue de l'exercice du droit de guerre, est indivisible ; que ce principe est admis d'une façon constante par les tribunaux maritimes de tous les peuples de l'Europe, et notamment par la Cour de l'amirauté anglaise ; qu'ainsi le sujet neutre, copropriétaire d'un navire naviguant sous pavillon ennemi et ayant droit à porter ce pavillon, ne peut, si ce navire est capturé, revendiquer sa part de copropriété... Que la première réclamation des sieurs Hoffman et Cie doit donc être rejetée.

CHAPITRE V

FRAUDES EMPLOYÉES
POUR DÉGUISER LA MARCHANDISE ENNEMIE
EN MARCHANDISE NEUTRE

Les propriétaires de navires ennemis chargés de marchandise ennemie ont souvent tenté de faire passer celle-ci pour neutre, afin de bénéficier de la Déclaration de 1856 disant que la marchandise neutre n'est pas saisissable sous pavillon ennemi.

Si ce procédé pouvait être employé avec succès, le droit de prise sur les cargaisons deviendrait illusoire. Citons à ce sujet M. Barboux (¹).

« Rien de si facile que de dissimuler le véritable propriétaire de meubles, et de cacher sous le nom d'un neutre une cargaison ennemie. Le peu de rigueur des formes commerciales, la difficulté d'établir la fraude, alors surtout qu'il est dans la plupart des cas matériellement impossible de se faire présenter les livres des négociants, assurent le succès de ces mensonges pour lesquels on trouve toujours des complaisants; et quelle que soit la sagacité des juges chargés de décider ces questions, il est certain qu'elle sera parfois mise en défaut.

« Un usage dont la pratique du Conseil des prises a démontré la constance augmente encore la facilité de ces dissi-

---

(1) Jurisprudence du Conseil des prises pendant la guerre de 1870-1871.

mulations. C'est l'usage des *connaissements à ordre*. Un bâtiment allemand part d'un port d'Amérique et le connaissement constate qu'il est chargé par M. Müller de marchandises à délivrer dans un port d'Angleterre à ordre (*unto order*). Le bâtiment est capturé ; mais la cargaison est réclamée par un citoyen anglais qui s'en prétend propriétaire en vertu d'un endos mis sur le connaissement. »

M. Barboux va nous dire comment, à son avis, ces tentatives de fraude peuvent être réprimées.

« Nous croyons, dit-il, que le Conseil des prises n'est point tenu de se contenter de la production du double du connaissement avec l'endos ; mais qu'il a le droit d'exiger la communication de la correspondance, la preuve du paiement, et de faire compulser, par un agent consulaire français, les livres du réclamant, et que ce sont les seuls moyens de savoir si la réclamation est sincère ou frauduleuse.

« Enfin, il y a deux règles de droit qui viennent ici puissamment en aide à la justice, et dont on ne saurait par conséquent trop maintenir l'application.

« La première est que *la marchandise chargée à bord d'un navire ennemi est présumée ennemie ;* la seconde est que *la nationalité neutre du chargement doit être justifiée par les papiers de bord.* »

Tels furent les cas du trois-mâts allemand *Magdalene,* capturé le 27 octobre 1870 par le *D'Estaing,* dont la cargaison se composait de 7,900 barils de pétrole ; et de la goélette *Élisabeth* chargée de 650 balles de coton.

Pour le premier, afin de donner un caractère neutre à la marchandise, on avait mis sur le connaissement la mention : « propriété américaine » et on y avait joint une déclaration devant le collecteur de la douane à Boston, dans laquelle un sieur T..., citoyen américain, affirme que la cargaison lui appartient.

Cette pièce ne fut considérée que comme une simple affirmation, et non pas comme une preuve de la propriété de M. T..., preuve qui eût dû être fournie d'ailleurs par les papiers de bord, et, bien au contraire, le connaissement et la facture ne faisaient mention que des noms de MM. L... et W..., les véritables propriétaires. Les droits de M. T... n'étaient même pas indiqués par un endossement.

Les pièces jointes par M. T... ne firent donc que confirmer l'intention bien arrêtée de se cacher derrière un prête-nom, et le tribunal déclara la cargaison de bonne prise.

L'affaire de l'*Élisabeth* est du même genre. On trouva à bord une copie de charte-partie sans signature originale des contractants, cette pièce, sans nom de destinataire ni de la personne pour le compte de qui la marchandise devait être transportée à Hambourg. Les deux connaissements ne comblaient pas cette lacune. Ils étaient *à ordre* avec la seule signature du capitaine, c'est-à-dire sans valeur légale. On trouva en outre dans les papiers :

1° Une déclaration paraissant émaner du consul helvétique de Fernambouc, d'après laquelle le sieur O... se serait présenté devant le consul pour y attester que le coton chargé sur l'*Élisabeth* était sa propriété.

2° Une lettre adressée par le sieur O... au capitaine, par laquelle il lui intimait l'ordre, pour le cas où son navire serait capturé, de revendiquer le chargement comme propriété neutre.

Voici à ce propos les considérants du jugement :

« Considérant que la déclaration faite par le sieur O... devant le consul (¹) n'est de sa part qu'une simple affirmation qui ne saurait le dispenser d'une preuve ; que, pas plus dans cette pièce que dans le connaissement ni la charte-partie, le sieur O... n'indique le destinataire de la cargaison ; qu'il

---

(1) A noter que la signature du consul helvétique était sans valeur n'étant pas légalisée par le consul de France.

n'énonce pas avoir à Hambourg, soit des correspondants
soit des associés; qu'il résulte du procès-verbal de capture
que le capitaine Popp n'a point déclaré la neutralité du
chargement; que dans ces circonstances, on ne saurait considérer la déclaration du sieur O... que comme un *acte de
complaisance* destiné à couvrir, jusqu'en Europe, une marchandise certainement ennemie; par ces motifs, dit que les
effets et objets personnels appartenant au capitaine et à
l'équipage leur seront immédiatement restitués s'ils ne l'ont
déjà été; déclare de bonne prise le navire *Élisabeth,* ensemble ses agrès, apparaux et accessoires; déclare également de bonne prise la cargaison dudit navire...

La neutralité de la marchandise doit être établie par les pièces du bord. — Cas du « Turner ».

Dans le cas du *Turner,* cité plus haut, la cargaison fut
réclamée comme appartenant à des neutres : les sieurs
Brandt et Cie de Londres.

Or, quels étaient les papiers trouvés à bord ? 1° une
copie de charte-partie, datée du 6 juin, indiquant que l'affrètement est conclu pour transport aux côtes est d'Écosse
ou pour les côtes de France. Cette pièce, qui ne portait aucune signature, ne pouvait avoir aucune valeur légale;
2° trois connaissements relatifs à la cargaison et signés du
capitaine seulement, établis *à ordre* sans nom de destinataire. Ils ne portaient comme destination que l'indication
trop vague de : côte est de la Grande-Bretagne, et étaient
datés des 19 et 31 août 1870.

« Ces irrégularités, dit le jugement, sont d'autant moins
justifiables que le chargement a été opéré après la déclaration de guerre et l'établissement des croisières, qu'en cet
état il y a lieu de considérer la neutralité de la cargaison
comme pas établie... par ces motifs déclare bonne et va-

lable la prise du *Turner*... dit également que la cargaison doit être, comme propriété ennemie, réputée de bonne prise, ordonne...

Il ressort de ce qui précède que si la neutralité de la cargaison n'est pas prouvée par les papiers trouvés à bord, les marchandises doivent être réputées ennemies.

Cette règle n'a rien d'excessif, il faut bien en convenir, car entre l'expéditeur d'une marchandise et le capitaine du bâtiment qui doit la transporter au delà des mers, il se forme un contrat dont bien des hasards peuvent entraver l'exécution. Aussi, on a tout d'abord songé à le constater par écrit ; que cet écrit s'appelle dans le transport par terre lettre de voiture, dans le transport par eau charte-partie, connaissement, manifeste ou de quelque autre nom que ce soit, il faut qu'il existe et contienne certaines indications essentielles à la sécurité des contractants, savoir : la nature de la marchandise, le lieu d'expédition, le nom de l'expéditeur, le lieu de destination, le nom du destinataire, le nom du bâtiment, le prix du fret ; de sorte que les lois positives des différents peuples n'ont fait que confirmer en les régularisant des usages aussi anciens que le commerce lui-même.

Dès lors, rien n'est plus équitable que les articles 2 et 11 du règlement du 26 juillet 1778 (voir page 141), en vertu desquels : 1° les papiers de bord non revêtus des signatures des parties contractantes sont déclarés nuls et non avenus ; 2° les pièces rapportées au procès après la prise des bâtiments ne peuvent faire aucune foi ; mais qu'on ne doit avoir égard qu'aux seules pièces trouvées à bord.

Ce n'est pas sans raison qu'un armateur ou un propriétaire de marchandises chargées à bord d'un navire se dérobe à des règles que lui imposent les lois de son pays, un usage constant et son intérêt même.

Par conséquent, toutes les fois qu'à bord d'un navire ennemi on trouvera une marchandise sans pièces qui établissent en bonne et due forme où elle va et à qui elle appartient, elle est à bon droit suspecte. Il est juste d'ailleurs qu'on ne tienne aucun compte des pièces produites après la capture, qui ont pu être fabriquées depuis et dont la discussion exigerait l'examen des livres mêmes des négociants établis dans les ports lointains.

Le Règlement de 1778 n'ayant été abrogé ni explicitement ni implicitement, les papiers trouvés à bord doivent donc fournir au moins un commencement de preuve par écrit de la neutralité des marchandises. « Abandonner cette règle, dit M. Barboux, serait ouvrir la porte à toutes les fraudes et rendre illusoires les droits laissés aux belligérants par la déclaration de 1856, droits qui ne s'étendent plus que sur la marchandise ennemie dans le seul cas où elle est chargée sur bâtiment ennemi. »

TROISIÈME PARTIE

—

CHAPITRE Ier

DOCUMENTS RELATIFS A LA GUERRE FRANCO-ALLEMANDE DE 1870

—

**Déclaration du Gouvernement français au sujet des neutres.
31 juillet 1870.**

1° La course est et demeure abolie ;

2° Le pavillon neutre couvre la marchandise ennemie, à l'exception de la contrebande de guerre ;

3° La marchandise neutre, à l'exception de la contrebande de guerre, n'est pas saisissable sous pavillon ennemi ;

4° Les blocus, pour être obligatoires, doivent être effectifs, c'est-à-dire maintenus par une force suffisante pour interdire réellement l'accès du littoral ennemi.

Bien que l'Espagne et les États-Unis n'aient point adhéré à la déclaration de 1856, les vaisseaux français ne saisiront pas la propriété de l'ennemi à bord d'un vaisseau américain ou espagnol, à moins que cette propriété ne soit contrebande de guerre.

Le Gouvernement de l'empereur ne compte pas non plus revendiquer le droit de confisquer la propriété des citoyens

américains ou espagnols qui serait trouvée à bord des bâtiments ennemis.

La neutralité de l'Angleterre. — Le transport du charbon et la doctrine anglaise.

Le *Journal officiel* (fin juillet 1870) rappelle que le Gouvernement de l'empereur ne considère pas le charbon comme
contrebande de guerre.

La même question s'est présentée (fin juillet) à la Chambre
des communes. Interpellé par un des membres pour déclarer si le transport du charbon de terre dans un port non
bloqué constituerait un trafic légal, M. Gladstone fit connaître que le gouvernement anglais se conformerait aux
règles adoptées en 1859 dans des circonstances analogues.

Ces règles résultent d'une dépêche du *Foreign Office,* en
date du 18 mai 1859, ainsi conçue :

« Messieurs, je reçois du comte de Malmesbury l'ordre
de vous accuser réception de votre lettre du 28 courant, par
laquelle vous demandez à être informés s'il y a, sous le
régime de la proclamation dernièrement émise par Sa Majesté, quelques restrictions imposées aux navires qui char-
geraient du charbon et le transporteraient ensuite à des
ports français. Je dois vous déclarer, en réponse, que la
proclamation de Sa Majesté ne spécifie point, et ne pouvait
en réalité spécifier, quels articles sont ou ne sont pas contrebande de guerre, et que les passages y relatés se rappor-
tant à la contrebande n'ont point pour but d'empêcher
l'exportation du charbon ni d'aucun autre article, mais
simplement d'avertir les sujets de Sa Majesté que s'ils
transportent pour l'usage de l'un des belligérants des articles réputés contrebande de guerre et que leur propriété
soit saisie par un autre des belligérants, le Gouvernement
de Sa Majesté ne prendra point sur lui d'intervenir en leur

faveur contre une saisie de ce genre ou bien contre ses conséquences.

« Je dois ajouter que la Cour des prises de l'une des puissances qui aura fait la saisie est le tribunal compétent pour
décider si le charbon est ou non contrebande de guerre, et
qu'il est absolument impossible au Gouvernement de Sa Majesté, en sa qualité de souverain neutre, d'anticiper sur le
résultat d'une telle décision. Il semble, toutefois, au Gouvernement de Sa Majesté qu'en ayant égard à l'état actuel
des armements maritimes, le charbon peut, en bien des cas,
être considéré, à bon droit, comme contrebande de guerre,
et que, par conséquent, tous ceux qui s'engagent dans le
transport de cet article le doivent faire avec des chances de
risques dont le Gouvernement de Sa Majesté ne saurait les
dégager. »

Cette doctrine, inattaquable en principe, parut aux Allemands défavorable à leurs intérêts, et la *Gazette de la Croix*
de l'époque (31 juillet 1870) s'exprime ainsi au sujet de
cette dépêche : « Nous espérons, dit-elle, que l'Angleterre
ouvrira les yeux à la lumière et qu'elle verra clair dans cette
tactique de la France qui consiste à ne point classer les
houilles anglaises parmi les articles de contrebande de
guerre. L'Allemagne attend de l'Angleterre qu'elle fera son
devoir. Sans les charbons de Newcastle, la flotte française
ne saurait tenir dans la Baltique. »

C'était trop exiger, les belligérants étant les seuls maîtres
de déclarer contrebande de guerre tel ou tel article, et les
sujets des États neutres restant libres d'en transporter à
leurs risques et périls.

Explications de Lord Gladstone.

Le 1er août 1870, quelques explications furent fournies
par M. Gladstone à la Chambre des communes, touchant la

ligne de conduite que le gouvernement anglais se proposait de suivre pour maintenir sa neutralité.

L'attention du premier lord de la trésorerie ayant été appelée sur ce fait que si l'escadre française de la Baltique était fournie à la mer de charbon parti directement des ports anglais, à bord de navires anglais, français ou autres, ces bâtiments pourraient être capturés par les croiseurs de l'autre belligérant, et, interpellé sur la question de savoir si, dans ce cas, les bâtiments anglais auraient droit à la protection de leur pays, M. Gladstone répondit en ces termes :

« La Chambre sait depuis longtemps qu'en général rien ne s'oppose à l'exportation de la houille anglaise ; si l'un des belligérants saisit l'un des navires qui vont porter du charbon, la question de savoir si cette marchandise est de la contrebande de guerre est de la compétence des Conseils des prises. Mais l'opinion des jurisconsultes de la Couronne, opinion adoptée par le Gouvernement, est que si un navire charbonnier est nolisé pour approvisionner directement la flotte d'un des belligérants, il devient un navire-magasin de cette flotte, l'aide dans ses opérations et tombe sous la pénalité des enrôlements étrangers, si les faits s'accomplissent dans les limites où s'exerce la juridiction anglaise. »

M. Gladstone fit connaître à la Chambre que l'attorney général venait de soumettre à l'assemblée un bill destiné à amener les mesures les plus efficaces, les plus propres à déterminer exactement, clairement, sur chaque point douteux, les devoirs de la neutralité.

« Pilotage. — Par l'entremise de la *Trinity-House,* ajouta-t-il, les pilotes anglais ont reçu pour instruction de ne prêter leur concours aux navires des escadres belligérantes que strictement dans la zone des eaux britanniques ; ces prescriptions ont été soigneusement rappelées au gouverneur de l'île d'Héligoland, qui commande l'embouchure de l'Elbe.

« CABLES TÉLÉGRAPHIQUES. — Une Compagnie anglaise a été prévenue qu'il ne lui serait pas permis d'exporter un câble destiné à relier électriquement Dunkerque et un point d'atterrissage sur la côte du Danemark, les conseillers légaux de la couronne ayant déclaré que, dans les circonstances actuelles, cette opération constituerait une violation de la neutralité. »

Circulaire de Lord Granville sur la contrebande de guerre.

Foreign Office, 11 août 1870.

« Le Gouvernement de Sa Majesté a appris avec le plus grand regret qu'en Allemagne l'impression est que l'Angleterre est sortie de l'attitude de neutralité qu'elle a déclaré vouloir conserver, en donnant à la France facilité d'obtenir certains articles de guerre tels que munitions, chevaux et houille, facilité qui n'aurait point été accordée dans le même degré aux États alliés allemands.....

« Il n'est point vrai qu'aucunes facilités aient été données ou aucunes restrictions faites qui n'aient été communes aux deux belligérants.

« L'attitude du Gouvernement de Sa Majesté est strictement conforme aux précédents et aux principes de toute nation neutre, y compris la Prusse, dans les guerres antérieures. On voudrait, paraît-il, que la Grande-Bretagne fît davantage et que non seulement elle imposât à ses sujets les obligations de la loi des neutres, mais qu'elle étendît ces obligations bien au delà des limites ordinaires. Il faudrait qu'elle ne se contentât point de défendre l'exportation des articles de contrebande de guerre, mais qu'elle prévînt cette exportation en décidant elle-même ce qui doit et ce qui ne doit pas être considéré articles de contrebande, et qu'alors elle fît en sorte qu'aucun d'eux ne pût sortir de ses ports.

« La définition de la contrebande de guerre appartient aux belligérants. — Il est facile de voir, au prime abord, que cette distinction ne peut incomber ni être imposée à aucun des pouvoirs neutres. Chaque nation apprécie différemment, et selon les circonstances, ce qui doit être regardé comme articles de contrebande de guerre, et aucune décision précise n'a encore été arrêtée à ce sujet. Aujourd'hui, on se plaint hautement de l'exportation de la houille pour la France; mais des écrivains prussiens autorisés ont déclaré que la houille n'est point article de contrebande et qu'aucune puissance neutre ou belligérante ne peut prétendre le contraire.

« Mais, en supposant que ce point discuté soit résolu clairement, il resterait à demander si le caractère de contrebande dépend de la destination de l'objet exporté; et, alors, les puissances neutres seraient dans l'obligation de prévenir l'exportation de tels articles pour un port neutre; mais, en ce cas, comment savoir, au moment du départ du bâtiment chargé, *si la déclaration faite de la destination est vraie ou fausse?* La question de destination doit être résolue par la Cour des prises d'un des belligérants, et la Prusse ne pourrait que bien difficilement rendre le Gouvernement britannique responsable si un bâtiment anglais, chargé d'articles de contrebande de guerre, était capturé au moment où il entrerait dans un port français.

« Le Gouvernement de Sa Majesté ne doute pas que lorsque l'apaisement des esprits sera fait, la nation allemande ne reconnaisse que l'Angleterre n'a rien négligé pour observer strictement et loyalement la neutralité, et, ce qui autorisc cette conviction, c'est qu'elle se rappellera que la Prusse, se trouvant dans la position dans laquelle se trouve aujourd'hui la Grande-Bretagne, a tenu la même conduite et s'est vue, elle aussi, impuissante pour maintenir ses sujets dans la stricte obligation de ne pas agir, en matière d'exportation de munitions de guerre, contrairement à la loi de neutralité.

« Pendant la guerre de Crimée, armes et munitions étaient librement exportées de Prusse en Russie, et des armes de manufacture belge traversaient le territoire prussien, malgré le décret du gouvernement prussien prohibant le transport d'armes venant d'États étrangers.

« En se reportant à ces faits, la nation allemande appréciera avec plus de justice la position faite aujourd'hui au Gouvernement de Sa Majesté.

« Quant à l'exportation de chevaux et de munitions anglais, il est constaté par les derniers rapports de la douane que le nombre des chevaux exportés pour l'Allemagne et la Belgique, en juillet et août, est d'environ 413, et de 583 pour la France.

« Les mêmes rapports officiels constatent que, pendant la même période, aucune munition de guerre n'a été exportée pour la France, et que les exportations suivantes ont été faites en destination des ports allemands, belges et hollandais : pour 369 liv. st. pour la Belgique, en munitions d'artillerie ; un quintal de boulets, 5 quintaux pour Hambourg et 32 pour la Hollande.

« DOCTRINE AMÉRICAINE. — Il n'est point mal à propos de remarquer ici les réflexions adressées dernièrement à un ministre étranger, à Washington, par le secrétaire d'État des États-Unis, touchant les devoirs des neutres, pour le commerce des articles de contrebande de guerre.

« Selon lui, les armes et les munitions ont toujours été

considérées comme article de légitime commerce par les neutres pendant la guerre, et les États-Unis réclament le droit de les fournir à tous les belligérants indistinctement, ajoutant que, pendant le cours de la guerre civile en Amérique, des quantités considérables de ces articles ont été reçues d'Angleterre, de France et de Belgique. Je dois encore vous faire observer que le gouvernement belge, bien que, par un récent décret, il ait prohibé transitoirement l'exportation et le transit d'armes et de munitions de guerre, accepte les articles qui sont destinés à une puissance neutre et qu'il se réserve formellement, pour l'avenir, la liberté d'exportation. »

« Je suis, etc.

« GRANVILLE. »

Il ressort de cette circulaire un point important, c'est que, de l'aveu même de lord Granville, la destination du navire et des marchandises peut être déguisée au départ, ce qui justifie, dans certains cas, *la doctrine du voyage continu* et de la contrebande par destination.

Les États-Unis admettent cette doctrine et l'ont appliquée pendant la guerre de Sécession; mais, en même temps, ils déclarent que le commerce des armes est libre, même avec les belligérants. Il va sans dire que les neutres ne jouissent de cette liberté qu'à leurs risques et périls, comme l'expérience l'a prouvé en 1863 (voir le cas du *Springbock*, page 187).

Délai de grâce de dix jours pour les blocus.

Le gouvernement anglais ayant demandé si un délai de grâce serait accordé pour l'entrée des navires neutres dans les ports déclarés en état de blocus, le prince de La Tour d'Auvergne adressa à lord Lyons la dépêche suivante :

Paris, 19 août 1870.

« Par la dépêche qu'elle m'a fait l'honneur de m'adresser à la date d'hier, Votre Excellence demande au nom de son gouvernement :

« 1° Si le délai de dix jours mentionné dans la notification de blocus insérée au *Journal officiel* du 17 de ce mois, doit s'entendre comme s'appliquant aussi bien à l'entrée qu'à la sortie des ports ennemis bloqués par l'escadre de l'amiral Fourichon.

« 2° Si le délai de grâce dont il s'agit étant compté à partir du 15 courant embrasse ou non le 25 du présent mois.

« Quant à la première question, je ne m'explique pas bien les doutes dont Votre Excellence a été chargée de se rendre l'organe auprès du Gouvernement de l'empereur. En effet, l'amiral Fourichon, en libellant sa déclaration dans les termes que rappelle le *Journal officiel* d'avant-hier, s'est strictement conformé aux usages universellement consacrés à cet égard, et tout particulièrement aux règles mises en pratique par la France et l'Angleterre durant la guerre de Crimée.

« Or, Votre Excellence se rappellera sans doute qu'à cette époque, aussi bien pour la Baltique que pour la mer Noire, les seuls adoucissements au droit de guerre qui furent consentis en faveur des navires neutres portaient sur la sortie des ports bloqués, et il n'est pas à ma connaissance que pareil privilège ait jamais été accordé nulle part à l'entrée.

« Permettez-moi, du reste, d'ajouter qu'en ce qui concerne la France, la question n'implique pour les neutres aucun danger imminent ; les principes établis en cette matière ne rendant possible de capturer un navire destiné pour un port bloqué qu'autant qu'après avoir été averti par un croiseur, il tenterait de forcer la ligne de blocus.

« Sur la seconde question, Monsieur l'Ambassadeur, je crois pouvoir vous donner l'assurance que le délai de faveur pour la sortie des ports bloqués, entendu dans le sens juridique, comprend un jour franc, c'est-à-dire n'expire que le 25 au soir.

« Agréez, etc.

« Prince DE LA TOUR D'AUVERGNE. »

Déclarations prussiennes.

Le 23 juillet 1870, M. de Bismarck informa l'ambassadeur d'Angleterre à Berlin que les prescriptions de la déclaration du 18 avril 1856 auraient force de loi dans tous les États de la confédération de l'Allemagne et qu'elles seraient observées pendant toute la guerre.

Un décret royal du 18 juillet avait stipulé que les bâtiments français de la marine marchande ne seraient point sujets à être capturés et saisis comme prises de guerre par les navires de la marine royale de la Confédération.

C'est donc avec un certain étonnement, en raison de ces préliminaires, qu'on apprit qu'un ordre du ministère de la marine prussienne autorisait la formation d'une flotte volontaire.

FORMATION D'UNE FLOTTE VOLONTAIRE. — L'ordre ministériel est ainsi conçu :

1º Les bâtiments offerts par des particuliers seront immédiatement inspectés et estimés par trois ingénieurs de la marine, nommés par le gouvernement. Le dixième du prix évalué par eux sera immédiatement payé argent comptant aux propriétaires qui auront à s'occuper de l'équipage de leurs bâtiments.

2º Les équipages réunis de la sorte, officiers et matelots, porteront l'uniforme de la marine de la Confédération du

Nord, pendant la durée de la guerre et jouiront de leurs grades. Ils pourront, d'après leur désir, continuer ce service après la conclusion de la paix, s'ils font preuve d'habileté et de courage.

3° Les bâtiments seront armés aux frais de la Confédération du Nord.

4° Les propriétaires des bâtiments qui seront perdus au service de la patrie seront indemnisés par l'État, au prix de l'estimation.

5° Une prime est accordée aux bâtiments qui parviendront à capturer des navires ennemis : pour une frégate cuirassée 5o,ooo thalers ; pour une corvette cuirassée 3o,ooo ; pour une batterie cuirassée 20,000 et pour un navire à hélice 10,000.

Soit manque d'initiative de la part des armateurs, soit défaut d'organisation de la part du gouvernement prussien, on n'entendit jamais parler des navires volontaires allemands pendant la guerre. Notre commerce et, comme bien on pense, nos navires de guerre n'en furent jamais incommodés.

APPLICATION A DU MATÉRIEL DE GUERRE DU DROIT D'ANGARIE EN PRUSSE. — Le gouvernement prussien ordonna au début de la guerre que tous les canons commandés à l'usine Krupp par les puissances étrangères, notamment par la Russie lui fussent livrés.

C'est en application de ce même droit d'Angarie que le gouvernement britannique en cas de guerre pourrait augmenter sa flotte de tous les croiseurs et cuirassés en construction sur les chantiers du Royaume-Uni pour le compte de pays étrangers, quitte à s'entendre ultérieurement avec ceux-ci pour un règlement de compte.

Déclaration de neutralité des États-Unis (22 août 1870).

Un seul article est à retenir dans cette déclaration. Il est relatif à un traité de réciprocité à l'égard des prises, et ainsi conçu :

« Article XI. — Sont interdits les actes suivants :

« Commencer, mettre en train, réunir ou préparer les moyens nécessaires à une expédition militaire ou entreprise quelconque partant du territoire des États-Unis pour être dirigée contre les territoires ou possessions de l'un ou l'autre des belligérants.

« Nous déclarons et proclamons en outre que l'article 19 du traité d'amitié et de commerce, conclu entre S. M. le roi de Prusse et les États-Unis d'Amérique le 11 juillet 1799, lequel article a été confirmé par le traité du 1er mai 1828 entre lesdites parties, et se trouve encore en vigueur, stipule que « les navires de guerre publics et privés des deux parties conduiront librement, partout où il leur plaira, les navires et objets pris sur leurs ennemis, sans être obligés de payer aux officiers de l'amirauté, de la douane ou autres, les droits, taxes ou redevances quelconques, et que lesdites prises ne seront ni arrêtées, ni visitées, ni soumises à une procédure quelconque, en arrivant aux ports de l'autre partie, ou en y entrant ; mais que les capteurs pourront les en faire librement sortir en tout temps pour les conduire aux lieux indiqués dans leurs commissions que les officiers commandant lesdits navires seront tenus d'exhiber.

« Nous déclarons et proclamons en outre que l'envoyé extraordinaire et plénipotentiaire de la Confédération de l'Allemagne du Nord, à Washington, a officiellement notifié au gouvernement des États-Unis, que la propriété privée sera, en pleine mer, exempte de capture par les navires de S. M. le roi de Prusse, sans condition de réciprocité.

. . . .

« VENTE DES ARMES. — Et que, si toute personne peut légalement et sans restriction aucune, à raison de l'état de guerre susdit, fabriquer et vendre, dans l'intérieur des États-Unis, des armes, des munitions de guerre et autres articles ordinairement désignés sous le nom de « contrebande de guerre », cependant elle ne peut ni transporter ces articles en pleine mer pour l'usage ou le service de l'un ou de l'autre belligérant, ni transporter des soldats ou des officiers de ces belligérants, ou essayer d'enfreindre un blocus légalement établi et maintenu pendant la guerre, sans encourir le risque d'être capturé comme ennemi et de subir les pénalités établies par le droit des gens en cette matière.

« Nous avertissons enfin, par ces présentes, tous les citoyens des États-Unis et tous ceux qui peuvent réclamer la protection de ce Gouvernement que, s'ils contreviennent à ces dispositions, ils le feront à leurs risques et périls et n'obtiendront en aucune manière la protection du Gouvernement des États-Unis contre les conséquences qu'entraînerait leur conduite.

. . . .

« U. J. GRANT. »

En fait, les croisières des bâtiments prussiens étant chose négligeable, pendant cette guerre, le commerce des armes entre les États-Unis et la France ne subit aucune entrave, aucune loi intérieure ne s'y opposant.

Le sort des prises réglé par le traité de paix.

Le sort des bâtiments capturés pendant la guerre a été réglé par l'article 13 du traité de paix, conclu entre la France et l'Allemagne le 10 mai 1871.

Cet article est ainsi conçu :

Article 13. — Les bâtiments allemands qui étaient con-

damnés par les Conseils des Prises avant le 2 mars 1871,
seront considérés comme condamnés définitivement.

Ceux qui n'auraient pas été condamnés à la date sus-in-
diquée seront rendus avec la cargaison, en tant qu'elle
existe encore. Si la restitution des bâtiments et de la cargaison n'est plus possible, leur valeur, d'après le prix de la
vente, sera rendue à leurs propriétaires.

Notification du blocus du littoral de la Prusse et des États allemands dans la mer du Nord.

Nous soussigné, vice-amiral commandant en chef les forces
navales de S. M. l'Empereur des Français dans la mer du Nord ;

Vu l'état de guerre existant entre la France et la Prusse,
ainsi que les États de la Confédération de l'Allemagne du
Nord, agissant en vertu des pouvoirs qui nous appartiennent, déclarons que :

A partir du 15 août 1870, le littoral de la Prusse et de la
Confédération de l'Allemagne du Nord, s'étendant de l'île
Baltrum au nord de l'Eider, avec ses ports, fleuves, havres,
rades et criques, est tenu en état de blocus effectif par les
forces navales placées sous notre commandement, et que les
bâtiments amis ou neutres auront un délai de dix jours pour
achever leur chargement et quitter les lieux bloqués.

Les limites géographiques de ce blocus sont :

Le méridien du 5° de longitude orientale de Paris jusqu'au parallèle de 54°05′ de latitude nord ;

Ce parallèle jusqu'à la longitude de 54°45′ est de Paris ;

Puis le méridien de 5°45′ jusqu'au parallèle de 54°20′ de
latitude.

Et, enfin, ce dernier parallèle jusqu'à la côte.

Il sera procédé, contre tout bâtiment qui tenterait de
violer ledit blocus, conformément aux lois internationales
et aux traités en vigueur avec les puissances neutres.

A bord de la *Magnanime,* frégate cuirassée de Sa Majesté l'empereur des Français, stationnée entre l'île anglaise d'Heligoland et la côte prussienne.

Le 12 août 1870.

Le vice-amiral, commandant en chef,
FOURICHON.

Pareille notification de blocus fut faite à partir du 15 août par le vice-amiral Bouët-Willaumez, pour tous les ports du littoral de la Prusse et des États allemands dans la mer Baltique.

INSTRUCTIONS GÉNÉRALES

à MM. les officiers généraux, supérieurs et autres.

Paris, le 25 juillet 1870.

1. — Bâtiments ennemis.

Dès ce moment, vous êtes requis de courir sus à tous les bâtiments de guerre de la Prusse et des États de la Confédération de l'Allemagne du Nord, et vous en emparer par la force des armes; vous aurez également à courir sus à tous les bâtiments de commerce ennemis que vous rencontrerez en mer ou dans les ports et rades de l'ennemi, et à les capturer ainsi que leurs cargaisons, sous les exceptions suivantes :

Un délai de trente jours a été accordé aux bâtiments de commerce ennemis pour sortir des ports français, soit qu'ils s'y trouvent en ce moment ou qu'ils y entrent ultérieurement dans l'ignorance de l'état de guerre; et ces bâtiments seront pourvus de sauf-conduits, ainsi que l'explique l'annexe n° 3.

En outre, les bâtiments de commerce ennemis qui auront

pris des cargaisons à destination de France et pour compte
français antérieurement à la déclaration de guerre, ne seront
pas sujets à capture, pourront librement débarquer leurs
chargements dans les ports français et recevront des sauf-
conduits pour retourner dans leurs ports d'attache.

2. — *Pêcheries.*

Vous n'apporterez aucun obstacle à la pêche côtière,
même sur les côtes de l'ennemi, à condition que cette mesure, dictée par un intérêt d'humanité, n'entraîne aucun abus
préjudiciable aux opérations militaires ou maritimes.

3. — *Sauf-conduits.*

Vous n'arrêterez pas non plus les bâtiments ennemis
pourvus d'un sauf-conduit du Gouvernement impérial.

Vous trouverez ci-joint un modèle de la forme adoptée
pour ces sauf-conduits. Vous vous assurerez que les actes
qui vous seront présentés sont sincères et que les conditions en ont été rigoureusement observées; en cas de soupçon sur leur sincérité ou d'inexécution de leurs conditions,
vous êtes autorisés à saisir le bâtiment qui en serait porteur.

4. — *Eaux territoriales neutres.*

Vous vous abstiendrez d'exercer aucun acte d'hostilité
dans les ports ou dans les eaux territoriales des puissances
neutres, et vous considérerez les eaux territoriales comme
s'étendant à une portée de canon au delà de la laisse de
basse mer.

5. — *Commerce des Nationaux.*

L'état de guerre interrompant les relations de commerce
entre les sujets des puissances belligérantes, vous aurez à
arrêter les bâtiments marchands français qui, sans une permission ou licence spéciale, tenteraient d'enfreindre cette

interdiction, ou qui, plus coupables encore, chercheraient à violer un blocus ou s'engageraient dans un transport de troupes, de dépêches officielles ou de contrebande de guerre pour compte ou à destination de l'ennemi.

6. — *Commerce des neutres.*

Les neutres étant autorisés par le droit des gens à continuer librement leur commerce avec les puissances belligérantes, vous n'arrêterez les bâtiments neutres que dans les cas suivants : 1° s'ils tentaient de violer un blocus ; 2° s'ils transportaient, pour le compte ou à destination de l'ennemi, des objets de contrebande de guerre, des dépêches officielles ou des troupes de terre ou de mer. Dans ces divers cas, le bâtiment et la cargaison sont confiscables, sauf lorsque la contrebande de guerre ne forme pas les trois quarts du chargement, auquel cas les objets de contrebande sont seuls sujets à la confiscation.

7. — *Blocus.*

Conformément au paragraphe numéroté 4 de la déclaration du congrès de Paris du 16 avril 1856, tout blocus, pour être obligatoire, doit être effectif, c'est-à-dire maintenu par une force suffisante pour interdire réellement l'accès du littoral de l'ennemi. L'établissement de tout blocus devra faire l'objet d'une notification, dont vous trouverez ci-joint le modèle qui sera envoyé à ces autorités en même temps qu'au consul de l'une des puissances neutres, au moyen d'un parlementaire.

Il conviendra de remplir la même formalité si le blocus vient à être étendu à quelques nouveaux points de la côte. Les limites du blocus seront expressément désignées par leur latitude et leur longitude. La violation d'un blocus ainsi établi résulte aussi bien de la tentative de pénétrer dans le lieu bloqué que de la tentative d'en sortir après la déclaration de blocus, à moins, dans ce dernier cas, que ce ne soit sur lest ou avec chargement pris avant blocus ou dans le délai fixé par le commandant des forces navales, délai qui devra toujours être suffisant pour protéger la navigation et le commerce de bonne foi. Ce délai devra d'ailleurs être mentionné dans la déclaration du blocus. Les bâtiments qui se dirigent vers un port bloqué ne sont censés connaître l'état de blocus qu'après la notification spéciale inscrite sur les papiers de bord par l'un des bâtiments de guerre formant le blocus.

Vous ne devrez point négliger de faire remplir cette formalité toutes les fois que vous serez engagés dans une opération de blocus.

8. — Contrebande.

La contrebande de guerre, à moins de stipulations spéciales des traités, se compose des objets suivants, lorsqu'ils sont destinés à l'ennemi, savoir :

Bouches et armes à feu, armes blanches, projectiles, poudre, salpêtre, soufre, objets d'équipement, de campement et de harnachement militaire, et tous instruments quelconques fabriqués à l'usage de la guerre.

9. — *Le pavillon neutre couvre la marchandise ennemie.*
Marchandise ennemie ou neutre sous pavillon ennemi.

Sauf la vérification relative au commerce illicite dont je vous ai indiqué le caractère, vous n'avez point à examiner la propriété du chargement des navires neutres, conformément aux principes de la déclaration du 16 avril 1856 ; le pavillon neutre couvre la marchandise ennemie, à l'exception de la contrebande de guerre ; la marchandise neutre n'est pas saisissable sous pavillon ennemi.

Ces principes seront applicables à l'Espagne et aux États-Unis, bien que ces puissances n'aient point adhéré à la déclaration du Congrès de Paris.

10. — Maisons étrangères établies en pays ennemi ou neutre.

Pour l'application de ces principes, la nationalité des maisons de commerce doit se déterminer d'après le lieu où elles sont établies; la nationalité des bâtiments ne dérive pas seulement de celle de leurs propriétaires, mais encore de leur droit légitime au pavillon qui les couvre.

11. — Détresse et recousse.

En cas de détresse d'un bâtiment national ou en cas de capture par l'ennemi, vous devrez lui porter toute aide et assistance ou vous efforcer d'en opérer la recousse, l'intention de Sa Majesté est que ce sauvetage, ou cette recousse, ne donne lieu à aucun droit sur le bâtiment secouru ou recous. Dans le cas où vous reprendriez sur l'ennemi un bâtiment neutre, vous êtes autorisés à considérer ce bâtiment comme ennemi, s'il est resté plus de vingt-quatre heures en la possession de l'ennemi, à moins de circonstances exceptionnelles dont Sa Majesté se réserve l'appréciation. Si le bâtiment n'est pas resté vingt-quatre heures au pouvoir de l'ennemi, vous le relâcherez purement et simplement.

12. — Corsaires.

Tous les États de la Confédération de l'Allemagne du Nord, ayant adhéré à la déclaration du 16 avril 1856, ont renoncé, pour leurs sujets, à l'exercice de la course. En conséquence, tout corsaire rencontré sous pavillon de cette Confédération devra être saisi et traité comme pirate.

13. — Visite.

Pour remplir les devoirs résultant des indications qui précèdent, vous aurez à exercer le Droit de Visite. Bien que ce droit soit illimité en temps de guerre, quant aux parages, je vous recommande cependant expressément de ne l'exercer que dans les parages et dans les circonstances où vous auriez des motifs fondés de supposer qu'il peut amener la saisie du bâtiment visité.

Quant à la forme, vous vous tiendrez, autant que possible, hors de la portée du canon. Vous enverrez à bord un canot dont l'officier montera sur le navire à visiter, accompagné de deux ou trois hommes seulement, et se bornera à vérifier, d'après les papiers de bord, la nationalité ainsi que la nature du bâtiment et du chargement, et à reconnaître si le bâtiment est engagé dans un commerce illicite.

L'examen des papiers de bord est d'autant plus important que, d'après notre législation, ces papiers peuvent seuls servir au jugement ultérieur sur la validité ou l'invalidité de la prise.

14. — Convois.

Vous ne visiterez point les bâtiments qui se trouveront sous le convoi d'un navire de guerre neutre, et vous vous bornerez à réclamer du commandant du convoi une liste des bâtiments placés sous sa direction, avec la déclaration écrite qu'ils n'appartiennent pas à l'ennemi et ne sont engagés dans aucun commerce illicite. Si cependant vous aviez lieu de soupçonner que la religion du commandant du convoi a été surprise, vous communiqueriez vos soupçons à cet officier, qui procéderait seul à la visite des bâtiments suspectés.

15. — Formalités de la capture. — Capture de corsaires ou pirates. Capture de bâtiments de guerre.

Si la visite ne détermine pas la saisie du bâtiment, l'officier qui en aura été chargé devra seulement la constater sur les papiers de bord; si, au contraire, elle détermine la saisie, il devra être procédé ainsi qu'il suit :

1° S'emparer de tous les papiers de bord et les mettre sous scellés, après en avoir dressé un inventaire;

2° Dresser un procès-verbal de capture, ainsi qu'un inventaire du bâtiment;

3° Constater l'état du chargement, puis faire fermer les écoutilles de la cale, les coffres et les soutes, et y apposer les scellés;

4° Mettre à bord un équipage pour la conduite de la prise.

En cas de prise d'un corsaire ou d'un pirate, vous procéderez de la même manière; mais, dans le cas de capture d'un bâtiment de guerre, vous vous bornerez à la constater sur votre journal, et vous pourvoirez à la conduite de la manière la plus conforme à la sécurité des équipages auxquels vous la confierez [1].

AMARINAGE D'UNE PRISE. — Art. 292. 1° Lorsque le capitaine a fait une prise, il ordonne à l'officier chargé d'en prendre possession de faire transporter immédiatement à son bord les officiers prisonniers, de prendre toutes les précautions nécessaires contre les accidents qui menaceraient la sûreté du bâtiment capturé, d'y maintenir l'ordre et d'empêcher qu'aucun objet ne soit illégalement débarqué;

2° Il ordonne également à cet officier de se saisir des livres de signaux, journaux, ordres, instructions et autres papiers qui peuvent intéresser l'armée, et ceux qui doivent servir à constater la validité de la prise;

3° Il fait arrêter sur-le-champ et poursuivre tout individu coupable d'avoir détourné des objets appartenant au bâtiment ou à l'équipage capturé.

FORMALITÉS ADMINISTRATIVES ENVERS LES PRISES. — Art. 293. 1° Le capitaine ordonne à l'officier d'administration de se rendre à bord de la prise et de faire, en présence de l'officier

---

[1] Décret du 15 août 1851 sur le service à bord des bâtiments de la flotte, articles 292, 293 et 294.

chargé de la commander, un inventaire sommaire du bâtiment et de dresser un procès-verbal de la capture ;

2° Si la prise est un bâtiment de commerce, il ordonne également à l'officier d'administration de se saisir des livres et papiers de bord, de constater l'état du chargement, de faire fermer les écoutilles de la cale, les coffres et les soutes, et d'y apposer les scellés, après que l'eau et les vivres nécessaires pour la navigation en ont été extraits.

16

Les lettres officielles et particulières trouvées à bord des bâtiments capturés devront m'être adressées sans délai.

17. — *Jugement des prises ; rançon.*

Toute prise doit être jugée, et il ne vous est pas permis de consentir à un traité de rançon, sauf le cas de force majeure, et, dans ce cas même, l'acte de rançon, rédigé conformément au modèle joint aux présentes instructions, devra être soumis à la juridiction qui est chargée, en France, du jugement des prises.

18. — *Remise des prises.*

Vous conduirez la prise dans le port de France le plus rapproché, le plus accessible et le plus sûr, ou dans le port de la possession française la plus voisine ; mais, si des circonstances de force majeure ne vous permettaient pas de conduire la prise en France ou dans une possession française, vous pourrez la conduire dans un port où se trouverait un consul de Sa Majesté Impériale, avec lequel vous vous concerterez sur la destination ultérieure de la prise.

19. — *Individus trouvés à bord des bâtiments capturés.*

Vous ne devez, à moins de cas de force majeure, distraire du bord aucun des individus qui montent le bâtiment capturé, s'il s'agit d'un bâtiment marchand; mais les femmes, les enfants et toutes les personnes étrangères au métier des armes ou à la marine ne devront, en aucun cas, être traités comme prisonniers de guerre et seront libres de débarquer dans le premier port où le bâtiment abordera. S'il s'agit d'un bâtiment de guerre et sauf la même exception, vous pourrez, si vous le jugez utile, transborder une partie de l'équipage et vous conduirez les prisonniers soit dans un port militaire de France, soit dans tout autre port qui pourra être ultérieurement désigné comme lieu de dépôt pour les prisonniers de guerre.

20. — Réarmement et emploi des bâtiments capturés.

Si l'intérêt public l'exige, vous pouvez réarmer les bâtiments ennemis et les employer pour les besoins du service, après en avoir fait faire l'estimation par une commission composée, autant que possible, de trois officiers supérieurs compétents, dont un membre du commissariat.

Vous pouvez également, dans des cas exceptionnels, préhender, pour le service de la flotte, les cargaisons des navires ennemis, après en avoir fait dresser un inventaire détaillé et un procès-verbal d'estimation. Les procès-verbaux rédigés en exécution de cette disposition devront être joints au dossier de la prise, et un double m'en sera adressé sous le timbre de l'administration de l'établissement des Invalides de la marine.

21

Une convention a été conclue à Genève, au mois d'août 1864, entre tous les États européens, pour l'amélioration du sort des militaires blessés dans les armées en campagne.

Vous trouverez ci-après le texte de cette convention, ainsi que celui du projet d'acte additionnel préparé en 1868 par une commission internationale réunie à Genève, pour en étendre les dispositions à la marine militaire. Bien que ce dernier acte n'ait pas encore reçu la sanction diplomatique, le gouvernement de l'Empereur n'entend pas moins en faire l'application pendant le cours de la présente guerre.

Vous voudrez donc bien vous conformer, le cas échéant, aux règles tracées par les deux actes dont il s'agit.

L'amiral, Ministre secrétaire d'État
de la marine et des colonies,
A. RIGAULT DE GENOUILLY.

INSTRUCTIONS COMPLÉMENTAIRES

relatives aux bâtiments neutres et aux prises en addition aux « Instructions générales » du 25 juillet 1870.

Les instructions ci-jointes ont pour but de développer et d'élucider certaines parties des instructions générales qui peuvent présenter des difficultés ou des doutes dans l'exécution.

Vous voudrez donc bien vous conformer aux règles qui y sont tracées.

1. — Visite.

Quelque illimité que soit le Droit de Visite en temps de guerre, il y a deux cas où vous devez vous abstenir absolument de l'exercer.

UN BATIMENT CONVOYÉ NE DOIT PAS ÊTRE VISITÉ. — 1° Lorsque les bâtiments que vous rencontrerez seront convoyés par un bâtiment de guerre neutre (l'article 14 des instructions générales du 25 juillet 1870 trace la ligne de conduite à suivre en pareil cas);

AUCUNE VISITE NE DOIT S'OPÉRER EN DEDANS DE LA LIMITE DES EAUX TERRITORIALES. — 2° Lorsque lesdits bâtiments se trouveront en dedans de la limite des eaux territoriales d'une puissance neutre (les eaux territoriales comprennent, sur toutes les côtes, une zone qui s'étend à trois milles de la laisse de basse mer, cette distance étant généralement adoptée aujourd'hui comme limite moyenne de la portée du canon). Article 4 des instructions générales.

2. — *Tout bâtiment marchand peut être visité.*

Dans tous les autres cas, vous avez le droit de visiter les bâtiments marchands que vous rencontrerez, sauf à n'user de ce droit, conformément à l'article 13 des instructions générales, que dans les parages et dans les circonstances où vous auriez des motifs fondés de supposer que la visite peut amener la saisie du bâtiment visité.

3. — *Semonce.*

Lorsque vous serez déterminé à visiter un navire, vous l'avertirez d'abord de votre intention en tirant un coup de canon de semonce à boulet perdu ou à poudre, et en arborant votre pavillon. A ce signal, le navire est tenu d'arborer aussi ses couleurs et de mettre en panne pour attendre votre visite. S'il continuait sa route et cherchait à fuir, vous le poursuivriez et l'arrêteriez, au besoin, par la force. En cas de résistance armée de sa part, vous auriez à le capturer sans autre examen.

4

Si le navire semoncé s'arrête, vous vous arrêtez aussi, en vous tenant, autant que les circonstances de mer le permettent, hors de portée du canon, et vous lui envoyez une embarcation portant le pavillon parlementaire. Un officier, accompagné de deux ou trois hommes au plus, monte à bord du navire à visiter. Il procède, avant tout, à l'examen des papiers du bord.

5

S'il est constaté que des papiers ont été jetés à la mer ou autrement supprimés, ou distraits, à bord du navire visité, ce navire doit être capturé sans qu'il soit besoin d'examiner quels étaient ces papiers, par qui ils ont été jetés, et, s'il en est resté suffisamment à bord, pour justifier que le navire et le chargement appartiennent à des neutres (Article 3 du règlement du 26 juillet 1778).

6

Les principaux papiers de bord d'un navire sont :
1° L'acte de propriété ;
2° Le congé ou passe-port ;
3° Le rôle d'équipage.
Ces documents établissent la nationalité.
4° Les connaissements ;
5° Les chartes-parties et factures ;
qui établissent la nature et la nationalité du chargement.

Il suffit qu'une de ces pièces établisse d'une manière certaine la neutralité du navire pour que celui-ci soit exempt de capture, à moins cependant qu'il n'y ait contradiction entre ladite pièce et quelque autre document trouvé à bord. D'autre part, l'absence d'une des pièces ci-dessus indiquées ne justifierait pas par elle seule la capture ; d'ailleurs, l'ensemble des autres pièces prouverait bien authentiquement la neutralité du navire et la régularité de l'expédition. Mais il y aurait lieu de capturer le navire sur lequel on trouverait des expéditions doubles qui laisseraient des doutes sur sa nationalité ou sa destination.

7

Lorsqu'il résulte de l'examen des pièces de bord que, depuis la déclaration de guerre, la nationalité du navire antérieurement ennemi a été changée par une vente faite à des neutres ; que celle des propriétaires a été modifiée par naturalisation ou que l'équipage d'un bâtiment neutre comprend une proportion notable de sujets ennemis, il y a lieu de procéder avec la plus grande attention et de s'assurer que toutes ces opérations ont été exécutées de bonne foi et non dans le seul but de dissimuler une propriété réellement ennemie.

8

Lorsque le navire visité a prouvé sa neutralité, vous n'avez pas à vous préoccuper de la nationalité de son chargement. Il convient, en règle générale, de ne le vérifier que par l'examen des papiers de bord. Si, cependant, vous avez des motifs sérieux de soupçonner que le navire renferme de la contrebande de guerre pour le compte ou à destination de l'ennemi, vous devez réclamer la visite de la cargaison. Cette visite s'effectue par les soins du capitaine et de l'équipage du navire visité, sous les yeux de l'officier du croiseur, lequel ne doit y procéder par lui-même qu'en cas de refus de ces derniers.

9. — Cas où le chargement rend le navire neutre saisissable.

Est passible de capture tout navire qui transporte des troupes, des dépêches officielles ou de la contrebande de guerre pour le compte ou la destination de l'ennemi (1). Toutefois, si la contrebande de guerre ne se trouve à bord que dans une proportion inférieure aux trois quarts de la cargaison, vous pouvez, suivant les circonstances, soit retenir le navire lui-même, soit le relâcher, si le capitaine consent à vous remettre tous les objets de contrebande dont il

______

(1) Le transport des dépêches d'un agent diplomatique de l'ennemi, résidant dans un pays neutre, n'entraîne pas la prise du bâtiment neutre.

est porteur (article 6 des instructions générales du 25 juillet 1870).

Ne sont pas réputées contrebande de guerre les armes et les munitions, en quantité telle que le permet la coutume, exclusivement destinées à la défense du bâtiment, à moins qu'il n'en ait été fait usage pour résister à la visite.

10. — *Paquebots.*

Lorsque le navire à visiter est un paquebot chargé du service postal et ayant à bord un commissaire du gouvernement dont il porte le pavillon, on peut se contenter de la déclaration de cet agent, relativement à la nature des dépêches.

11. — *Blocus.*

L'article 7 des instructions générales définit explicitement les conditions de l'établissement d'un blocus, les formalités à observer pour le régulariser et les conséquences qui en découlent pour la navigation neutre.

INTERRUPTION DE BLOCUS. — Le blocus n'existant qu'à la condition d'être effectif, si les forces navales françaises étaient forcées, par une circonstance quelconque, de s'éloigner du point bloqué, les navires neutres recouvreraient le droit de se rendre sur ce point. Dans ce cas, aucun croiseur français ne serait fondé à les entraver, sous prétexte de l'existence antérieure du blocus, s'il a d'ailleurs la connaissance certaine de la cessation ou de l'interruption de ce blocus. Tout blocus levé ou interrompu doit être rétabli et notifié dans les formes prescrites.

12. — *Par qui et comment doit être notifié le blocus. — Formalités.*

La notification du blocus ne peut être inscrite sur les papiers de bord d'un navire neutre que par l'un des bâtiments de guerre formant le blocus. En conséquence, un croiseur non engagé dans cette opération et se trouvant loin des limites qui y ont été assignées ne peut faire valablement cette notification, ni arrêter le navire neutre qui se dirigerait vers le point bloqué, sauf à exercer sur ce navire une surveillance spéciale, si les circonstances l'exigent.

La notification du blocus, inscrite sur les registres d'un navire, doit toujours mentionner le jour et la position géographique du lieu où cette notification a été faite.

13. — *Prise ou saisie.*

La conduite à tenir envers les bâtiments pris ou saisis est tracée par les articles 15, 16, 17, 18, 19 et 20 des instructions générales, qu'il est utile de compléter par les indications suivantes :

PAVILLON DES PRISES. — Les prises naviguent avec le pavillon et la flamme, insignes des bâtiments de l'État.

14. — *Envoi des prises dans les ports français.*

Les prises sont exclusivement dirigées sur les ports de France ou des possessions françaises. En cas de force majeure seulement, elles peuvent entrer dans les ports neutres pour réparation d'avaries ou ravitaillement. Elles n'y séjournent que le temps nécessaire à ces opérations.

15. — *Pièces à remettre avec la prise.*

Si le capteur n'escorte pas sa prise, parce qu'il juge pouvoir l'expédier directement, le conducteur de la prise doit, à son arrivée au port de destination ou de relâche, remettre à l'autorité maritime ou consulaire :

1º Son rapport de traversée;
2º Le procès-verbal de capture et d'apposition de scellés;
3º L'inventaire de la cargaison;
4º Les pièces et papiers du bord de toute nature.

16. — *Expédition directe des pièces et des personnes.*

Lorsqu'une prise est dirigée sur un port de France, le capteur peut, dans des conditions exceptionnelles, expédier directement et par une autre voie les pièces de procédure et les personnes dont la présence est nécessaire à l'instruction, à la condition que leur arrivée en France précédera celle de la prise elle-même.

17. — *Prise conduite dans un port étranger.*

Lorsqu'une prise est conduite dans un port étranger où elle peut être admise, le conducteur de la prise représente les capteurs dans l'instruction consulaire.

18. — *Refus d'admission.*

Presque toutes les puissances assimilent les prises aux bâtiments de guerre des belligérants et ne les admettent pas dans leurs ports, si ce n'est en cas de relâche forcée, et pour une période de temps très courte.

Le conducteur d'une prise doit toujours, en pareil cas, déférer aux invitations qui lui sont adressées par le gouvernement du pays où il se trouve. Il agit alors au mieux des intérêts dont il est chargé et rend compte, sans délai, au ministre de la marine du refus d'admission qu'il a essuyé.

19. — *Prise perdue par fortune de mer.*

Si une prise est perdue par fortune de mer, il faut avoir soin de constater le fait, aucune indemnité n'étant due, dans ce cas, ni pour le navire, ni pour le chargement, même si, après jugement, la prise était annulée.

20. — *Destruction des prises.*

Si une circonstance majeure forçait un croiseur à détruire une prise, parce que sa conservation compromettrait sa sécurité ou le succès de ses opérations, il devrait avoir soin de conserver tous les papiers du bord et autres éléments nécessaires pour permettre le jugement de la prise et l'établissement des indemnités à attribuer aux neutres dont la propriété non confiscable aurait été détruite. On ne doit user de ce droit de destruction qu'avec la plus grande réserve.

Règlement du 26 juillet 1778 concernant la navigation des bâtiments neutres en temps de guerre.

I. — Fait défense S. M. à tous armateurs d'arrêter et de conduire dans les ports du royaume les navires des puissances neutres, quand même ils sortiraient des ports ennemis, ou qu'ils y seraient destinés; à l'exception toutefois de ceux qui porteraient des secours à des places bloquées, investies ou assiégées. A l'égard des navires des États neutres, qui seraient chargés de marchandises de contrebande destinées à l'ennemi; ils pourront être arrêtés et lesdites marchandises seront saisies et confisquées; mais les bâtiments et le surplus de leur cargaison seront relâchés, à moins que lesdites marchandises de contrebande ne composent les trois quarts de la valeur du chargement; auquel cas les navires et la cargaison seront confisqués en entier. Se réservant, au surplus, S. M. de révoquer la liberté portée au présent article, si les puissances ennemies n'accordent pas la réciproque dans le délai de six mois à compter de la publication du présent règlement.

II. — Les maîtres de bâtiments neutres seront tenus de justifier sur mer de leur propriété neutre, par les passeports, connaissements, factures et autres pièces du bord; l'une desquelles au moins constatera la propriété neutre, ou en contiendra une énonciation précise; et quant aux chartes-parties et autres pièces qui ne seraient pas signées, veut S. M. qu'elles soient regardées comme nulles et de nul effet.

III. — Tous vaisseaux pris, de quelque nation qu'ils soient, neutres ou alliés, desquels il sera constaté qu'il y a eu des papiers jetés à la mer, ou autrement supprimés ou distraits, seront déclarés de bonne prise avec leurs cargaisons, sur la seule preuve des papiers jetés à la mer, et sans qu'il soit besoin d'examiner quels étaient ces papiers, par qui ils ont été jetés, et s'il en est resté suffisamment à bord pour justifier que le navire et son chargement appartiennent à des amis ou alliés.

IV. — Un passeport ou congé ne pourra servir que pour un seul voyage, et sera réputé nul s'il est prouvé que le bâtiment pour lequel il aurait été expédié n'était, au moment de l'expédition, dans aucun des ports du prince qui l'a accordé.

V. — On n'aura aucun égard aux passeports des puissances neutres, lorsque ceux qui les auront obtenus se trouveront y avoir contrevenu, ou lorsque les passeports exprimeront un nom de bâtiment différent de l'énonciation qui en sera faite dans les autres pièces du bord, à moins que les preuves du changement de nom, avec l'identité du bâtiment ne fassent partie de ces mêmes pièces, et qu'elles aient été reçues par des officiers publics du lieu du départ, et enregistrées par-devant le principal officier public du lieu.

VI. — On n'aura pareillement égard aux passeports accordés par les puissances neutres ou alliées, tant aux propriétaires qu'aux maîtres des bâtiments, sujets des États ennemis de S. M., s'ils n'ont été naturalisés, ou s'ils n'ont transféré leur domicile dans les États desdites puissances, trois mois avant le 1er septembre de la présente année; et ne pourront, lesdits propriétaires et maîtres de bâtiments, sujets des États ennemis, qui auront obtenu lesdites lettres de naturalité, jouir de leur effet, si depuis qu'elles ont été obtenues ils sont retournés dans les États ennemis de S. M. pour y continuer leur commerce.

VII. — Les bâtiments de fabrique ennemie, ou qui auront eu un propriétaire ennemi, ne pourront être réputés neutres ou alliés, s'il n'est trouvé à bord quelques pièces authentiques passées devant des officiers publics, qui puissent en assurer la date, et qui justifient que la vente ou cession en a été faite à quelqu'un des sujets des puissances alliées ou neutres, avant le commencement des hostilités, et si ledit acte translatif de propriété de l'ennemi au sujet neutre ou allié n'a été dûment enregistré par-devant le principal officier du lieu du départ, et signé du propriétaire ou du porteur de ses pouvoirs.

VIII. — A l'égard des bâtiments de fabrique ennemie qui auront été pris par les vaisseaux de S. M., ceux de ses alliés ou de ses sujets, pendant la guerre, et qui auront ensuite été vendus aux sujets des États alliés ou neutres, ils ne pourront être réputés de bonne prise s'il se trouve à bord des actes en bonne forme, passés par-devant les officiers publics à ce préposés, justificatifs, tant de la prise que de la vente ou adjudication qui en aurait été faite ensuite aux sujets desdits États alliés ou neutres, soit en France, soit dans les ports des États alliés; faute desquelles pièces justificatives, tant de la prise que de la vente, lesdits bâtiments seront de bonne prise.

IX. — Seront de bonne prise, tous bâtiments étrangers sur lesquels il y aura un subrécargue marchand, commis ou officier-major d'un pays ennemi de S. M., ou dont l'équipage sera composé au delà du tiers, de matelots, sujets des États ennemis de S. M., ou qui n'auront pas à bord le « rôle d'équipage » arrêté par les officiers publics des lieux neutres d'où les bâtiments seront partis.

X. — N'entend S. M. comprendre dans les dispositions du présent article les navires dont les capitaines et les maîtres justifieront, par actes trouvés à bord, qu'ils ont été obligés de prendre les officiers-majors ou matelots dans les ports où ils auront relâché, pour remplacer ceux du pays neutre qui seront morts dans le cours du voyage.

XI. — Veut S. M. que, dans aucun cas, les pièces qui pourraient être rapportées après la prise des bâtiments, puissent faire aucune foi ni être d'aucune utilité tant aux propriétaires desdits bâtiments qu'à ceux des marchandises qui pourraient y avoir été chargées : voulant S. M. qu'en toutes occasions l'on n'ait égard qu'aux seules pièces trouvées à bord.

XII. — Tous navires des puissances neutres, sortis des ports du royaume, qui n'auront pas à bord d'autres denrées et marchandises que celles qui y auront été chargées, et qui se trouveront munis de congés de l'amiral de France ne pourront être arrêtés par les armateurs français, ni ramenés par eux dans les ports du royaume, sous quelque prétexte que ce puisse être.

XIII. — En cas de contravention, de la part des armateurs français, aux dispositions du règlement, il sera fait mainlevée des bâtiments et marchandises qui composent leur chargement, autres toutefois que celles sujettes à confiscation, et lesdits armateurs seront condamnés en tels dommages et intérêts qu'il appartiendra.

XIV. — Ordonne S. M. que les dispositions du présent règlement auront lieu pour les navires qui auront échoué sur les côtes dépendantes de ses possessions.

XV. — Veut, au surplus, S. M. que les dispositions du titre des prises de l'ordonnance de la marine du mois d'août 1681 soient exécutées selon leur forme et teneur, en tout ce à quoi il n'aura pas été dérogé par le présent règlement; lequel sera lu, publié et enregistré dans tous les sièges des amirautés : mande et ordonne S. M. à M. le duc de Penthièvre, etc.

Tableau des conditions qui déterminent la nationalité des bâtiments, d'après les lois particulières de chaque puissance maritime.

NATION.	CONSTRUCTION.	PROPRIÉTÉ.	COMPOSITION DE L'ÉQUIPAGE.
Angleterre . . .	Nationale ou étrangère.	Exclusivement nationale.	Anglais ou étrangers.
Autriche. . . .	Id.	Id.	Le capitaine et les deux tiers de l'équipage autrichiens.
Belgique. . . .	Id.	Belge pour les cinq huitièmes.	Sans conditions.
Danemark . . .	Id.	Armateur danois responsable. Commerce d'Islande réservé aux nationaux.	Officiers et équipages danois en totalité.
Espagne	Id.	Nationale.	Officiers et deux tiers de l'équipage espagnols.
États-Unis . . .	Nationale sauf exceptions rares.	Nationale exclusivement.	Officiers et deux tiers de l'équipage américains.
Grèce	Nationale.	Grecque pour moitié.	Officiers et trois quarts de l'équipage grecs.
Italie	Nationale ou étrangère.	Nationaux ou domiciliés depuis 10 ans.	Officiers et deux tiers de l'équipage italiens.
Norwège. . . .	Id.	Totale à un Norwégien.	Pas de règle.
Pays-Bas . . .	Id.	Cinq huitièmes à des habitants des Pays-Bas.	Pas de règle.
Portugal. . . .	Nationale sauf exceptions rares.	Portugaise en totalité.	Capitaine et trois quarts de l'équipage portugais.
Prusse et Confédération de l'Allemagne du Nord . . .	Nationale ou étrangère.	Nationale en totalité. Les sociétés en actions doivent être établies et avoir leur siège dans la confédération ; dans les commandites par actions, les associés solidaires et responsables doivent être nationaux.	Pas de règle.
Russie.	Id.	Le bâtiment russe peut appartenir à tout sujet russe. Le bâtiment d'origine étrangère aux individus de la 1ʳᵒ et 2ᵒ guilde des marchands.	Un quart de sujets de l'empire.

NATION.	CONSTRUCTION.	PROPRIÉTÉ.	COMPOSITION DE L'ÉQUIPAGE.
Suède	Nationale ou étrangère.	En totalité à des sujets domiciliés en Suède.	Capitaine suédois.
Brésil	Nationale. Étrangère sous certaines conditions.	Exclusivement nationale.	D'après la loi, le capitaine seul est nécessairement brésilien. — D'après les traités, le capitaine et les trois quarts de l'équipage.
Buenos-Ayres .	Aucune condition.	»	»
Chili	Nationale ou étrangère.	Chiliens ou étrangers ayant 3 ans de résidence avec établissement.	Rien de bien réglé encore.
Haïti	Nationale ou étrangère.	Exclusivement haïtienne. (Conditions généralement éludées.)	Officiers et la moitié de l'équipage haïtiens. (Conditions généralement éludées.)
Mexique. . . .	Nationale sauf quelques exceptions.	Exclusivement nationale.	Le capitaine et les deux tiers de l'équipage mexicains.
Nouvelle - Grenade	»	Égalité des étrangers reconnaissant les lois du pays, et des nationaux.	»
Pérou	Nationale ou étrangère.	De citoyens péruviens; étrangers naturalisés admis pour moitié dans les sociétés.	Capitaine péruvien ou naturalisé. Un cinquième de l'équipage en nationaux.
Salvador. . . .	Id.	Centre-américains établis dans l'État ou étrangers naturalisés.	A partir de 1867, moitié de l'équipage salvadorien.
Uruguay. . . .	Id.	Nationale.	Pas de règlement.
Vénézuéla . . .	Id.	En totalité nationale. (Dérogation spéciale pour une compagnie de vapeurs.)	Le capitaine vénézuélien ou naturalisé. Un tiers des matelots.

CHAPITRE II

LE DROIT DE VISITE ET LES BLOCUS
PENDANT LA GUERRE FRANCO-CHINOISE [1]

Nous avons dit quelques mots, dans le chapitre consacré au *Droit de Visite en temps de guerre,* de la manière dont procédaient les navires de l'amiral Courbet dans les mers de Chine, vis-à-vis des bâtiments neutres ou ennemis. Nous allons ici entrer dans quelques détails qui seront en quelque sorte l'application des études théoriques et pratiques déjà exposées dans cet ouvrage.

BLOCUS PACIFIQUE DE FORMOSE

Dans le but de ménager le plus possible le commerce des neutres, les blocus exercés par notre escadre de l'Extrême-Orient ont été, dans les débuts, sur la côte de Formose, entourés de clauses restrictives qui n'ont pas été sans nuire à leur efficacité.

La raison en est que nous étions, au point de vue diplomatique, vis-à-vis de la Chine, en état de représailles, et non pas en état de guerre et cela, au lendemain des opérations dans la rivière Min, et du sanglant combat de Fou-

---

(1) L'auteur ayant pris part à cette campagne à bord du *Chateaurenault,* de la *Triomphante* et du *Bayard,* pendant les années 1884 et 1885, il lui a été permis, sans sortir du sujet, d'entrer dans les détails les plus circonstanciés afin d'initier le lecteur à la pratique des opérations poursuivies.

cheou. L'amiral Courbet fit connaître officiellement le blocus de Formose par la déclaration suivante :

« A partir du 23 octobre 1884, tous les ports et rades de l'île Formose compris entre le cap Sud ou Nansha et la baie Soo-Au, en passant par l'ouest et par le nord, seront tenus en état de blocus effectif par les forces navales placées sous notre commandement. Les bâtiments amis auront un délai de trois jours pour achever leur chargement et quitter les lieux bloqués. Il sera procédé contre tout bâtiment qui tenterait de violer ledit blocus conformément aux lois internationales et aux traités en vigueur. »

Dès le 14 octobre on avait décidé de s'arrêter provisoirement à un *blocus pacifique* ne s'exerçant que dans une zone territoriale de trois milles. Dans ces limites restreintes, on devait visiter les neutres, s'opposer au passage de la contrebande de guerre, interdire aux jonques chinoises d'aborder la côte bloquée, capturer ces jonques si elles se représentaient de nouveau, prendre ou détruire les navires de guerre et de commerce chinois et annamites.

Celui du 23 octobre, sous le nom de *blocus effectif pacifique,* avait été notifié le 20 du même mois aux autorités chinoises et aux consuls des diverses puissances. Il ne différait du premier que par l'obligation de prendre ou de détruire tous les bâtiments chinois ou annamites y compris les jonques dans la limite des eaux bloquées. Un peu plus tard, le 22 novembre, la limite des eaux territoriales fut étendue de trois à cinq milles. Les instructions données aux bâtiments étaient les suivantes :

Instructions pour le blocus pacifique.

« Ce genre de blocus consiste à empêcher les bâtiments neutres chargés de contrebande de guerre ou de troupes d'entrer dans ces ports ou de débarquer leur chargement sur quelque point de la côte bloquée. Tout bâtiment neutre

qui s'y présenterait porteur de contrebande de guerre ou de
troupes serait invité à s'éloigner; si cependant il portait des
troupes, le bloqueur les capturerait auparavant. Dans le cas
où le bâtiment résisterait à l'invitation de s'éloigner ou à celle
de livrer ses troupes passagères, le bloqueur serait autorisé
à le saisir. En aucun cas le bloqueur n'est autorisé à saisir
la contrebande de guerre, si le bâtiment ne se met pas dans
l'une des circonstances où il peut être saisi lui-même.

« En dedans de la limite des eaux territoriales, les bloqueurs ont le droit de visiter les navires neutres et de les
repousser même par la force. Ils peuvent les saisir après
une première notification spéciale; mais en dehors de cette
limite ils n'ont aucun des droits que confère l'état de guerre. »

Le caractère pacifique du blocus était en même temps
proclamé officiellement par le Gouvernement de la République lui-même.

« On nous a demandé, disait M. Jules Ferry le 6 novembre
à la commission des crédits du Tonkin, si le blocus de Formose équivalait à une déclaration de guerre obligeant l'Angleterre à une déclaration de neutralité. J'ai répondu que
c'était un *blocus pacifique,* que ce genre de blocus avait été
reconnu par tous les pays, qu'il en avait été fait usage,
notamment sur les côtes de la Grèce en 1827, par l'Angleterre, la France et la Russie, que ce blocus avait duré plusieurs années et que la flotte turque avait été détruite à
Navarin sans que la guerre eût été déclarée. Nous n'exerce-
rons pas le Droit de Visite et de capture en haute mer, mais
nous avons le droit de fermer hermétiquement l'accès des
ports bloqués en coulant bas tout navire qui tenterait de
passer malgré notre défense..... (1) »

----

(1) En outre de celui cité plus haut il y a de nombreux exemples de
blocus pacifiques, c'est-à-dire tenus sans déclaration de guerre officielle.
De 1827 à 1830 la France bloque les côtes d'Alger.
En 1831, la flotte française envoyée sur les côtes de Portugal bloque plu-

Si le blocus pacifique exercé comme nous venons de le voir sur les côtes de Formose nous privait du Droit de Visite en haute mer, il nous permettait par contre de nous ravitailler à volonté en charbon et en vivres à Hong-Kong, comme l'admit du reste le gouvernement britannique par la déclaration suivante :

« Le gouvernement de Sa Majesté considérait qu'il existait entre la France et la Chine un état de guerre *de facto* et *de jure*. Toutefois, il veut tenir compte de ce fait que le gouvernement français, en vue d'atténuer les conséquences de la guerre en ce qui concerne les vaisseaux neutres, a déclaré qu'il ne se proposait pas d'exercer le Droit de Visite ou de capture sur les vaisseaux neutres en pleine mer, droit qui lui appartient, afin de prévenir le transport de la contrebande de guerre à destination de la Chine. Dans cet état de choses, le gouvernement anglais ne voulant pas aggraver la situation a déclaré de son côté que tant que les hostilités seraient limitées à certaines localités, et qu'on n'entraverait pas les vaisseaux neutres en pleine mer, il s'abstiendrait d'émettre une proclamation de neutralité dans les formes ordinaires, et d'exercer strictement les droits de neutralité vis-à-vis des navires belligérants, dans les ports britanniques, et qu'il se bornerait à la mise en vigueur du *Foreign Enlistment Act.* »

Cette déclaration, très conciliante quant à la forme, avait en réalité un caractère quelque peu comminatoire. Elle

---

sieurs ports, capture un grand nombre de navires, franchit de vive force l'entrée du Tage et menace d'enlever Lisbonne.

En 1833, la France et l'Angleterre bloquent les Pays-Bas.

En 1838, la France bloque les ports du Mexique et prend Saint-Jean-d'Ulloa.

En 1840, l'Angleterre bloque les ports du royaume de Naples, s'empare de la flotte du roi de Naples et de nombreux navires marchands.

En 1850, l'Angleterre bloque la côte de Grèce.

En 1860, l'Espagne bloque les ports du Mexique.

En 1862, l'Angleterre bloque Rio-Janeiro.

En février 1897, l'Angleterre, la France, la Russie, l'Italie, l'Allemagne et l'Autriche bloquent les côtes de Crète.

signifiait : « Au premier navire anglais qui sera visité en pleine mer, je vous coupe les vivres et le charbon à Hong-Kong, votre base d'opérations, ainsi qu'à Singapoure, Colombo et Aden, points de relâche échelonnés sur la route de l'Extrême-Orient. »

Capture du « Feï-ho ».

Le *Feï-Ho,* petit aviso à 2 hélices, portant le pavillon de guerre chinois, quelques jours après la notification du blocus, fut rencontré par le *La Galissonnière,* portant le pavillon de l'amiral Lespès, et signala par le code international : « Bâtiment de la douane. » L'officier qui fut envoyé à son bord pour procéder à la visite reconnut, en effet, que c'était un des trois bâtiments affectés par le gouvernement chinois au service des phares et que les instructions de l'amiral Courbet prescrivaient de traiter comme des navires neutres, sous de certaines conditions. Le petit bâtiment était commandé par un Anglais qui déclara vouloir se rendre au cap sud de Formose pour approvisionner le phare qui s'y trouve placé et qui d'ailleurs nous était fort utile, car les Chinois n'avaient pas cessé de l'allumer.

Conformément à la faveur spéciale accordée à ce genre de navires, l'amiral Lespès se contenta de la parole d'honneur du capitaine de ne communiquer avec aucun autre point de la côte, et de ne déposer à terre ni contrebande de guerre ni soldats, et le *Feï-Ho,* libre de continuer sa route, disparut à l'horizon dans le sud. L'amiral toutefois n'avait pas cru devoir lui accorder le sauf-conduit qui lui avait été demandé et qui aurait mis ce bâtiment à l'abri de toute visite ultérieure.

Deux jours plus tard, le 1er novembre à la tombée de la nuit, le *La Galissonnière,* se rapprochant de la côte, aperçut de nouveau le *Feï-Ho* faisant route à toute vapeur, non pas

sur le cap Sud mais sur Taïwan-Fu, port principal de la côte
ouest, défendu par plusieurs forts bien armés qui, le 12 octobre, avaient canonné le *D'Estaing* avec une certaine précision, malgré une distance de plusieurs milles. Le signal :
« Je désire communiquer, stoppez », demeura sans effet. Il
en fut de même du coup de canon de semonce suivi d'un
coup à obus d'exercice tiré de manière à ne pas l'atteindre.
Le *Feï-Ho,* forçant de vitesse et manquant à la parole donnée, entra dans le port de Taïwan-Fu, où l'amiral le fit bloquer par le croiseur *le Villars* et la canonnière *le Lutin.* La
forfaiture du capitaine anglais eut la récompense qu'elle
méritait. Dès le lendemain, à sa sortie du port, son bâtiment
fut arrêté et saisi. Lui-même fut fait prisonnier et transféré
avec son état-major sur différents navires, et le *Feï-Ho,* placé
sous le commandement du lieutenant de vaisseau Vuillaume
accompagné de quelques marins français, se rendit à Kelung
auprès de l'amiral Courbet qui prononça la validité de la
prise, et l'utilisa par la suite pour les besoins de la croisière.
Les marins chinois y compris le cuisinier et le maître d'hôtel
du capitaine ne firent aucune difficulté de continuer leur
service.

Capture de jonques.

Malgré la vigilance de nos croiseurs divisés en deux grou-
pes : celui du nord et celui du sud comptant ensemble
13 bâtiments, il arrivait fréquemment que des soldats et de
la contrebande de guerre étaient débarqués soit sur une
plage déserte de la côte sud, soit dans les îles Pescadores
pour être ensuite transportés par jonques naviguant surtout
la nuit, vers le théâtre des hostilités localisé dans le nord
de l'île. Ainsi s'expliquaient la poursuite et la capture des
jonques prévues par les instructions de l'amiral Courbet.
Les jonques prises nous rendaient d'ailleurs d'excellents

services comme chalands à charbon et leurs équipages formaient des équipes de travailleurs d'autant plus utiles que les troupes chinoises, terrorisant la population de Kelung, avaient fait le vide autour du corps d'occupation. Chose curieuse, ces misérables bateaux avec lesquels il eût été superflu de communiquer par le code international ne s'arrêtaient presque jamais de plein gré, lorsque le croiseur appuyait son pavillon d'un coup de canon à blanc. S'imaginant, sans doute, sur la foi de contes forgés par les mandarins, que nous faisions subir à nos prisonniers les plus cruels supplices, ils ne se livraient que contraints et forcés. Pour les obliger de mettre en panne, on tirait généralement sur leurs voiles à obus d'exercice (non chargé), avec les petits canons-revolvers des hunes. Si cela ne suffisait pas, on employait l'obus de combat de même calibre (37 mil.). Une seule fois le *D'Estaing* fut obligé de se servir de l'obus de 14 centimètres d'exercice. C'était pour arrêter un groupe de sept jonques, à proximité d'un petit port de la côte bloquée. Le premier coup fut assez heureux pour démâter le grand mât de la jonque de tête. Les sept jonques mouillèrent, furent prises et détruites, et leurs équipages conduits à Kelung.

Dans une autre circonstance, le 22 janvier 1885, une jonque ne s'arrêtant pas et comptant échapper au croiseur qui la poursuivait à la faveur de petits fonds sur lesquels ce dernier ne pouvait s'aventurer, il fallut encore avoir recours au canon et le malheur voulut qu'elle fût coulée. Les baleinières du croiseur allèrent aussitôt sauver l'équipage; mais on ne put recueillir que onze naufragés sur dix-sept hommes qui la montaient.

Vers le milieu du mois de décembre 1884, le bruit s'étant répandu qu'une escadre chinoise avait pris la mer, dans le but de tomber en forces supérieures sur nos bâtiments de croisière, le plus souvent isolés, on se décida à supprimer momentanément le blocus de la zone sud. L'amiral Courbet l'annonça en ces termes, par une circulaire adressée à son escadre.

« La possibilité d'une attaque prochaine dirigée contre nous par des croiseurs chinois m'oblige à concentrer le plus possible nos forces navales sur les deux points principaux, Tamsui et Kelung..... »

Les forceurs de blocus et en particulier les jonques ne manquèrent pas de profiter de ce que nos croiseurs avaient quitté la côte sud, pour y arriver en masse avec de nombreux contingents et de la contrebande de guerre. Aussi, dès que la croisière reprit, le 5 janvier, avec le cuirassé *la Triomphante* et les croiseurs *D'Estaing* et *Champlain,* elle fut exceptionnellement fructueuse. En peu de jours on captura et détruisit au fulmicoton une trentaine de jonques, montées par 200 Chinois qui furent conduits à Kelung. A partir de ce moment, les prisonniers devenant trop nombreux furent dirigés sur Hong-Kong. Avant d'arriver dans le port anglais, le croiseur qui les transportait les déposait d'après les instructions de l'amiral « soit dans des jonques aux approches de ce port, soit sur l'une des nombreuses îles habitées qui se trouvent aux environs ».

Si le gouvernement français avait entrepris de capturer les jonques sur la côte continentale de la Chine où elles circulaient en nombre incalculable, il eût pu en tirer un sérieux profit ; mais Kelung, déjà encombré par nos croiseurs, ne pouvait les recevoir et nous n'avions pas encore pris possession des îles Pescadores et du magnifique port de Makung. Les chargements se composaient soit de riz, de thé et aussi d'opium et de piastres en plus ou moins grande quantité. Les parties les plus riches de la cargaison étaient inventoriées et saisies, le reste disparaissait avec la jonque.

Acte de neutralité de l'Angleterre.

Sans qu'aucune infraction aux règles établies pour le blocus pacifique de Formose, règles admises par toutes les puissances, ait pu être reprochée à nos croiseurs, le gouvernement britannique, le 23 janvier 1885, changea tout à coup d'attitude. Obéissant à je ne sais quel mobile, il interdit brusquement aux bâtiments français, considérés désormais comme belligérants, de se réparer à Hong-Kong et de s'y ravitailler en charbon et en vivres. Le paragraphe X du *Foreign Enlistment Act,* mis en vigueur, était ainsi conçu : « Il est interdit aux navires publics des gouvernements belligérants (français et chinois) d'embarquer à Hong-Kong des articles de nature à aider aux opérations navales. Ceux-ci ne prendront que le charbon nécessaire pour gagner le port (de leur nationalité respective) le plus proche et qui ne soit pas le théâtre d'opérations navales, cela, une fois en trois mois pour chaque navire. Les réparations et le ravitaillement strictement nécessaires pour gagner ledit port s'effectueront sous la surveillance des autorités locales, dont le devoir sera de faire immédiatement un rapport au Gouverneur, dans tous les cas où ces instructions seraient enfreintes.

« Conformément aux instructions du secrétaire d'État de S. M. pour les colonies, il est proclamé que les règles ci-dessus doivent être observées (*obeyed*) par toutes personnes quelconques dans ladite colonie de Hong-Kong et dans ses eaux, et que l'observation desdites règles sera strictement mise en vigueur. »

Cette déclaration de neutralité, de nulle conséquence pour la flotte chinoise, était évidemment dirigée contre la France dont elle devait entraver les opérations de blocus. Elle s'appliquait également à Singapour. La *Triomphante* de passage à Hong-Kong quelques jours après, le 26 janvier, ne put obtenir que 200 tonneaux de charbon, quantité jugée nécessaire pour atteindre Saïgon, alors que son approvisionnement normal en comportait 410. On lui accorda des vivres dans la même proportion et, par faveur spéciale, on lui permit d'embarquer des piastres.

Pour combattre l'effet de ces prohibitions nouvelles, l'amiral Courbet détacha en permanence à Hong-Kong, où il séjourna jusqu'à la fin du mois d'avril, un commissaire adjoint du *La Galissonnière* avec mission de ravitailler l'escadre en cours de croisière au moyen de navires affrétés. Dès lors, le charbon arriva à l'escadre, généralement sous pavillon allemand, les fournisseurs anglais étant naturellement écartés; et, par la suite, les doléances du commerce anglais contre le gouverneur de la colonie et contre le gouvernement de la métropole furent telles, que l'article X du *Foreign Enlistment Act* tomba peu à peu en désuétude [1].

En même temps, partaient de France de grands vapeurs portant jusqu'à 3,000 tonnes de charbon auxquels nos croiseurs s'accostaient au mouillage, quand l'état de la mer le permettait.

INEFFICACITÉ DU BLOCUS PACIFIQUE
COMMENCEMENT DU BLOCUS DE GUERRE

Malgré la vigilance de nos croiseurs, pendant une saison où les tempêtes les surprenaient souvent sur une côte inhos-

---

[1] Le gouverneur de Hong-Kong fit savoir officiellement, dès le 20 février, qu'il ne serait pas tenu compte de l'existant en vivres et en charbon de nos bâtiments de guerre, dans les approvisionnements qui leur seraient fournis à Hong-Kong.

D'un autre côté, les mots : « du charbon ne doit être fourni à un même navire qu'après l'expiration de trois mois échus depuis la fourniture antérieure » furent rayés de la déclaration du 23 janvier.

pitalière, sans rades et sans abris, comme nous l'avons dit plus haut, l'efficacité de cette croisière de blocus limitée aux eaux territoriales de Formose ne répondit pas aux efforts et aux fatigues de nos marins, ni aux dangers de toute sorte auxquels étaient journellement exposés nos bâtiments, du fait de cette navigation périlleuse, avec des chaudières et des machines surmenées sans relâche depuis plusieurs mois, sans qu'on eût ni le temps ni les moyens nécessaires pour les réparer.

Alors qu'au mois de septembre, les effectifs chinois s'élevaient à peine à 5,000 soldats, il devint notoire qu'ils atteignaient 30,000 hommes à la fin de janvier 1885. Plusieurs vapeurs anglais, le *Namoa*, le *Ping-on*, le *Douglas*, etc., traversaient couramment le canal de Formose, où nous ne pouvions les inquiéter. S'ils savaient la côte de Formose très surveillée, ils débarquaient soldats et contrebande de guerre aux îles Pescadores, non comprises dans le blocus, et séparées de la grande île par un détroit facile à franchir en quelques heures de vent favorable, la nuit, avec des jonques. Le capitaine de l'*Activ* se vanta d'avoir débarqué à Makung (îles Pescadores) 500,000 piastres, qui s'acheminèrent ensuite par petits paquets jusqu'à Tamsui où elles parvinrent sans encombre au général Liu-Ming-Chuang. Le *Wawerley*, qui fut capturé plus tard, raconta que, le 30 novembre 1884, il réussit à forcer le blocus, sur la côte même de Formose, ayant à bord de nombreux soldats. Il faisait à cette date un temps épouvantable; mais, par surcroît de précaution, il n'aborda la côte que la nuit; et, sans attendre, par une mer démontée, opéra le débarquement de ses passagers. Il en noya un grand nombre; mais peu lui importait, sa mission était remplie.

D'autre part, les Chinois, comprenant l'importance des îles Pescadores où nous les laissions libres d'agir, en organisèrent activement la défense. L'*Activ* y avait débarqué plusieurs canons Armstrong, dont un de 23 centimètres. D'autres navires avaient apporté des canons de 14 centimètres et de 16 centimètres de fabrication française (Voruz, Nantes).

Sur l'immense développement des côtes de la grande île, nos croiseurs, malgré leur nombre, ne pouvaient exercer un blocus hermétique. Il eût fallu, pour cela, échelonner au moins cinquante navires entre Kelung et le cap Sud ; et, circonstance aggravante : nous ne pouvions tirer de ce pays à demi sauvage aucun renseignement sur les opérations probables de l'ennemi. Par contre, un feu ou deux feux allumés au sommet d'une falaise indiquaient aux forceurs de blocus que la côte était surveillée par un ou deux croiseurs. Le télégraphe le plus voisin de l'amiral Courbet était dans l'île de Sharp-Peak, à l'entrée de la rivière Min ; mais à cause des menaces de l'escadre chinoise la prudence obligeait, toutes les fois qu'il fallait s'y rendre, d'organiser une véritable expédition composée de plusieurs navires, et cela au détriment du blocus lui-même.

En résumé, ce blocus pacifique nous plaçait dans une position de jour en jour plus désavantageuse. L'acte de neutralité proclamé par l'Angleterre nous permit enfin de changer de système et, le 24 janvier, M. Jules Ferry écrivit à notre ambassadeur à Londres :

« Nos croiseurs ne devant plus trouver dans les ports étrangers les facilités qu'ils y ont rencontrées jusqu'à présent, il n'y a plus de raison qu'ils s'abstiennent de soumettre les navires neutres à une exacte surveillance. Nous sommes décidés à avancer l'heure que nous aurions choisie pour revendiquer le plein et entier exercice des droits reconnus aux belligérants par la loi internationale. »

Désormais les choses allaient changer de face. L'amiral Courbet apprenant, à la fin de janvier, de source sûre, qu'une escadre chinoise, forte de 5 bâtiments, avait pris la mer et était entrée à Fou-cheou, menaçant de prendre de flanc nos croiseurs éparpillés sur le littoral de Formose, concentra ses forces et leva momentanément le blocus, afin de se mettre à la poursuite de l'ennemi.

Nous n'avons pas à raconter ici comment cette expédition se termina par l'affaire de Shei-poo où périrent 2 navires chinois torpillés dans la nuit du 14 au 15 février par les canots à vapeur du *Bayard*. Les trois autres, des croiseurs rapides, avaient réussi à s'échapper et à se mettre à l'abri dans la rivière de Xing-Po.

Ces trois bâtiments furent immédiatement bloqués; les instructions nouvelles de l'amiral Courbet, étendant le Droit de Visite aux bâtiments rencontrés en haute mer, furent mises en vigueur.

Datées du 12 février 1885, elles étaient ainsi conçues : « A la suite de la mise en vigueur du *Foreign Enlistment Act,* dans les ports de Hong-Kong et de Singapore, le gouvernement français avait résolu de revendiquer le plein et entier exercice des droits reconnus aux belligérants par la loi internationale.

« Vous pouvez, dès la réception des présentes instructions, donner effet à cette résolution en procédant à l'égard des neutres, dans les mers de Chine, comme si la guerre était officiellement déclarée. Vous vous efforcerez toutefois d'apporter le moins de trouble possible au commerce étranger en n'allant pas au delà des mesures strictement nécessaires pour empêcher de violer le blocus, et d'importer en Chine de la contrebande de guerre. Vous vous appliquerez, dans l'exercice du Droit de Visite, à l'observation rigoureuse des formes prescrites. Vous aurez soin de m'envoyer sans aucun retard, afin que je les transmette à Paris, les pièces nécessaires au Conseil des prises, pour statuer sur les cas de capture. »

Capture du « Ping-on ».

Pour en terminer avec le blocus de Formose, nous allons relater dans quelles circonstances fut opérée la capture du *Ping-on*. Ce vapeur, portant pavillon anglais, avait été signalé depuis longtemps à nos croiseurs parmi les forceurs de blocus qui nous échappèrent si souvent à la faveur des clauses restrictives signalées plus haut. Quelle ne fut pas la surprise des croiseurs mouillés sur rade de Makung, le 2 avril, trois jours après la prise des îles Pescadores, d'apercevoir ce même *Ping-on* doubler la pointe de l'île Fisher et venir mouiller tranquillement auprès du *Bayard*. Son capitaine déclara à l'officier venant faire la visite qu'il venait de Litsitah où il avait ravitaillé le personnel du phare. Or, trois bâtiments seulement étaient reconnus officiellement comme affectés à ce service d'intérêt public, et, comme tels, jouissaient d'une immunité spéciale, c'étaient : le *Feï-ho* dont la saisie fut opérée dans les circonstances que l'on sait, le *Ling-Feng* et le *Kwa-Hsing*.

On se trouvait donc en présence d'un navire neutre, ayant pénétré dans un port occupé militairement par nous, et dont l'accès lui était évidemment interdit. Ce qu'il y avait d'étrange dans son cas, c'est qu'il était venu bénévolement se mettre en quelque sorte dans la gueule du loup. Le capitaine du *Ping-on,* mandé à bord du *Bayard,* eut avec l'amiral un entretien resté secret d'une vingtaine de minutes, à la suite duquel il regagna son bord et appareilla en toute liberté, faisant route dans l'ouest vers la côte de Chine. Huit jours plus tard, le 10 avril 1885, le *D'Estaing,* commandé par le capitaine de vaisseau Coulombeaud, se trouvait en croisière, embusqué derrière une roche près du cap sud de Formose, tous les feux allumés, lorsque la vigie placée au sommet du mât de misaine signala un vapeur.

Voulant éviter toute contestation ultérieure, le commandant du *D'Estaing,* tout en poussant les feux, le laissa s'approcher de la côte, de façon à l'atteindre et à le visiter en dedans de la zone territoriale de 5 milles. Quand le moment propice fut arrivé, le croiseur sortit de sa cachette et s'élança à toute vitesse sur le vapeur qui, se voyant découvert, vira de bord et fit route au sud. Mais il était trop tard pour fuir. Les sommations d'usage : signal du code international et coup de canon d'avertissement n'ayant produit aucun effet, un boulet d'exercice fut envoyé à bonne distance en avant de l'étrave du *Ping-on,* et lui enleva toute indécision. Il reprit la route au nord et s'approcha du croiseur qui détacha à son bord un officier pour procéder à la visite. En raison des circonstances qui précèdent, et qui rendaient le navire suspect, les écoutilles furent ouvertes et laissèrent voir un entrepont d'apparence absolument vide. Ce n'est qu'en enlevant les panneaux mobiles de la cale qu'on découvrit des corps de Chinois blottis les uns contre les autres, serrés à s'étouffer, et au nombre de 900 ! On se trouvait à trois milles et demi du rivage. Le cas était flagrant et le bâtiment de bonne prise. Il mit aussitôt le cap sur les Pescadores suivi à petite distance (400 mètres) par le *D'Estaing* qui lui signala la route et la vitesse à tenir sous peine d'être coulé. A l'arrivée à Makung, après le débarquement des 900 soldats passagers parmi lesquels se trouvaient un général et plusieurs officiers supérieurs, on trouva dans le sable servant de lest des fusils, 30,000 fr. en piastres, de la dynamite et des dépêches. Il est superflu d'ajouter que cette capture fut le résultat d'une entente conclue, lors de son premier mouillage à Makung, entre l'amiral Courbet et le capitaine du *Ping-on.* Ce dernier fut d'ailleurs généreusement récompensé. C'était un Italien, fils d'un Italien et d'une Anglaise, marié à une écuyère de cirque américaine en tournée à Shang-Haï.

En temps de guerre, et en particulier pendant les blocus, les services que peuvent rendre les agents secrets répandus en pays ennemi ne sauraient être trop appréciés. L'amiral Courbet sut en user avec habileté, et, grâce à eux, parvint à organiser un service de renseignements sans lequel nos efforts eussent été le plus souvent stériles. Nous n'avons pas à insister sur cette question, mais il était utile d'en signaler l'importance.

LE BLOCUS DU RIZ

Nous touchons ici à l'opération capitale de la campagne de Chine, au Blocus du riz, réclamé depuis longtemps par l'amiral Courbet et notre ministre plénipotentiaire en Chine, M. Patenôtre. C'est elle qui amena le Tsong-Li-Yamen à composition en s'opposant au ravitaillement en riz des provinces du nord. Ce que n'avaient pu obtenir ni la destruction de la flotte chinoise et des fortifications dans la rivière Min, ni la prise de Kelung et des Pescadores, ni l'affaire de Shei-poo, ni le blocus pacifique de Formose, ni tant de sang versé au Tonkin, c'est-à-dire une paix honorable, le blocus du riz nous l'obtint.

Avant de passer en revue les événements relatifs à cette opération, nous allons faire connaître les principes généraux qui ont présidé à l'action de nos croiseurs, ainsi que les instructions données aux officiers allant faire la visite à bord des navires arrêtés.

Tous les ans à cette époque de l'année, un tribut en nature, sous forme de riz, est expédié de Shanghaï par la voie de mer, à destination de Pékin et des provinces voisines. En 1885, la quantité à transporter s'élevait à environ 48,000 tonneaux et l'amiral Courbet apprit que le gouvernement chinois, ne pouvant utiliser le canal impérial qui était ensablé, avait affrété 150 vapeurs devant tous sortir par le Yang-tse-Kiang. Il s'agissait de déclarer le riz contrebande de guerre, et de bloquer les embouchures du fleuve. La question de principe fut résolue à Paris, en ces termes, dans une lettre écrite par M. J. Ferry, au ministre de la marine, en date du 14 février 1885. « Devant l'insistance de l'amiral Courbet pour obtenir l'autorisation de saisir le riz sous pavillon neutre, j'ai soumis la question à un nouvel examen, dont le résultat a été qu'aucune règle formelle du droit des gens n'empêche de traiter accidentellement comme contrebande de guerre une denrée dont la privation pourra conduire l'ennemi à demander la paix. Dans ces conditions, nous ne devons pas, ce me semble, interdire l'emploi d'un moyen de guerre dont notre ministre en Chine et le commandant de nos forces navales s'accordent à reconnaître l'efficacité. »

La circulaire envoyée à ce sujet par le ministre des affaires étrangères à nos agents à l'étranger mérite d'être citée, parce qu'elle expose une doctrine féconde en résultats dans le passé, et susceptible d'être appliquée avec non moins de succès dans l'avenir.

« Il n'est pas nécessaire de rappeler avec quel soin nous nous sommes appliqués, dès l'origine de notre conflit avec la Chine, à respecter autant que possible les intérêts des puissances neutres. C'est pour ce motif que, pendant plusieurs mois, nous avons limité le champ des hostilités et interdit, en même temps à nos amiraux, d'user à l'égard des neutres des droits de la guerre maritime, en dehors du cas de violation du blocus. Nous apprenons aujourd'hui que de grandes expéditions de riz doivent partir prochainement de Shanghaï pour se rendre dans le nord de la Chine ; nos agents dans l'Extrême-Orient présentent la suspension de ces envois comme étant susceptible d'exercer une action efficace sur le gouvernement de Pékin, et nous ne saurions nous dispenser d'y recourir, sous peine de nous priver de l'arme la plus puissante que les circonstances placent dans nos mains. Deux voies s'ouvraient à nous pour atteindre ce but : bloquer Shanghaï et d'autres ports ouverts de la Chine, ainsi que nous en avions le droit incontestable, ou interdire le commerce du riz en le déclarant contrebande de guerre. Fidèles à notre système d'atténuer autant que possible, pour les neutres, les conséquences de la guerre, nous nous sommes arrêtés à ce dernier parti.....

« Nous pouvions atteindre ce but sans arrêter les vaisseaux neutres en pleine mer, en déclarant le blocus des ports chinois ouverts au commerce étranger; mais une mesure de ce genre aurait eu des conséquences désastreuses pour les intérêts des neutres. Nous avons pensé qu'il serait plus avantageux pour tous de laisser les trafiquants étrangers continuer leur commerce pacifique dans les mers de Chine, à la seule exception du commerce du riz, et il nous a semblé qu'en l'état du droit des gens sur la matière, rien ne nous interdisait d'arriver au double but que nous poursuivons — nuire le plus possible à l'ennemi et le moins possible aux neutres — en déclarant que le riz serait traité comme un article de contrebande de guerre. »

A la nouvelle de la prohibition prochaine de la sortie du riz, sir Harry Parkes, ministre d'Angleterre en Chine, protesta en laissant entendre que le gouvernement britannique s'opposerait à la saisie des cargaisons de riz; mais il ne fut pas soutenu par le *Foreign-Office,* comme le prouve la dépêche suivante adressée le 27 février 1885 par lord Granville à M. Waddington, notre ambassadeur à Londres : « On ne conteste pas que le belligérant serait en droit de saisir les provisions comme contrebande de guerre en se basant sur le fait qu'elles permettraient la continuation des opérations militaires. Le gouvernement de Sa Majesté est d'avis que le point essentiel est de savoir s'il existe des cir-

constances qui permettent de démontrer à première vue
que ces provisions sont destinées à un usage militaire. »

Or, M. Jules Ferry n'eut pas de peine à prouver qu'en
admettant que le riz ne fût pas un article de contrebande
par nature, il était, sans conteste, un objet de contrebande
de guerre *par destination,* ajoutant que cette dernière doctrine était admise depuis longtemps par l'Angleterre elle-
même.

En résumé, les protestations du gouvernement anglais, de
même que celles de la Suède, les seules d'ailleurs qui se
firent entendre, n'eurent qu'un caractère platonique.

L'amiral Courbet allait donc pouvoir agir, et l'on verra,
par ce qui suit, avec quelle modération il usa des droits que
lui conférait cette victoire de notre diplomatie.

A la date du 23 février 1885, il portait à la connaissance
de l'escadre la circulaire suivante, communiquée en même
temps par M. Patenôtre aux ministres étrangers résidant à
Shanghaï, et au doyen du corps consulaire :

« Le Gouvernement de la République me fait savoir qu'à
partir du 26 de ce mois, le riz sera considéré et traité par
l'escadre française des mers de Chine comme contrebande
de guerre. Les chargements de riz seront donc passibles de
saisie au même titre que les armes et les munitions. L'amiral
Courbet a été invité, en conséquence, à prendre ses dispositions pour exercer le Droit de Visite sur les navires sortant
de Shanghaï. Il demeure entendu qu'en dehors des articles
ci-dessus spécifiés, toute autre denrée pourra être transportée librement.

« Persistant dans son désir de ménager, dans la mesure
du possible, le commerce des neutres, le Gouvernement de
la République m'autorise à ajouter qu'il maintient, en ce qui
concerne Shanghaï et Wou-Song, les assurances déjà données par M. Lemaire, dans la lettre qu'il a adressée le
26 août dernier au Doyen du corps consulaire. Aucune

attaque ne sera donc dirigée contre ces deux ports, tant que le *statu quo* n'y sera pas modifié du fait de la Chine. Cette déclaration aura, je l'espère, pour effet de dissiper les alarmes que la présence éventuelle de navires français dans le voisinage du Yang-Tsé pourrait susciter dans la population de Shanghaï. Les bâtiments qui croiseront dans ces parages n'auront d'autre mission que de s'opposer au transport de la contrebande de guerre. »

EXERCICE DU DROIT DE VISITE

Nous allons entrer ici dans quelques détails, désirant donner à ce chapitre de l'ouvrage le caractère d'un *guide pratique de l'officier de corvée* chargé de faire une visite en temps de guerre, à bord d'un bâtiment neutre, tout en nous maintenant pour l'application dans le cas particulier de la guerre franco-chinoise. Les papiers de bord à examiner étaient principalement :

1° Le certificat de nationalité (*Certificate of Registry*);

2° La déclaration de propriété (*Declaration of owner's-ship*);

3° Le rôle d'équipage en 16 pages (*Agreement and account of crew*);

4° La patente de santé (*Bill of health*);

5° Les connaissements (*Bills of lading*), la charte-partie (*Charter-party*) ou les factures établissant la nature du chargement (*any bills concerning the cargo*).

Ces divers papiers devaient se contrôler les uns les autres. Ceux de la cinquième catégorie devaient être examinés avec un soin tout particulier, parce qu'ils permettaient de vérifier la nature du chargement. Régulièrement faits ils devaient contenir l'énumération complète de tous les objets embarqués à bord, et permettaient par conséquent de prendre note des articles de contrebande de guerre qui y figuraient.

Dans le cas où il y avait contradiction entre les divers documents, ou bien quand quelques-uns faisaient défaut ou étaient incomplets, par exemple dans le cas où un navire anglais présentait un manifeste avec cette seule mention : *General merchandise* (Marchandises diverses) sans pouvoir y ajouter des *Bills of lading* (connaissements) donnant des détails suffisants, il devenait nécessaire de faire ouvrir les écoutilles et de visiter les cales. L'officier de service, dans ce cas, faisait monter à bord un certain nombre de canotiers et, si besoin était, demandait au croiseur de lui envoyer une corvée de renfort.

Si des ratures ou des surcharges donnaient quelques doutes sur la loyauté du manifeste, surtout dans le cas où le navire était à destination de Tien-Sin, on procédait encore à la visite des cales.

Les soutes spéciales qui existent sur presque tous les navires, indépendamment des cales de chargement, et qui servent à renfermer notamment les poudres ou munitions de guerre et les *groups* (sommes d'argent monnayé) devaient être l'objet, dans ce cas, d'investigations particulières.

D'une façon générale, on devait se rendre compte de la sincérité du chargement déclaré, en notant à l'extérieur l'état de charge du navire.

De la contrebande de guerre.

On devait, au sens étroit du mot, comprendre dans la contrebande de guerre tout ce qu'il était défendu d'apporter à l'ennemi.

Dans la pratique on devait considérer comme contrebande de guerre, lorsqu'ils étaient destinés à l'ennemi, les objets suivants : canons et armes à feu en général, armes blanches, projectiles, poudres et autres matières explosibles, plomb

sous quelque forme qu'il soit, salpêtre, soufre ; objets d'é-
quipement, de campement, de harnachement militaire, et
tous instruments et objets quelconques fabriqués à l'usage
de la guerre.

N'étaient pas réputées contrebande de guerre les armes
et les munitions en quantité telle que le permet la coutume, exclusivement destinées à la défense du bâtiment,
à moins qu'il n'en ait été fait usage pour résister à la visite.
Parmi les objets fabriqués à l'usage de la guerre étaient
compris :

Les *machines* ou parties de machines à vapeur pour bâtiment de guerre ;

Le *charbon*, s'il devait servir à des opérations militaires
de l'ennemi. Dans ce cas, on devait le confisquer.

Pour les *vivres*, la pratique anglaise et française les ayant
toujours considérés comme contrebande de guerre, on
devait continuer à les considérer comme tels.

Le *riz* en particulier était contrebande de guerre.

L'*argent* ou des papiers ayant la valeur de l'argent, destinés à l'ennemi, étaient également contrebande de guerre.

Les *navires* construits de quelque façon que ce soit pour
l'usage de la guerre, ou équipés dans ce but, même sans
avoir les aménagements nécessaires, ni les armes (cas de
l'*Alabama* sortant d'un port anglais pour aller s'armer en
guerre aux Açores) devaient être saisis et capturés.

Importance de la destination.

Pour résoudre la question de savoir si, dans un cas déterminé, il y avait contrebande de guerre, il fallait tenir compte,
non pas seulement de la nature de l'objet, mais de sa destination. Comment s'assurer de celle-ci ? D'abord, en se
référant aux papiers de bord qui indiquent le lieu pour
lequel le navire est destiné. Mais s'il existait d'autres soup-

çons de contrebande, la mention très simple et très claire du lieu de destination dans les papiers de bord ne devait pas être tenue comme suffisante pour les écarter, surtout si le navire, au moment où il avait été rencontré, faisait route dans une direction différente de celle indiquée par les papiers de la cargaison, notamment par les connaissements.

En application de cette doctrine, les cargaisons de riz à destination de Canton et, en général, des côtes méridionales de la Chine devaient être considérées comme marchandises libres.

Contrebande par accident.

On devait encore considérer comme contrebande de guerre :

1° Le transport d'hommes destinés au service militaire, sur terre et sur mer ;

2° Le transport volontaire de dépêches venant de l'ennemi ou qui lui étaient adressées.

Mais là encore la *destination* avait une signification capitale.

C'est ainsi qu'on devait laisser passer librement les correspondances ayant une destination étrangère à tout ce qui concerne les opérations et la conduite de la guerre.

Par contre, il n'y avait pas lieu de s'occuper de la *provenance* des dépêches. Dès lors qu'elles concernaient les opérations militaires, que le navire neutre les avait prises dans une place ennemie ou dans un port neutre, elles devaient être considérées comme coupables. De même, en matière de dépêches et de correspondances, c'était de leur *destination* propre qu'il fallait s'occuper et non pas de celle du navire, pour établir la culpabilité du fait.

Pour compléter ce chapitre, il était convenu que : Tout bâtiment porteur, d'après son connaissement, de matières quelconques destinées à un arsenal chinois devait être considéré comme cherchant à introduire de la contrebande de guerre, et, en conséquence, devait être arrêté.

Bâtiments de commerce chinois et jonques.

En dehors du cas de contrebande de guerre, on sait que la marchandise ennemie n'est saisissable que sous pavillon ennemi, en vertu de la déclaration de 1856.

En ce qui concerne les navires de commerce chinois, les capitaines devaient se reporter aux instructions générales déjà données.

« Quant aux jonques, disait une circulaire du 12 mars 1885, les bâtiments de l'escadre leur courront sus toutes les fois que le service auquel ils sont appelés le permettra. Si elles sont chargées de marchandise ennemie, elles seront coulées ou détruites soit avec les marchandises, soit après embarquement des marchandises à bord du croiseur ; si elles sont chargées de marchandises neutres, on s'abstiendra de couler ou détruire les marchandises autant que cela sera possible sans entraver la mission du croiseur. Dans tous les cas, l'équipage sera sauvé, mis à bord du croiseur ou déposé sur la terre habitée la plus voisine. Il n'y aura lieu de couler l'équipage avec la jonque que dans le cas où celle-ci chercherait à fuir ou essayerait de résister.

« On devra s'attacher particulièrement à détruire les chargements de sel qui prennent la voie du Yang-Tsé pour remonter à l'intérieur.

« Les pêcheries seront respectées, à moins qu'elles ne soient établies dans le but évident de barrer les chenaux. »

Dans une autre circonstance, l'amiral faisait observer que l'huile d'arachide étant d'un bon usage pour les machines, toutes les fois qu'on en trouverait à bord des jonques, le capteur devrait compléter le plein de ses récipients, avant de détruire le chargement.

Était-il possible d'en agir de même, pour s'approvisionner, vis-à-vis d'un navire neutre, en invoquant le *Droit de Préemption,* avec attribution à ce dernier d'une indemnité représentant la valeur des marchandises réquisitionnées? L'amiral Courbet n'autorisa pas ses capitaines à en user ainsi. Toutefois, dans un cas de pressant besoin, il n'était pas interdit au croiseur de s'approprier, contre paiement d'une indemnité pleine et entière, des marchandises neutres et particulièrement des vivres, du charbon, etc..... que l'on transporte vers le pays ennemi, quand même leur destination militaire n'aurait pas été évidente. Ce n'était pas là un *Droit de Préemption,* mais une conséquence du droit de conservation personnelle, en cas de nécessité pressante, du même genre que le *Droit d'Angarie.*

En fait, malgré la pénurie extrême dont souffraient les navires de l'escadre, jamais aucun d'eux n'usa du droit qui leur était accordé, si ce n'est dans la circonstance suivante: une jonque au mouillage de Chin-Hae ayant été amenée près du *Bayard* fut trouvée nantie d'une pleine cargaison de noix sèches. L'amiral en fit donner à tous les bâtiments prenant part au blocus, et renvoya la jonque libre, non sans avoir largement payé au patron chinois la contribution prélevée sur son chargement. En contrevenant lui-même à la lettre de ses instructions, par ce procédé généreux il avait tenu à prouver aux populations paisibles du littoral qu'elles avaient tout à gagner à se mettre en relations avec nous.

Sanction juridique de la visite.

D'après les règles du droit international, lorsque le fait de contrebande est constaté, et que le délit est flagrant, il entraîne la saisie et la confiscation des marchandises coupables et du bâtiment qui les transporte ; et d'après certains usages particuliers, il entraîne même la saisie et la confiscation des marchandises innocentes qui se trouvent à bord.

Dans notre constante préoccupation de ménager les intérêts des neutres, nos croiseurs apportèrent à cette règle, que nous eussions pu appliquer comme notre droit strict, de nombreux tempéraments. On se contenta généralement de faire débarquer la contrebande de guerre à Shanghaï, comme nous le verrons plus loin, dans le cas du *Glenroy*. Il faut reconnaître que si, en l'espèce, nous avons usé vis-à-vis des neutres d'égards quelque peu excessifs, la politique générale nous en faisait peut-être une nécessité. Il est à remarquer d'ailleurs que le succès du *blocus du riz*, c'est-à-dire de l'opération principale que nous réussîmes à mener à bonne fin, ne pouvait pas être compromis par ces quelques concessions accordées au commerce, en compensation des maux que lui faisait souffrir la guerre.

La confiscation ne pouvait être opérée que dans le cas de circonstances aggravantes prévues par la circulaire du 31 mai 1885, ainsi conçue :

« Lorsque le capitaine du navire neutre refusera de livrer les marchandises de contrebande, ou lorsque ces marchandises formeront les trois quarts de la valeur du chargement, vous aurez à capturer navire et cargaison et à les traiter comme prises. Dans le cas contraire, les marchandises devront seules être saisies, il devra être dressé procès-verbal détaillé de l'opération, et ce procès-verbal devra être signé pour adhésion, par le capitaine du neutre.

« Quand le transbordement des objets de contrebande sera impossible, vous pourrez vous servir du navire pour les transporter dans tel port français que vous désignerez. Le navire devra être relâché aussitôt que les marchandises auront été mises à terre. Vous pourrez d'ailleurs considérer comme port français, pour la mise en séquestre des navires et des marchandises, tout port occupé par nos forces et où se trouvera un officier du Commissariat en état de procéder aux actes d'instruction et d'administration prescrits par l'arrêté du 6 germinal an VIII et celui du 2 prairial an XI. »

Revue des événements.

C'est le 5 mars que commença effectivement le *blocus du riz*. La surveillance des trois passes du Yang-Tsé fut exercée au début par quatre croiseurs et une canonnière : le *Nielly,* commandant des Essarts ; le *Rigault-de-Genouilly,* commandant Richard ; le *Champlain,* commandant Martial ; le *Lapérouse,* commandant Méquet, et la *Vipère,* commandant de Lapeyrère. Plus tard, du 23 mai au 11 juin, le *Nielly* fut remplacé par le *D'Estaing,* commandant Coulombeaud.

Ces navires allaient à tour de rôle se ravitailler en charbon et communiquer avec l'amiral, au mouillage de Chin-Hae, à l'embouchure de la rivière de Ning-Po dans laquelle nous bloquions d'autre part sept navires de guerre chinois. La station télégraphique installée sur l'îlot de Gutzlav, et appartenant à la société danoise des télégraphes du nord, nous rendit, en cette circonstance comme toujours, de précieux services. Il était admis en effet, par une convention tacite, que Chinois et Français pouvaient user à volonté des télégraphes et câbles sous-marins appartenant à des nations neutres. Le télégraphe de l'îlot de Sharp-Peak, à l'embouchure de la rivière Min, et relié par câble à Hong-Kong et à l'Europe, appartenait à une compagnie anglaise.

Avant d'aborder les faits, nous allons faire connaître comment procédaient les croiseurs chargés du blocus du riz, et de quel respect des droits des neutres étaient empreintes les instructions de l'amiral Courbet.

Le premier vapeur qui sortit du Yang-Tsé-Kiang tenta de forcer le blocus. Le *Nielly* qui surveillait sa manœuvre

ne tarda pas à lui donner la chasse et en très peu de temps
parvint à se mettre par son travers. Après avoir ainsi prouvé
sa supériorité de vitesse, le croiseur hissa le signal du code
international : *Je désire communiquer. Stoppez !* Le vapeur
s'arrêta pour se laisser visiter, et, par la suite, la réputa-
tion de vitesse du *Nielly* et des croiseurs français fut si
solidement établie, qu'aucun steamer, même parmi ceux
qui prétendaient filer 15 à 16 nœuds, n'essaya de forcer
ouvertement le blocus.

Parfois, la violence du courant obligeait le navire arrêté
à mouiller, pendant qu'une embarcation montée par 18 ra-
meurs l'accostait. L'officier de service montait à bord,
généralement accompagné de deux marins seulement, et se
faisait présenter les papiers de bord.

Lorsque ceux-ci étaient en règle, et que par ailleurs aucun renseignement particulier ne pouvait rendre le navire
suspect, l'officier de service revenait en rendre compte au
commandant du croiseur. Dans tous les cas, le navire neutre ne pouvait continuer sa route que lorsque le signal lui
en avait été fait par le code international.

Mais avant de quitter le navire neutre, l'officier de service
inscrivait sur le journal de bord *Official log book* la notification du blocus, conformément au modèle ci-après (¹), et,
après l'avoir signé, y apposait le timbre du bord. Il indi-
quait ensuite au bâtiment visité le pavillon du code international qu'il devait hisser en tête de mât, en guise de
passeport, au cas où il aurait rencontré, le même jour, un
autre croiseur. Ce pavillon changeait tous les jours. Il va
sans dire qu'il rapportait tous les renseignements recueillis
lors de sa visite, renseignements consignés sur un dossier
spécial préparé à l'avance, qui lui avait été remis par le
commandant, à son départ pour la corvée.

---

(1) Voir à la fin du chapitre, p. 182.

INCIDENTS DIVERS

Saisie du « Glenroy ».

Les commandants de la Division de blocus recevaient presque tous les jours des avis de l'amiral, relativement aux navires suspectés de transporter de la contrebande. Sur cette *liste noire* figurait entre autres le vapeur anglais *Glenroy* (de la compagnie Jardine) signalé comme étant parti de Hong-Kong avec 50,000 kilogr. de plomb à destination de l'arsenal chinois de Shanghaï. Au moment où ce vapeur se présenta à l'entrée des passes du Yang-Tsé, le 12 mars, il fut aperçu et arrêté par le *Champlain,* et la quantité de plomb indiquée fut trouvée dans son chargement par M. Pourpe, enseigne de vaisseau chargé de procéder à la visite. C'était un délit flagrant de contrebande de guerre. Le navire, escorté par le *Nielly,* fut aussitôt conduit à Taout-Sé, auprès de l'amiral Courbet, pour qu'il fût statué sur son cas. L'amiral approuva la saisie opérée par le commandant Martial; mais néanmoins, trois jours après, le *Glenroy* était relâché, à la demande de M. Patenôtre. Le plomb ne fut même pas confisqué; mais simplement mis sous séquestre à Shanghaï jusqu'à la fin des hostilités.

N'avions-nous pas raison de dire qu'en dehors du riz, l'amiral Courbet ne négligea aucune occasion d'atténuer à l'égard du commerce international les rigueurs du blocus?

En moyenne, chacun des bloqueurs avait à visiter, tant à la sortie qu'à la rentrée, deux ou trois vapeurs par jour, et il est probable que, dans le nombre, quelques-uns devaient transporter à notre insu de la contrebande de guerre, en quantité variable. C'est un déchet inévitable avec lequel il faut compter en temps de blocus.

Faux renseignements.

Il semble qu'en pareil cas il est de toute prudence de n'accepter que sous bénéfice d'inventaire les renseignements secrets qui parviennent à l'état-major général, et qui proviennent le plus souvent d'une source impure; soit que l'ennemi les ait inspirés lui-même afin de détourner momentanément les bloqueurs de leur mission, soit que l'agent qui les apporte se fasse payer ses prétendus services des deux côtés à la fois.

C'est ce qui arriva sans doute à propos du transport chinois le *Li-Yuen,* qui, d'après les indications reçues, devait sortir, dans la nuit du 5 avril 1885, d'une des passes du Yang-Tsé. La nuit était très noire; mais si ce bâtiment eût réellement exécuté sa sortie, il n'eût pas échappé à la surveillance exercée par le *Nielly* et le *Lapérouse,* d'autant plus que, pour éviter toute méprise et pour rendre plus facile la découverte du transport, il était convenu qu'un tug-boat (remorqueur), le *Rocket,* le précéderait faisant la même route et portant des feux apparents.

S'il est à peu près certain que nous fûmes trompés en cette circonstance, la facilité avec laquelle tous les navires se soumettaient aux formalités du blocus et à la visite était par ailleurs une preuve manifeste qu'il n'était pas facile de rompre nos lignes d'investissement.

Dans la circonstance que nous venons de relater le patron du *Rocket,* quand on le rencontra quelques jours après l'événement annoncé et non réalisé, donna pour excuse qu'il s'était échoué en rivière, ce qui était jusqu'à un certain point admissible, étant données ses habitudes visibles d'intempérance.

Livraison refusée de deux torpilleurs chinois.

Le plus grand danger que puissent courir la nuit les bâtiments en croisière de blocus, cela est admis, ce sont les attaques de torpilleurs. Les Chinois possédaient quelques-uns de ces bateaux à Shanghaï; mais, très heureusement pour nous, ils étaient incapables de s'en servir.

Ils en avaient donné le commandement à des Allemands qui, au lieu de courir les risques d'une attaque contre des navires qu'ils savaient bien défendus, trouvèrent plus pratique de proposer à l'amiral Courbet de lui livrer, contre récompense, les deux petits bâtiments qui leur avaient été confiés. L'offre était tentante et l'amiral n'eût pas hésité à l'accepter si la livraison n'eût été subordonnée au massacre préalable des équipages chinois, car telle était la condition, *sine quâ non,* des flibustiers allemands. Un pareil moyen eût été sans nul doute reçu avec acclamation par la partie adverse, puisque le gouvernement chinois n'avait pas craint de mettre à prix la tête des Français, selon un tarif affiché dans tous les ports de l'empire (¹); mais l'amiral Courbet le rejeta avec mépris et ses scrupules en cette circonstance l'honorent, d'autant plus que ses ennemis en étaient moins dignes.

Capture du « Waverley ».

Vers le 15 mai 1885, les bâtiments de service au large des embouchures du Yang-Tsé étaient :

Le *Magon,* commandé par le capitaine de vaisseau Puech, à qui son ancienneté conférait le titre de commandant supérieur du blocus ;

Le *Nielly,* commandant des Essarts, capitaine de vaisseau ;

---

(1) A Formose, à Canton, etc., la tête d'un soldat ou marin français non gradé était de 5o taëls (35o fr.). La tête des officiers, selon le grade, était tarifée jusqu'à 5 ooo fr.

Le *Rolland,* commandant Mayet, capitaine de vaisseau ;

Le *Primauguet,* commandant Buge, capitaine de vaisseau;

Le *Villars,* commandant Vivielle, capitaine de vaisseau, et le *Châteaurenault,* commandant Lepontois, capitaine de frégate.

Dans la soirée du 20 mai, le commandant supérieur du blocus fit savoir aux croiseurs de service que, d'après des renseignements venus de M. Patenôtre, le vapeur anglais *Waverley* se vantait de sortir cette nuit même de Shanghaï, ayant à bord de la contrebande de guerre (poudre et salpêtre); qu'il avait poussé l'impertinence jusqu'à le publier dans les journaux et avait parié que, cette fois encore, il forcerait le blocus. On se souvient que ce même *Waverley* avait déjà débarqué des soldats par une nuit de tempête, sur la côte de Formose, non sans en noyer un grand nombre. De gros enjeux avaient été tenus pour et contre le capitaine du *Waverley* dans ce singulier pari, qu'il perdit d'ailleurs, en même temps que sa liberté et son navire.

Les choses se passèrent d'abord comme le capitaine Danielsen l'avait annoncé, et cela, au fond, n'avait rien d'extraordinaire, car l'estuaire à surveiller était très large et la nuit très sombre.

Il passa donc par maille ou plutôt en côtoyant la terre par des petits fonds inaccessibles à nos croiseurs qui calaient plus de 5 mètres, mouilla une vingtaine de fois pour sonder et assurer sa position ; de sorte qu'au petit jour il voguait en haute mer pour sa destination, se réjouissant du succès de son audacieuse entreprise. Mais la partie n'était pas encore perdue pour nos croiseurs. Dès qu'il eut connaissance des intentions du *Waverley,* le commandant du *Nielly* prévoyant que ce vapeur pourrait nous échapper à la sortie des passes, eut une heureuse inspiration. Il demanda et obtint d'aller l'attendre à 100 milles plus au nord, près de Shaweisham. Dans la matinée du 21, il rencontra et visita deux vapeurs anglais, puis, un peu après midi, il eut la satisfaction d'apercevoir un troisième vapeur anglais, qui n'était autre que le *Waverley*. Lors de la visite, le capitaine Danielsen déclara n'avoir à son bord aucune contrebande de guerre; mais nous avions de bonnes raisons pour procéder à une visite minutieuse de la cale. Le canot-major y transporta une corvée de marins qui, après une heure de travail, à trois heures de l'après-midi, mit à jour : du plomb, du soufre et du salpêtre.

Le *Waverley* fut immédiatement amariné et placé sous le commandement du lieutenant de vaisseau Couturier, pendant que le capitaine Danielsen, trahi par son étoile, bien qu'il fût un marin audacieux et habile, prenait passage à bord du *Nielly* où il était admis au carré des officiers.

La capture du *Waverley* opérée dans ces circonstances, eut un grand retentissement dans tous les ports chinois ouverts au commerce, et surtout à Shanghaï, et contribua puissamment à décourager les forceurs de blocus. Le riz continuait donc à rester emprisonné à Shanghaï au grand désespoir du Tsong-Li-Yamen, car la disette commençait à se faire sentir dans les provinces du nord.

Prise des îles Pescadores.

Le 29 mars 1885, l'amiral Courbet s'était emparé des îles Pescadores où, dans l'admirable port de Makung, nos navires purent dès lors commodément se ravitailler en charbon et en vivres, visiter et réparer leurs chaudières et leurs machines, en dépit de l'article X de l'*Enlistment Act*.

Levée du blocus de Formose.

Dès le 10 avril, le gouvernement français adressait à l'amiral Courbet le télégramme suivant :

« Des préliminaires de paix portant armistice viennent

d'être signés avec la Chine, sur les bases de la convention
de Tien-Sin du 11 mai 1884.

« A la date du 15 avril et après entente avec les commandants des forces chinoises à qui la présente dépêche devra
être communiquée, toutes hostilités sur terre et sur mer
devront cesser. Même ordre a été envoyé aux commandants
chinois.

« Vous devrez donner des ordres immédiats pour la levée
du blocus de Formose.

« Vous conserverez jusqu'à nouvel avis les positions que
vous occupez à Formose et aux Pescadores ; mais vous ne
devez envoyer ni renforts ni munitions à Formose. Le gouvernement chinois a pris les mêmes dispositions de son
côté.

« *Jusqu'à la conclusion de la paix vous conserverez le
droit de visiter les navires chinois et neutres, et de saisir le
riz et la contrebande de guerre.* »

Nous étions alors au lendemain du désastre de Langson
(30 mars) et de la chute du ministère de M. Jules Ferry ;
mais, malgré cette situation désavantageuse du gouvernement français, la clause ci-dessus, que nous avons soulignée
à dessein, devait sûrement nous acheminer vers la paix.

Ce service de blocus ne se relâcha pas un seul instant et
resta toujours placé sous la haute direction d'un amiral. Au
Bayard qui y était resté jusqu'au 21 mars, date à laquelle
l'amiral Courbet était allé s'emparer des Pescadores, avait
succédé le *La Galissonnière* avec l'amiral Lespès qui y resta
jusqu'au 28 mai, époque à laquelle il fut lui-même relevé
par l'amiral Rieunier, avec le *Turenne* arrivé de France.

Ce dernier y demeura jusqu'à la conclusion de la paix,
c'est-à-dire jusqu'au milieu du mois de juin 1885. Le *traité
définitif de paix, de commerce et d'amitié* fut signé le
9 juin, deux jours avant la mort de l'amiral Courbet. Malheureusement, l'article Ier du protocole signé le 4 avril, au

moment où l'on ignorait à Paris la prise des îles Pescadores, était muet sur la possession de ces îles. Il y était dit que « la France ne poursuivait d'autre but que l'exécution de la convention de Tien-Sin du 11 mai 1884 », et le gouvernement français, fidèle à sa signature, accepta sans protester l'article 9 du traité de paix ainsi conçu :

« Dès que le présent traité aura été signé, *les forces françaises recevront l'ordre de se retirer de Kelung et de cesser la visite en haute mer...* Dans le délai d'un mois après la signature du présent traité, l'île de Formose et les Pescadores seront entièrement évacuées par les troupes françaises. »

C'est ainsi que nous échappèrent les îles Pescadores, position stratégique de premier ordre ; mais, ce qu'il faut retenir dans l'article 9 cité plus haut, c'est le paragraphe relatif à la *cessation immédiate du droit de visite en haute mer,* autrement dit, de la *cessation immédiate du blocus du riz.*

C'était là le point essentiel du traité, et pour l'obtenir, il est probable que le Tsong-Li-Yamen eut consenti à une cession à bail, sinon à un abandon complet des îles Pescadores.

Conclusions.

Quoi qu'il en soit, il nous paraît utile de faire remarquer que, dans cette guerre franco-chinoise, la politique des gages, l'état de représailles sur terre au Tonkin, et dans les mers de Chine, pas plus que les blocus pacifiques, n'amenèrent aucun résultat appréciable.

Le mérite de la conclusion de la paix revient, sans conteste, au *blocus du riz,* qui, en affamant les provinces du nord, voisines de Pékin, amena le gouvernement chinois à composition.

Le résultat obtenu est d'autant plus digne d'attention, qu'en dehors des jonques qui peuvent être considérées comme quantité négligeable, nos croiseurs n'ont eu affaire qu'au commerce des neutres.

La marine marchande chinoise n'a donc pas eu beaucoup à souffrir de l'état de guerre, non pas que cette marine fût sans importance ; mais parce qu'elle réussit à se dérober à nos recherches, dès le début de la guerre, grâce à une manœuvre condamnée par le droit des gens et contre laquelle on ne saurait trop protester. Nous voulons parler de la vente opérée, *pro formâ,* à la maison américaine *Russell and C°,* pour la somme de quarante millions de francs, des navires de la *China Merchant steam navigation Company,* vente fictive opérée par les soins de Li-Hung-Chang, principal actionnaire, dit-on, de cette compagnie. Une fois la guerre terminée, les navires ainsi vendus firent retour, comme cela était convenu, à leurs anciens propriétaires qui s'étaient tout simplement mis à l'abri du pavillon américain, pendant la durée des hostilités. Est-il besoin d'ajouter que le gouvernement des États-Unis n'aurait jamais accordé le bénéfice de la nationalité à ces navires, en cas de saisie et de capture de la part des croiseurs français ? Un transfert de pavillon opéré dans ces conditions ne peut être considéré en effet que comme une manœuvre frauduleuse, de nature à compromettre la neutralité de la nation dont le pavillon est indûment emprunté. Les navires de la *China Merchant Company,* battant pavillon américain, ne vinrent jamais du reste s'exposer à franchir la zone d'action de nos croiseurs, craignant sans doute, et non sans raison, d'être traités exactement comme s'ils avaient porté le pavillon chinois. Ou bien ils restèrent dans les ports que nous n'inquiétions pas ou bien ils se livrèrent à de pacifiques transactions dans les parties des mers de Chine restées libres.

Le seul navire capturé sous pavillon chinois, fut le *Feï-ho*, navire qui abusa comme on l'a vu du sauf-conduit qui lui avait été accordé, pour ravitailler les phares. Il fut rendu au gouvernement chinois pendant l'armistice. Le *Waverley* et le *Ping-on* furent eux-mêmes restitués à leurs propriétaires, à la conclusion de la paix, le gouvernement français voulant jusqu'au bout user de procédés généreux, vis-à-vis du commerce des neutres. L'ensemble de ces trois prises était d'ailleurs de valeur médiocre, et si l'on considère que ce sont les seules qui furent opérées par l'escadre française, on ne peut attribuer à ce fait qu'une importance minime. Nous ne pouvions par conséquent être taxés d'exagération lorsqu'au début de ce chapitre, nous avons dit que l'opération capitale et décisive par excellence, de la guerre franco-chinoise, fut le *blocus du riz*.

Ce fait est à méditer par ceux qui soutiennent que *la guerre industrielle,* dont ce blocus fut l'application, à un cas particulier, ne peut être d'aucun avantage, et ne saurait influer sérieusement sur l'issue d'un conflit.

MODÈLE N° 1

NOTIFICATION DE BLOCUS
AUX BATIMENTS RENCONTRÉS

---

(1) Grade.
(2) Croiseur, canonnière, etc.
(3) Nom du bâtiment.
(4) Nom du commandant.

Je soussigné (1)   , officier du (2)   français le (3)   , agissant en vertu des ordres donnés à M. (4)   , commandant ce bâtiment, par le vice-amiral commandant en chef l'escadre de l'Extrême-Orient, notifie par la présente inscription sur le registre du bord du

(5) Nom du bâtiment auquel le blocus est notifié.

(5)   , le blocus de   .

Ce blocus comprend . . . . . .

En foi de quoi, j'ai signé et apposé le cachet du bord.

(6) Indiquer l'endroit où le blocus a été notifié.

(6)

Le   .

(*Signature.*)

Cachet du brod.

MODÈLE Nº 2

NOTIFICATION DE BLOCUS
A FAIRE AUX JONQUES VISITÉES

Le vice-amiral Courbet, commandant en chef des forces navales françaises, ayant déclaré le blocus de Formose, le navire ou la jonque chinois visité le   ne devra plus se représenter devant un navire bloqueur, sous peine de confiscation ou de destruction.

(Signature du commandant du croiseur.)

Timbre du bord.

Nota. — Faire des copies qui seront délivrées aux bâtiments visités. Toute jonque visitée sera marquée à l'extérieur, à bâbord devant, soit au ciseau, soit au fer rouge, d'un V ayant au moins 25 centimètres de hauteur.

MODÈLE N° 3

NOTIFICATION DE LEVÉE DE BLOCUS

Nous soussigné vice-amiral Courbet, commandant en chef les forces navales françaises dans l'Extrême-Orient :

Vu les préliminaires de paix portant armistice qui viennent d'être signés à Paris,

      Déclarons :

Le blocus de la côte et des ports de   est levé.

A bord du Bayard, le

(Signature de l'amiral.)

Timbre du vice-amiral,
   commandant en chef.

CHAPITRE III

GUERRE ITALO-ABYSSINE

———

LA SAISIE ET LA CAPTURE DU DOELWIJK. JUGEMENT DE LA COMMISSION DES PRISES DE ROME

Exposé de l'affaire.

En mars 1896, la maison hollandaise Ruys et Cie avait frété son vapeur *Doelwijk*, par contrat mensuel, à la maison française Lacarrière et Cie, sachant qu'il devait servir au transport du matériel de guerre. Par leur contrat, les affréteurs avaient le droit d'envoyer le chargement en port neutre, à l'exclusion de tout port d'un pays belligérant. Dans ces conditions, il semblait qu'aucun risque n'était à prévoir. La preuve en est qu'il fut loué à un prix modéré et non assuré tout d'abord contre les risques de guerre.

Après avoir chargé dans deux ports russes, Revel et Riga, le bateau vint mouiller, le 12 mai, sous pavillon hollandais, près de Rotterdam, dans la rade de Maasluis, réservée aux navires contenant des matières explosives. Après y avoir complété son chargement avec d'autres armes, il partait, le 12 juillet, pour Port-Saïd avec un équipage enrôlé pour Kurrachee (Indes anglaises).

Le *Doelwijk* arriva à Suez le 28 juillet et s'engagea dans la mer Rouge le 2 août.

Sur ces entrefaites, la maison Ruys apprit de divers côtés

que le gouvernement italien, alors en guerre avec l'Abyssinie, s'informait de la mâture et de la couleur du *Doelwijk,* qu'il considérait comme suspect, pour en donner le signalement à ses croiseurs. Un des plus forts actionnaires du bateau insista pour qu'on l'assurât contre les risques de guerre. Le 1er août, le navire fut donc assuré contre les risques de guerre, bien entendu, en déclarant le chargement et la destination (Djibouti). Et ce qui montre qu'à Londres on n'avait pas de doutes sur la légitimité de l'entreprise, c'est que les 100,000 florins représentant la valeur du navire furent acceptés par quatre des premières compagnies d'assurances de Londres, au taux très modique de 1 p. 100.

Pourquoi les affréteurs avaient-ils laissé le navire tout un mois en rade de Maasluis? C'est parce que, selon eux, le gouvernement français avait interdit le transport des armes, de Djibouti en Abyssinie; mais à l'apparition d'un décret royal du 18 juin 1896 déclarant de : *cesser de considérer le pays d'Érythrée et territoires qui en dépendent et les troupes comme étant en état de guerre,* les affréteurs s'étaient crus autorisés par le gouvernement français à débarquer leurs armes à Djibouti, et le navire s'était mis en route.

Le croiseur italien *Etna* chargé, avec l'*Aretusa,* de surveiller les bâtiments suspects, rencontra pendant la nuit du 8 août, en pleine mer, au sud de Périm, 3 vapeurs, dont l'un, masquant ses feux de route, se dirigea vers la côte des Somalis après avoir incliné pendant quelque temps sa route vers l'est. L'*Etna* le poursuivit et le *Doelwijk* s'arrêta sur le signal qui lui fut fait, appuyé d'un coup de canon à blanc. L'officier envoyé immédiatement à bord put constater que celui-ci contenait un chargement d'armes; le capitaine déclara qu'il transportait cette cargaison à Kurrachee, et ajouta qu'il se dirigeait pour l'instant sur Djibouti pour y débarquer le seul passager qui se trouvât à bord, le Français Pierre Carette dont le nom ne figurait pas sur le « rôle d'équipage ». Dans les connaissements, on lisait que le navire se rendait à Port-Saïd *pour ordres,* sans indication de consignataire. Le *Doelwijk* fut alors escorté jusqu'à Massouah par l'*Aretusa.* Là, on fit l'inventaire du chargement qui se composait de 45,316 fusils, de 5,025,832 projectiles et de 6,000 sabres-baïonnettes et autres armes. Le capitaine Rammels protesta contre la capture qu'il prétendit avoir été effectuée illégitimement, mais reconnut qu'elle avait été effectuée en pleine mer, c'est-à-dire au large des eaux territoriales neutres de la côte des Somalis (exactement à 10 milles de la côte française et à 8 milles des îles des Frères).

En fait, nous nous trouvons en présence d'un navire hollandais, c'est-à-dire neutre, se dirigeant vers Djibouti, port français, c'est-à-dire port neutre, et y transportant de la contrebande de guerre. C'était le droit strict de ce navire, à moins de faire intervenir la *doctrine dite du voyage continu,* dans ce qu'elle a de plus abusif. C'est ce que fit le gouvernement italien, et l'on peut affirmer que le jugement rendu par la Cour des prises de Rome, jugement si discuté par les jurisconsultes italiens eux-mêmes, est sans précédent. On cite bien, en effet, le cas du *Springbok* (1), navire anglais, chargé en partie de contrebande de guerre, capturé, le 3 février 1863, pendant la guerre de Sécession américaine, par le croiseur fédéral *Sonoma,* bien que de l'examen de ses papiers de bord, reconnus *entièrement véridiques et réguliers,* il ressortît que ledit navire était à destination d'un port neutre, le port anglais de Nassau.

La Cour suprême des États-Unis prononça, il est vrai, la confiscation de la cargaison; mais dans ce cas particulier, le port neutre de destination était relié par la mer au territoire belligérant situé à petite distance, et c'est un navire qui au-

---

(1) *La Théorie du voyage continu,* par FAUCHILLE. *Revue générale de droit international public.* Mai-Juin 1897.

rait eu ultérieurement à transporter les marchandises. Tandis que dans l'espèce soumise à la Commission italienne, le port neutre ne pouvait communiquer avec le territoire ennemi que par la voie continentale, l'Abyssinie étant un pays sans issue sur la mer. C'était donc par le moyen d'une expédition terrestre, c'est-à-dire au moyen d'une caravane, dont la formation ne pouvait échapper à la surveillance des autorités françaises, et après de longues journées de marche à travers un désert aride que la contrebande de guerre eût pu être transportée jusqu'en territoire abyssin.

Jugement de la Commission des Prises de Rome [1].

Le jugement rendu par la Commission des Prises italienne est un exemple éclatant de l'élasticité du Droit maritime international dont l'interprétation appartient exclusivement aux belligérants. On peut dire qu'en temps de guerre, il leur appartient en quelque sorte de faire la loi aux neutres, surtout quand les arguments juridiques invoqués s'appuient sur la force.

M. Brusa, professeur à l'Université de Turin, expose cette doctrine en ces termes [2] :

« Les sujets neutres, quoi qu'on en pense, sont des particuliers soumis à l'empire des lois et usages de la guerre. C'est pour cela précisément que chaque État belligérant pourvoit aux moyens et aux institutions nécessaires au jugement de leur conduite, durant les hostilités. Et la contrebande, le butin, l'embargo, le blocus, comme les Cours des prises, sont des mesures de police de la guerre qui, par leur

---

(1) Voir *La Gazetta officiale* du 15 décembre 1896. Ce jugement a été traduit en français aux *Archives diplomatiques*. 1897, t. I, p. 81 et suiv.

(2) *L'affaire du Doelwijk*. (*Revue générale de Droit international public*. 1897, p. 157.)

nature, appartiennent, dans chaque cas, au droit public de l'État qui les édicte.....

« En somme, les sujets neutres doivent s'abstenir de faire acte d'État en interprétant à leur guise les actes des belligérants ; les belligérants seuls ont le droit de juger avec effet légalement obligatoire pour les parties en cause. »

Hâtons-nous d'ajouter que M. Brusa est d'avis que la Commission des prises s'est montrée d'une faiblesse inexplicable en ne confisquant pas le navire et la cargaison !

Les questions que cette commission s'est posée sont au nombre de quatre que nous allons passer en revue sommairement :

Ire QUESTION. — *Au moment où fut opérée la capture du Doelwijk, l'Italie était-elle ou n'était-elle pas en état de guerre avec l'Abyssinie, en ce qui concerne les neutres?*

Que la déclaration de guerre et la notification aux puissances neutres aient été faites ou non, peu importe dès lors que la guerre existait de fait et que ce fait était notoire pour les puissances neutres.....

Il est vrai que le décret royal du 18 juin 1896 déclara : *de cesser de considérer le pays d'Érythrée et territoires qui en dépendent et les troupes comme étant en état de guerre.*

Mais, ajoute le jugement, on ne peut soutenir que cet état de guerre avait cessé en fait.

Ce décret ne dit pas que l'*état de guerre a cessé ;* mais de *cesser de considérer ce pays* comme étant en état de guerre, sans parler de ses relations avec l'Abyssinie.

Ce décret du 18 juin avait tout simplement pour but d'arrêter les effets du décret du 15 mars 1896, ainsi conçu : « Les militaires qui depuis le 3 octobre 1895 jusqu'au 15 de ce mois..... *sont considérés, pour cette période, comme ayant été sur le pied de guerre.*

Ce sont des mesures administratives et de discipline militaire... qui n'ont rien à voir avec la durée et la permanence de l'état de guerre avec l'Abyssinie, et le décret du 18 juin n'avait pour but que d'alléger les charges du Trésor.

Ces arguments ne sont pas sans valeur et nous pouvons admettre, avec la Cour des prises, que l'état de guerre n'avait pas cessé.

2ᵉ QUESTION. — *De la destination du navire et du chargement.*

La Commission déclare que la destination pour Djibouti ne pouvait faire aucun doute.

L'allégation du capitaine, déclarant qu'il n'allait à Djibouti que pour déposer un passager, le sieur Carette, doit être rejetée.

Les connaissements étant pour Port-Saïd *pour ordre,* et le chargement étant uniquement composé d'armes et de munitions de guerre, il est évident que sa destination ne pouvait être indéterminée, et c'est une nouvelle preuve qu'on a voulu la tenir cachée.

Mais Djibouti étant territoire neutre, il reste à établir si l'on peut décider que le navire chargé d'armes sera ou non contrebande de guerre en considérant la destination de ce navire, ou bien si l'on doit considérer la destination du chargement; et, dans cette deuxième hypothèse, si le chargement du *Doelwijk* était réellement envoyé à destination de l'Abyssinie.

C'est la destination du chargement et par suite celle du navire qu'il faut considérer pour déterminer si les objets transportés sont contrebande de guerre. Et l'on ne peut cesser de considérer ces marchandises *comme étant dirigées vers l'ennemi* sous prétexte qu'une partie de la route qui rejoint le belligérant ne peut se faire par mer, mais doit né-

cessairement se faire par terre et avec des véhicules terrestres.

Or, l'article 215 du Code de la marine marchande prévoit la répression de la contrebande de guerre lorsque celle-
ci est transportée à bord de navires neutres qui se dirigent
vers un *pays ennemi,* et non pas vers un *port ennemi.* Le
législateur a voulu spécifier ainsi que ce n'était pas la *destination matérielle et immédiate* qui caractérisait la contrebande de guerre, mais la *destination intentionnelle et finale.*

La *direction* du navire vers un pays ennemi est donc un
motif suffisant pour prononcer sa capture, bien que, dans
certains cas, le pays ennemi, par la nature des choses, ne
puisse être abordé par lui.

Que si le navire, par la nature des choses, est contraint
de s'arrêter en chemin on ne peut empêcher qu'il n'ait *dirigé vers un pays ennemi* l'autre partie, c'est-à-dire le chargement qui, non seulement, constitue la partie la plus importante de la contrebande de guerre; mais à la rigueur,
c'est la seule, à vrai dire qui devrait être considérée comme
telle.

Qu'autrement on tomberait dans l'absurde, si l'on ne
pouvait capturer des objets de contrebande de guerre,
toutes les fois que le territoire ennemi ne touche pas à la
mer, mais qu'il y accède par le passage à travers un territoire neutre.

Considérant que le chargement du *Doelwijk,* bien que le
navire fût matériellement dirigé vers un territoire neutre, ne
devait pas s'y arrêter, mais était destiné à l'Abyssinie, pays
belligérant, ce qui se déduit de toute évidence des faits suivants :

1° Que le navire ne pouvait y transporter le chargement,
le voyage ne pouvant s'effectuer par mer;

2° Que la France n'étant, à cette époque, en guerre avec
aucun État ni aucune peuplade africaine, elle n'avait pas

besoin d'un approvisionnement d'armes extraordinaire, surtout d'un modèle hors d'usage ;

3° Que si elle en eut eu besoin, elle les eut transportées ouvertement, sur un navire de l'État, comme elle en avait le droit, et elle n'eut pas voulu pour cela d'une maison privée ainsi que d'un navire marchand étranger, et qu'elle eut dédaigné tous les subterfuges qui ont été employés.

Que de toute façon, puisque l'acte général de la Conférence de Bruxelles du 2 juillet 1890 pour la répression de la traite des nègres, aux articles 8 et 14, interdit le commerce des armes à feu avec les pays africains compris entre les vingtième et vingt-deuxième parallèles sud, zone dans laquelle se trouve comprise l'Abyssinie ; et comme la France et l'Italie ont adhéré audit acte, le gouvernement italien aurait toujours été en droit de faire des remontrances pour le transport des armes, de Djibouti au Choa (¹).

En conséquence, en présence de notre loi positive, c'est la destination du chargement et non celle du navire que l'on doit considérer pour déterminer si la marchandise est contrebande de guerre ; et, en l'espèce, le chargement d'armes et de munitions trouvé sur le *Doelwijk* est prouvé devoir être adressé à l'Abyssinie, par la voie de mer jusqu'à Djibouti et puis, nécessairement, par la voie de terre.

Nous nous réservons de répondre sur cette question à la fin du chapitre.

3e QUESTION. — *Sur la légalité de la capture.*

Il résulte des faits que le *Doelwijk*, navire suspect pour les raisons déjà énoncées, a été capturé à la distance de dix milles marins de la côte française et de huit milles du

---

(1) Il y a là une erreur de fait ; on peut voir, en effet, plus haut : *Le Droit de visite en temps de paix* (p. 1), que la France n'a pas ratifié l'acte général de la Conférence de Bruxelles.

point le plus méridional des Frères, ce qui équivaut à dire à une distance beaucoup plus grande que 3 milles considérée généralement comme limite des eaux territoriales ; et enfin à plus de 10 kilomètres, ce qui dans nos usages constitue la zone neutre.

Cela fut établi par les officiers du croiseur, quand ils examinèrent la carte de navigation.

Le commandant de l'*Etna,* selon l'usage, ayant fait hisser le pavillon national, fit le signal : « Stoppez la machine » l'appuyant, de minute en minute, d'un coup de canon à blanc. Quand le *Doelwijk* entendit le canon, il stoppa la machine ; une embarcation l'accosta, lui signifia la capture opérée en mer libre, et le navire fut conduit à Massaouah par l'*Aretusa.*

Aucune protestation ne se produisit de la part du capitaine du *Doelwijk,* de ses officiers ou de ses marins, sur la manière dont ils furent traités.

. En conséquence, la capture est légale.

4ᵉ QUESTION. — *Sur le droit de confisquer le navire.*

La Commission dit que le droit de prise ne se base pas sur le droit de punir (ce droit ne pouvant exister vis-à-vis d'étrangers en dehors du territoire national).

Mais, en droit abstrait, comme les armes et les munitions dirigées vers l'ennemi constituent une augmentation de ses moyens de faire la guerre, ce sont elles qui constituent véritablement la contrebande de guerre et non pas le véhicule qui les transporte.

Il paraît plus conforme à la justice que si le droit existe de confisquer la cargaison, on ne peut (en règle générale) se considérer en droit de confisquer le navire ; à moins que celui-ci ne soit par lui-même contrebande de guerre, par exemple, s'il était destiné à l'ennemi, s'il tentait de s'opposer à la capture par la force armée, ou bien s'il tentait de forcer un blocus ; parce que, dans ce cas, le navire ne se borne pas à transporter à ses risques et périls des objets destinés à la guerre, mais qu'il fait par lui-même acte d'hostilité.

Néanmoins, l'article 215 du Code de la marine marchande dit en termes précis : « *Les navires neutres, chargés en tout ou en partie de contrebande de guerre, qui se dirigent vers un pays ennemi seront capturés et conduits dans un port de l'État, où le navire et les marchandises de contrebande seront confisqués et les autres marchandises laissées à la disposition de leurs propriétaires.* »

Notre loi considère donc le navire comme partie intégrante de la contrebande de guerre.

Cependant, il y a un principe de droit universel sanctionné par toutes les lois civiles et pénales, en vertu duquel aucun fait matériel ne peut moralement et juridiquement être imputé s'il n'a pas été accompli volontairement et en connaissance de cause.

Ce n'est pas la nature du véhicule servant à transporter la contrebande de guerre qui lui imprime ce caractère, mais encore le fait que le propriétaire du navire connaissait ce projet et avait la volonté de le faire aboutir.

En l'espèce, il s'agit d'un contrat de nolisement d'où il résulte que le capitaine du *Doelwijk* devait ne prendre ses ordres qu'auprès de la maison Lacarrière. Ce contrat suspendait provisoirement les droits de l'armateur, le sieur Ruys, lequel savait pourtant à quel usage devait être employé son navire.

Le *Doelwijk,* par les soins dudit sieur Ruys, fut en effet assuré à la *Royal exchange insurance corporation* de Londres, du 1er août au 1er septembre 1896, c'est-à-dire pendant le seul mois que la marchandise devait être transportée à destination ; et, bien qu'il ne soit pas possible d'en avoir une preuve directe, il ressort de certaines déclarations du sieur Ruys que cette assurance était prise contre le risque de guerre, avec un port neutre de la mer Rouge comme destination.

D'autre part, l'ignorance, de la part du sieur Ruys, de l'usage du navire ne peut que difficilement se concilier avec la présence à bord de quatre connaissements qui désignaient les armes et les munitions, connaissements faits à Rotterdam à la fin de juin et au commencement de juillet quand le chargement était déjà complet.

Si le sieur Ruys n'avait pas voulu coopérer au transport des armes, il aurait dû protester contre l'usage illicite qu'on voulait faire de son navire, afin de sauvegarder sa responsabilité ; or, non seulement il a laissé faire, mais il a transmis au *Doelwijk* les instructions de la maison Lacarrière, manifestant ainsi qu'il connaissait l'usage qu'on voulait faire de son navire et qu'il y consentait.

Que, par conséquent, est sans fondement la prétention du sieur Ruys qu'on aurait dû relâcher son navire, décision d'ailleurs qui ne pouvait être formulée qu'après examen de la Commission des Prises, attendu que, d'après notre loi positive, le vapeur *Doelwijk* ayant opéré un transport d'armes et de munitions *dirigé* vers l'Abyssinie, doit faire partie intégrante de la contrebande de guerre.

Question des dommages et intérêts.

Quant à la question des dommages et intérêts, qui a été soulevée, elle est une conséquence de la légitimité ou de l'irrégularité de la capture.

La Commission fait observer que le transport de la contrebande de guerre est une violation des devoirs des neutres et des droits des belligérants ; que c'est une action illicite pour laquelle son auteur n'a droit à aucune indemnité.

Ni les chargeurs des armes, ni le propriétaire du navire n'ont droit à aucuns dommages et intérêts, attendu que tous ont participé sciemment et volontairement à un acte de contrebande de guerre.

Arrêt de la Commission.

Pour ces motifs :

Vu les articles 215, 225, 226 du Code de la marine marchande et 1151 du Code civil,

La Commission des Prises :

Rejette l'exception préjudicielle d'incompétence ;

Déclare être légitime la capture du vapeur *Doelwijk* et de son chargement ;

Déclare n'être plus fondée en droit, depuis la cessation de l'état de guerre avec l'Abyssinie, la confiscation de la cargaison et du navire, et ordonne de laisser l'une et l'autre à la disposition de leurs propriétaires respectifs ;

Déclare que le sieur Ruys et ses fils, ni la maison Lacarrière, n'ont droit à aucune indemnité.

Rome le 8 décembre 1896.

Tancredi Canonico, *Président*.

Commentaires sur le jugement du « Doelwijk ».

Laissant de côté la question d'incompétence de la Commission des Prises, nous allons nous attacher à montrer ce qu'il y a d'excessif dans l'application faite au cas du *Doelwijk* de la théorie du voyage continu.

Comme on l'a vu plus haut, la Commission des Prises a jugé que dès lors que ce navire se *dirigeait* vers Djibouti, situé en pays neutre, il se *dirigeait* finalement sur l'Abyssinic, pays ennemi, et, en vertu de l'article 215, il l'a déclaré de bonne prise ainsi que la cargaison.

Est-il besoin de déclarer une fois de plus que cette manière de voir nous semble abusive? A la vérité le *Doelwijk* se dirigeait vers un port neutre, c'est-à-dire vers un pays neutre.

Les capteurs sont d'ailleurs en contradiction avec eux-mêmes, car ils ont pris soin (troisième question) d'établir la légalité de la capture en spécifiant que le navire avait été arrêté à 10 milles au large de la côte française. Ils reconnaissent donc que si le fait s'était passé dans la zone territoriale, ils étaient sans action contre ledit navire qui cependant, selon eux, se fût encore *dirigé* vers l'Abyssinie, et en eût été encore plus rapproché. Ils admettent donc qu'à la France appartenait la police de ses eaux territoriales, et ils ne veulent pas reconnaître à cette même nation le droit de faire sa police sur un territoire qui lui appartient, qu'on ne saurait traverser sans sa permission et qu'elle était capable de faire respecter à titre de pays neutre, n'ignorant pas, d'ailleurs, les devoirs que lui imposait cette neutralité.

Le *Doelwijk* avait donc le droit absolu d'entrer à Djibouti, et d'y débarquer à l'abri d'un pavillon neutre son chargement composé de contrebande de guerre. Il appartenait ensuite au gouvernement italien de faire observer au gouvernement français que, l'état de guerre n'ayant pas cessé, il considérerait le transit de cette contrebande de guerre à travers la colonie, pour être remise aux mains de l'ennemi, comme un acte peu amical. Si, comme cela est à présumer, le gouvernement français avait fait droit à cette requête, les marchandises eussent été séquestrées à Djibouti, et le consignataire n'eût pu en disposer qu'à la conclusion de la paix. Quant au véhicule de ces marchandises, c'est-à-dire au *Doelwijk,* les croiseurs italiens n'avaient aucun droit de l'inquiéter ni à l'entrée ni à la sortie du port français. Son opération était parfaitement légitime, puisqu'il n'avait aucune ligne de blocus à forcer pour arriver à destination.

C'est à tort également que la Commission des Prises a invoqué l'acte général de la Conférence de Bruxelles, attendu que la Chambre des députés, dans sa séance du 25 juin 1891, a refusé de ratifier l'acte en question, ainsi que le protocole signé à Paris le 9 février 1891. La France n'est donc pas liée par les décisions de cette conférence et elle a conservé le droit d'importer des armes en Abyssinie par la voie de Djibouti, se réservant de suspendre cette importation en temps de guerre, si les devoirs de la neutralité l'exigent.

Opinion de M. Diena.

« En adoptant *la théorie anglo-américaine du voyage continu,* dit M. Diena (¹), on pourrait s'abstenir de rechercher si les marchandises prohibées sont destinées à l'ennemi, puisqu'on peut toujours présumer qu'un chargement de munitions de guerre dirigé vers un port neutre a pour destination dernière le pays d'un belligérant. L'application de cette même théorie doit *a fortiori* être écartée, dans les cas où le voyage subséquent doit se faire par voie de terre, puisque le belligérant n'a la faculté de réprimer la contrebande de guerre que lorsque son transport s'effectue par la voie de mer.....

« Les seuls cas, selon moi, dans lesquels on peut faire application de la théorie du voyage continu, même en vertu de simples présomptions, pourvu qu'elles soient suffisamment graves, ce sont ceux dans lesquels les marchandises,

---

(1) *Le jugement du Conseil des Prises d'Italie dans l'affaire du « Doelwijk »,* par M. Diena, avocat privat-docent à l'université de Bologne. (*Journal de Droit international privé.* 1897, nᵒˢ 3 et 4, p. 268.)

dirigées d'abord vers un port neutre, doivent parvenir, en dernier lieu, à un port ennemi, sur le même navire qui les transporte depuis le commencement du voyage. En pareil cas, le voyage des marchandises ou du navire peut être considéré comme unique..... »

On se souvient que l'arrêt affirme : qu'il serait absurde que l'on ne pût pas capturer les objets de contrebande, lorsqu'il n'y a pas d'autre moyen d'atteindre le territoire ennemi qu'en traversant un territoire neutre.

« Mais supposons, dit le même auteur, que la Suisse, qui n'a pas de débouchés sur la mer, soit en état de guerre avec une autre puissance, et l'on verra que l'absurdité, loin de se trouver dans la thèse que je soutiens, se trouve plutôt dans l'opinion opposée. Dans cette hypothèse, tout navire transportant de la contrebande de guerre dans un port neutre quelconque pourrait être capturé, car on pourrait présumer que les marchandises seront ultérieurement dirigées vers la Suisse. D'autre part, que diraient les membres de la commission italienne de 1896 si, en cas de guerre entre la France et l'Espagne, un tribunal de prises espagnol prononçait la confiscation d'un chargement d'armes, dirigé par exemple sur Tarente ou sur Brindisi, en s'appuyant sur la présomption qu'on voulait les faire parvenir en France, par la voie de terre ? »

Enfin, l'article 215 cité à l'appui du jugement parle de *navires* dirigés vers un *pays ennemi.* S'il n'a pas dit vers un *port ennemi,* c'est pour la simple raison que les navires ne peuvent aborder que dans un port ou dans un endroit situé sur le bord de la mer, et que par conséquent il était indifférent, quand il s'agissait de navires, de parler d'un pays ou d'un port ennemi. Il semble donc démontré, par la lettre même de la loi, que le législateur italien n'a jamais eu l'intention que d'interdire à un navire chargé de contrebande de guerre l'accès d'un port situé en pays ennemi.

Opinion de Calvo.

D'après Calvo([1]), si la destination du navire est neutre,
la destination des marchandises à bord doit être aussi considérée comme neutre, quoiqu'il ressorte des papiers ou
d'autres témoignages que les marchandises mêmes ont une
destination ennemie ultérieure, qu'elles doivent atteindre
au moyen d'un transbordement, d'un *transport par terre*
ou autrement.

Le pavillon couvre la marchandise, telle est la jurisprudence française, suivie depuis plus d'un quart de siècle, qui
a toujours repoussé la théorie *anglo-américaine* de la contrebande par *induction,* laquelle n'est en définitive qu'une
application abusive des blocus fictifs.

Opinion de M. Fauchille.

M. Fauchille, dans un article consacré à la *Théorie du
voyage continu en matière de contrebande de guerre* (*Revue générale de Droit international public,* mai-juin 1897),
abonde dans notre sens :

« Pour garantir les droits légitimes des belligérants, dit-il,
il n'est en aucune façon nécessaire de prohiber absolument,
en territoire neutre, le commerce de la contrebande entre
les sujets neutres et les agents des belligérants ; il suffit
d'empêcher que les objets de contrebande vendus à ces
agents puissent parvenir à l'État ennemi, qui seul doit les
employer aux fins de la guerre. Or, ce résultat est susceptible d'être atteint aisément dans l'état présent du droit international. L'un des principes les plus certains de ce droit est

----

(1) Vol. V, p. 38. (Édition de 1888, antérieure par conséquent à l'affaire
du *Doelwijk.*)

que l'État neutre est, comme tel, obligé de s'abstenir de toute immixtion dans les hostilités ; par suite, il ne peut fournir directement aux belligérants des choses servant spécialement à la guerre, et il doit rester étranger aux actes de ses ressortissants, capables d'augmenter les moyens de destruction des pays en lutte. »

Il faut toutefois distinguer si la contrebande de guerre est transportée par un neutre en pays belligérant par la voie de mer ou par la voie continentale. Dans le premier cas, en fait, il y a eu des infractions nombreuses à cette règle. Ainsi en 1870, des citoyens des États-Unis ont vendu des armes à la France, en guerre avec la Prusse, et le gouvernement britannique ne s'est pas opposé à l'exportation par ses sujets de charbon destiné aux navires de blocus français et d'armes et de munitions de guerre destinées aux troupes françaises. Mais il était bien spécifié que ces convois de contrebande étaient opérés aux risques et périls de ceux qui les entreprenaient. (Voir la déclaration de M. Gladstone à la chambre des Communes, en juillet 1870, page 110.) « Le Gouvernement de S. M., disait-il, ne prendra point sur lui d'intervenir en leur faveur, si des navires engagés dans ces opérations avec un belligérant sont capturés par un croiseur de l'autre belligérant. » La police de la mer, en temps de guerre, appartient en effet aux deux nations belligérantes ; il leur appartient donc de surveiller les ports ennemis et d'en interdire l'accès à la contrebande de guerre, même si elle est chargée sur navire neutre.

Au contraire, au début de la guerre de 1870, la plupart des pays neutres du continent : l'Autriche, le Danemark, l'Espagne, l'Italie, les Pays-Bas, la Belgique, la Suisse, prohibèrent d'une manière générale l'exportation et le transit des armes et des munitions de guerre. En France, la loi du 13 avril 1895, modifiant celle du 14 août 1885, a autorisé le gouvernement français à interdire, même en temps de paix, l'exportation des armes à destination d'un pays déterminé. Cette loi étant antérieure à l'affaire du *Doelwijk*, le gouvernement français était donc armé pour interdire le transit des armes à travers ses possessions de la côte des Somalis, et les croiseurs italiens, en laissant débarquer à Djibouti des armes et des munitions de guerre, n'avaient aucune raison de supposer que cette contrebande de guerre se serait dirigée ensuite, à travers notre territoire, sur la frontière abyssine.

Par conséquent, les propriétaires des armes et du navire étaient fondés, selon nous, à réclamer des dommages et intérêts, pour la capture et la séquestration opérées contrairement aux règles généralement admises du droit maritime international.

CHAPITRE IV

LE DROIT DE VISITE ET LES BLOCUS
PENDANT LA GUERRE HISPANO-AMÉRICAINE

C'est le 21 avril 1898 que le Sénat et la Chambre, réunis
en Congrès à Washington, déclarèrent exister l'état de
guerre entre les États-Unis et l'Espagne. Le Président Mac-
Kinley ratifia sans délai cette résolution, afin de justifier
les captures faites dès cette date du 21 avril.

Les deux puissances n'ayant pas adhéré à la Déclaration
de Paris du 18 avril 1856, cette hâte dans l'exercice de la
guerre de course était à prévoir ; mais il était permis de se
demander si les belligérants allaient prendre le contre-pied
des principes admis par les neutres, et la question était
pour ces derniers d'une extrême importance.

Pour les blocus, par exemple, les belligérants allaient-ils
s'astreindre à les rendre effectifs pour les rendre obligatoires ?

Enfin, quelle définition allaient-ils donner à la contrebande de guerre, car on sait que cette définition, de par la
Déclaration de 1856 elle-même, est laissée à la discrétion
de chaque puissance belligérante ?

Les documents qui vont suivre vont nous éclairer sur ces
deux points.

Dès le 22 avril, le Président de la République des États-
Unis publia en effet la proclamation suivante.

Proclamation du blocus de Cuba.

« Je déclare et proclame par la présente que les États-Unis ont établi et qu'ils maintiendront le blocus du littoral septentrional de Cuba, y compris les ports de ce littoral entre Cardenas, Bahia-Honda et le port de Cienfuegos, sur le littoral méridional de Cuba.

« Ce blocus aura lieu conformément aux lois des États-Unis et au droit des gens, applicables dans des circonstances semblables.

« Des forces suffisantes iront stationner pour empêcher l'entrée et la sortie des vaisseaux des ports ci-dessus mentionnés.

« Tout vaisseau *neutre* s'approchant de ces ports, ou tentant de les quitter sans avoir eu connaissance de l'établissement de ce blocus, sera dûment avisé par le commandant des forces du blocus, qui enregistrera le fait sur le livre de bord, avec la date et le lieu d'enregistrement de cet avertissement.

« Si les vaisseaux ainsi prévenus tentent encore une fois d'entrer dans le port ainsi bloqué, ils seront capturés et expédiés au port le plus voisin et le mieux approprié pour la procédure de prise qui peut être jugée nécessaire contre eux et contre leur cargaison.

« Les vaisseaux *neutres* qui se trouvent dans les ports ci-dessus mentionnés au moment de l'établissement du blocus auront trente jours pour en sortir. »

Comme il ressort de cette proclamation, le gouvernement des États-Unis entendait faire ce blocus, non pas suivant les règles de la Déclaration de 1856, mais suivant les lois nationales et le Droit des gens. Il pouvait donc ne pas être effectif dans toute la rigueur attachée à cette expression; mais aucune réclamation ne pouvait être soulevée à ce sujet par les neutres, les États-Unis ne faisant qu'user de leur droit strict (¹).

Les bâtiments neutres et les bâtiments espagnols eux-mêmes, sous certaines conditions, en vertu de la proclamation présidentielle du 26 avril 1898, étaient admis à bénéficier de certaines immunités, lorsqu'ils se trouvaient dans les ports américains au moment de la déclaration de guerre (voir les Instructions générales), mais tout navire espagnol rencontré en pleine mer dès le jour de la déclaration était exposé à la saisie et à la capture.

En fait, dès le 22 avril, le *Buenaventura* (150,000 dollars) était capturé ainsi que le *Pedro*. Puis vinrent, les 23 et 24 avril, la *Mathilde;* le *Miguel-Jover* (400,000 dollars); la *Catalina* (200,000 dollars); *Saturnina, Sofia* et *Canelita.* Ces navires étaient amenés à Key-West, pour passer devant le Tribunal des Prises.

Décret royal espagnol du 24 avril **1898**.

De son côté, le gouvernement espagnol, par un décret royal du 24 avril, déclare abrogés tous traités et arrangements antérieurs survenus entre les deux pays.

L'article II de ce décret accorde un délai de cinq jours aux bâtiments américains pour sortir librement des ports espagnols. Le document américain cité plus haut n'est pas très explicite sur le cas des bâtiments espagnols surpris par la déclaration de guerre dans les ports américains, mais cette question fut réglée un peu plus tard par les Instructions générales (§ 17).

L'article III du décret royal dit en outre que, quoique l'Espagne ne soit pas liée par la Déclaration de 1856, le

---

(1) Voir plus loin, aux Instructions générales, l'article : *Blocus.*

Gouvernement, respectueux pour le principe du Droit des gens, ordonne d'observer les règles suivantes :

« 1° Le pavillon neutre couvre la marchandise, excepté la contrebande de guerre ;

« 2° La marchandise neutre, sauf la contrebande de guerre, ne peut pas être confisquée sous pavillon ennemi ;

« 3° Les blocus, pour être obligatoires, doivent être effectifs, c'est-à-dire maintenus par une force suffisante pour empêcher en réalité l'accès d'un littoral ennemi ;

« 4° Le Gouvernement espagnol, maintenant le droit d'accorder des patentes de course (lettres de marque) qu'il s'est réservé expressément dans sa note du 16 mars 1857, en répondant à la France quand elle demanda l'adhésion de l'Espagne à la Déclaration du Congrès de Paris, organisera pour le moment, avec les navires de la marine marchande espagnole, un service de croiseurs-auxiliaires de la marine de guerre, qui coopéreront avec celle-ci, selon les nécessités de la campagne, et seront soumis au code et à la juridiction de la marine de guerre ;

« 5° Pour saisir les bâtiments ennemis et confisquer leur cargaison, les croiseurs auxiliaires et les corsaires, dans le cas où ils seraient autorisés, exerceront le Droit de Visite sur les hautes mers et dans les eaux juridictionnelles ennemies, conformément au droit international et aux instructions qui se publieront à ces fins ;

« 6° Sont compris sous la dénomination de contrebande de guerre : les canons, mitrailleuses, obus, fusils de toute sorte, armes blanches et à feu, balles, bombes, grenades fulminantes, capsules, mèches, poudre, soufre, dynamite, les explosifs de toute espèce, ainsi que les uniformes, courroies, bâts, équipements d'artillerie et de cavalerie, machines pour navires et en général tous objets servant à la guerre ;

« 7° Seront considérés et jugés comme pirates, avec toute

la rigueur des lois, les capitaines, patrons, officiers et les deux tiers des équipages des bâtiments qui, n'étant pas américains, seraient pris faisant acte de guerre contre l'Espagne, quoique pourvus de patentes délivrées par la République des États-Unis. »

On voit par ce qui précède qu'en fait l'Espagne s'est rangée du côté des nations ayant adhéré à la Déclaration de Paris, se réservant en principe seulement le droit de délivrer des lettres de marque à des corsaires, droit dont elle n'usa pas du reste. Par contre, elle se mit en garde par l'article 6 contre les flibustiers et aventuriers de tous pays qui auraient pu être tentés d'armer des corsaires sous pavillon américain, se réservant de les traiter comme pirates.

Nous allons maintenant extraire des instructions du gouvernement espagnol, à ses commandants de navires de guerre, les principales dispositions adoptées, en reproduisant la traduction qu'en a faite la *Société navale de l'Ouest* (¹).

Instructions du gouvernement espagnol aux commandants de ses navires de guerre et aux capitaines des navires transformés en croiseurs-auxiliaires ou légalement armés en corsaires.

Le Droit de Visite ne peut jamais s'exercer quand on se trouve dans les eaux des puissances neutres. Quand un des navires précités voudra visiter un navire, il hissera son pavillon en l'appuyant d'un coup de canon à blanc, pour indiquer au navire de commerce qu'il doit hisser son pavillon et s'arrêter. Si celui-ci n'obéit pas, on lui tire un coup de canon à boulet, en ayant soin de diriger le projectile assez près de son arrière pour qu'il comprenne l'avertissement. Si le navire de commerce ne tient pas compte de cette se-

----

(1) Voir la *Revue générale de la Marine marchande* du 26 mai 1898.

conde intimation, on tire un troisième coup sur le navire en
faisant en sorte de ne pas le couler. Quelles que soient les
avaries que ce troisième coup ait pu occasionner au navire,
celui-ci n'aura aucun recours contre le commandant du navire qui aura tiré. Si cela ne suffit pas, on emploiera la force.

L'officier visiteur se fera remettre les papiers du bord
pour s'assurer de la nationalité du navire et de sa destination. Si celle-ci est un des ports de la nation avec laquelle
l'Espagne est en guerre, l'officier visiteur examinera les
connaissements pour s'assurer que le navire ne porte pas
de contrebande de guerre. S'il en porte, il est capturé.

Si le capitaine du navire visité demande la constatation
de cette visite, l'officier visiteur annotera le journal de bord
de la façon suivante :

Le soussigné ..... officier à bord du ..... commandé
par ..... constate qu'à la date de ce jour à ... h. et par
ordre verbal du commandant précité, a visité le navire ....
capitaine ..... et que, d'après les documents exhibés, il a
constaté la nationalité du navire et la neutralité du chargement.

Date, timbre et signature de l'officier visiteur.

Le navire visité sera capturé dans les cas suivants :

1° Si, par suite du contrôle de sa nationalité, on constate
que le navire est ennemi, sauf les immunités établies par la
Convention de Genève du 22 août 1864 et les Conférences
diplomatiques du 22 août 1864; 2° si le navire oppose de
la résistance à la visite, ou s'il cherche à l'empêcher par la
force ; 3° si, au moment de la visite, il lui manque les pièces
légales pour prouver sa nationalité; 4° si, étant destiné à
un port ennemi, il lui manquait les pièces légales pour justifier la nature de son chargement; 5° si ce chargement se
composait en totalité ou d'au moins les deux tiers de contrebande de guerre. Quand il y aura moins des deux tiers,
les articles constituant la contrebande de guerre seront

seuls confisqués, et le navire sera accompagné jusqu'au port espagnol le plus rapproché, pour qu'il les mette à terre.

Il faut remarquer que *les objets susceptibles d'être employés pour la guerre ne seront considérés comme contrebande que quand ils seront destinés à un port ennemi,* car ces objets seront considérés comme munitions et non comme contrebande de guerre, s'ils sont destinés à un port neutre. Mais, comme il pourrait arriver qu'un navire régulièrement expédié pour un port neutre fasse route pour un port ennemi, la capture en serait effectuée si on le rencontrait à proximité d'un port ennemi ou sur une route s'écartant de la direction qu'il devait suivre, à moins que le capitaine ne justifie qu'il a été dévoyé par des causes de force majeure; 6° s'il transporte des officiers, soldats ou marins pour la nation ennemie; 7° s'il transporte des plis ou communications de l'ennemi, à moins que ce ne soit un paquebot-poste et que ces communications ne se trouvent dans les valises ou colis postaux contenant la correspondance publique, le capitaine étant censé en ignorer le contenu; 8° si, étant affrété ou rémunéré par l'autre belligérant, le navire s'occupait à surveiller les opérations de guerre; 9° si le navire neutre prenait une part quelconque à la guerre, en contribuant à ses opérations de n'importe quelle manière.

Il sera procédé à la capture du navire, si l'on trouve à bord des pièces doubles ou fausses, parce que ce cas est prévu dans les prescriptions *1* et *2* qui précèdent ou dans les deux ensemble, parce que ni les pièces doubles ni les fausses ne peuvent servir à justifier les conditions spécifiées.

La tentative de fuir pour éluder la visite, de même que de simples soupçons sur la nationalité du navire, ou la nature de son chargement, ne suffisent pas pour autoriser la capture.

Le visiteur ne peut faire ouvrir les panneaux, pour vérifier le chargement, ni aucun meuble pour rechercher des documents. Ceux présentés par le capitaine, à l'appui de sa déclaration pour la nationalité et la nature du chargement, sont les seuls instruments de preuve admis par le droit international.

Il peut arriver, quoique très rarement, que les pièces essentielles du navire, aussi bien celles relatives à la nationalité que celles qui se rapportent au chargement, se trouvent perdues, oubliées ou égarées à terre. Dans ce cas, si à l'aide d'autres documents l'officier visiteur pouvait se convaincre de la nationalité du navire et de son chargement, le navire serait autorisé à continuer son voyage ; mais s'il n'est pas possible d'obtenir les preuves nécessaires, le navire sera conduit au port espagnol le plus rapproché où il sera retenu jusqu'à ce que l'on ait pu se renseigner exactement sur les points douteux.

Le quatorzième et dernier article du règlement espagnol recommande que les officiers visiteurs agissent avec beaucoup d'égards sur les navires qu'ils auront à visiter.

On remarquera que ces instructions, rédigées dans un sens libéral sont muettes sur le cas des blocus établis par des forces navales espagnoles.

Les *Instructions générales* données à leurs croiseurs par les États-Unis sont au contraire très explicites à cet égard, comme on le verra ci-après ; mais si, de ce côté comme en Espagne, les principes de la Déclaration de Paris sont acceptés et mis en vigueur, nous aurons à constater ensuite, dans l'application, une tendance de la part des croiseurs à user vis-à-vis des neutres d'une sévérité excessive.

Nous nous dispenserons de citer les déclarations de neutralité de la France et des autres puissances, ces documents n'ayant aucun intérêt spécial ; mais nous reproduirons en entier les *Instructions* données par les États-Unis aux navires de blocus et aux croiseurs, car elles nous feront connaître la doctrine américaine actuelle, en matière de

Droit de Visite et de guerre industrielle. Ces instructions, élaborées par le Conseil d'État (*Department of State*), ne furent mises en vigueur que deux mois seulement après la déclaration de guerre, le 20 juin 1898, par M. John Long, secrétaire d'État au département de la marine.

Instructions américaines aux navires de blocus et aux croiseurs (20 juin 1898).

1. — Les navires des États-Unis, en cours de blocus ou de croisière, seront régis par les règles du Droit international, telles qu'elles sont définies par les décisions des cours et dans les traités et manuels fournis par le Département de la marine aux bibliothèques des navires; et par l'ensemble des traités existants entre les États-Unis et les autres puissances.

Les instructions spéciales qui suivent sont établies pour servir de guide aux officiers des États-Unis :

Blocus.

2. — Un blocus, pour être effectif et obligatoire, doit être maintenu par une force suffisante pour rendre dangereuse l'entrée ou la sortie d'un port. Si les navires de blocus chassés au large par le mauvais temps retournent sans délai à leur poste, la continuité du blocus n'est pas de ce fait rompue; mais s'ils quittent leur poste volontairement, dans un but étranger au blocus proprement dit, par exemple pour donner la chasse à un forceur de blocus, ou s'ils sont dispersés par une force ennemie, le blocus est abandonné ou rompu. Comme la suspension d'un blocus est un événement sérieux, entraînant une nouvelle notification, les capitaines devront mettre tous leurs soins à éviter qu'aucune réclamation ne puisse être formulée sur la matière.

Notifications aux neutres.

3. — Les navires neutres ont droit à une notification de blocus avant d'être saisis et capturés pour avoir tenté de le violer. Le caractère de cette notification n'est pas matériel. Elle peut être *verbale* (*actual*) comme lorsqu'elle est faite par un croiseur des forces de blocus, ou bien *implicite* (*constructive*) comme dans le cas où une proclamation du gouvernement maintient le blocus; elle peut résulter enfin de la notoriété publique (*common notoriety*). S'il est possible de prouver qu'un navire neutre a eu connaissance du blocus de quelque façon que ce soit, il est de bonne prise et doit être envoyé en jugement; mais si aucune information positive ne lui est parvenue, la règle de la connaissance présumée (*constructive knowledge*) résultant de la notoriété doit être interprétée (*construed*) d'une manière libérale en faveur du neutre.

4. — Les navires apparaissant devant un port bloqué, ayant navigué sans en avoir eu notification, ont droit à une *notification verbale* (*actual notice*) faite par un navire du blocus. Un officier doit aller à leur bord et inscrire au journal de bord (*ship's log*) le fait de cette notification, en mentionnant le nom du croiseur qui la donne, les limites du blocus, la date et la position géographique attestées par sa signature officielle. Le navire est alors rendu libre; et s'il tente à nouveau d'entrer dans le même port ou dans un autre port bloqué dont le blocus lui a été notifié, il est de bonne prise.

5. — S'il ressort de l'examen d'un passeport ou congé (*clearance*) que le navire a pris la mer après que l'avis du blocus a été communiqué au pays dont fait partie le port de départ, ou après que le fait du blocus était devenu de notoriété publique dans ce port; si cette supposition est fondée (*by a fair assumption*), il doit être considéré comme de bonne

prise et capturé. Il y a cependant des exceptions à cette règle résultant des traités, et il devra en être tenu strictement compte.

6. — Un navire neutre peut faire route de bonne foi vers un port bloqué, ayant à décider de choisir une autre destination s'il est informé de la continuation du blocus par des renseignements pris dans un port intermédiaire. Mais en pareil cas, il n'est pas autorisé à continuer son voyage vers le port bloqué, sous prétexte d'aller y chercher des informations sur la situation du blocus; il est tenu de se les procurer et de décider la route qu'il va faire avant d'arriver dans les eaux suspectes (*suspicious vicinity*); et, si le blocus a été formellement établi avec due notification, tout doute au sujet de la bonne foi d'une telle manœuvre doit être porté à charge (*against*) du neutre et déterminer sa saisie.

7. — En conformité de la règle adoptée par les États-Unis pour la présente guerre avec l'Espagne, les navires neutres se trouvant dans le port au moment de l'établissement d'un blocus, auront trente jours, à partir de l'établissement du blocus, pour effectuer leur chargement et sortir dudit port, *à moins qu'il n'en ait été ordonné autrement par les États-Unis.*

8. — Un navire, dans certaines circonstances, résistant à la visite, détruisant ses papiers, présentant de faux papiers, ou essayant de s'échapper devra être envoyé en jugement. La faculté de capturer un forceur de blocus commence et prend fin avec son voyage. S'il y a une bonne preuve (*good evidence*) qu'il a fait route avec l'intention de forcer le blocus, il est de bonne prise dès qu'il apparaît en haute mer. De même, s'il a réussi à s'échapper d'un port bloqué, il est de bonne prise à tout moment, jusqu'à ce qu'il atteigne son port national de destination (*home port*). Mais avec la terminaison du voyage, prend fin le délit.

9. — Les équipages des forceurs de blocus ne sont pas

réputés ennemis et ne doivent pas être traités comme prisonniers de guerre ; mais, avec tous les égards possibles (*every consideration*), toutefois, ceux des officiers ou de l'équipage dont le témoignage devant la Cour des Prises peut être désiré seront retenus comme témoins.

10. — Les navires de guerre des puissances neutres seront, par courtoisie, autorisés à entrer dans un port bloqué et à en sortir.

11. — Le forcement d'un blocus est un délit d'un caractère spécial (*distinct offence*) et entraîne la saisie, sans avoir égard à la nature du chargement, pour le navire qui tente cette opération ou fait route avec l'intention de s'y livrer. La présence de contrebande de guerre dans la cargaison devient une cause additionnelle (*distinct cause*) de saisie du navire, même s'il est affrété pour un port de l'ennemi non bloqué, et avec lequel tout commerce est licite, à l'exception de la contrebande de guerre.

Du Droit de Visite. — « Right of Search. »

12. — Le Droit de Visite des belligérants peut être exercé, sans avis préalable, sur tous les navires neutres, après le commencement de la guerre, afin de déterminer leur nationalité, le caractère de leur cargaison et les ports entre lesquels ils naviguent et trafiquent.

13. — Ce droit doit être exercé avec tact et considération et en se conformant strictement aux dispositions des traités (*treaty provisions*) toutes les fois qu'il en existe. Les indications qui suivent pourraient être modifiées par toute stipulation spéciale faisant partie d'un traité. Après avoir tiré un coup de canon à blanc, qui a pour effet de faire arrêter le navire, le croiseur doit envoyer une petite embarcation, pas plus grande qu'une baleinière, avec un officier chargé de diriger la Visite. Il peut y avoir des armes dans l'embarcation, mais les canotiers ne doivent pas en porter sur leurs personnes. L'officier, portant seulement son sabre (*side arms*) et accompagné par deux hommes au plus et sans armes de l'équipage du canot, doit examiner d'abord les papiers du navire pour déterminer sa nationalité et ses ports de départ et de destination. S'il est neutre, et si son commerce s'exerce entre ports neutres, l'examen ne va pas plus loin. S'il est neutre et affrété pour un port ennemi non bloqué, les papiers qui indiquent le caractère de sa cargaison doivent être examinés. S'il y a de la contrebande de guerre, le navire doit être saisi; sinon il doit être laissé libre de continuer sa route, à moins que pour de sérieux motifs de suspicion (*strong grounds of suspicion*) une visite plus minutieuse ne paraisse nécessaire.

14. — Sans avoir égard à la nature de la cargaison ou à sa destination présumée (*purported destination*), un navire neutre devra être saisi dans les cas suivants :

1. S'il tente d'échapper à la Visite par la fuite; mais cela doit être établi avec évidence (*clearly evident*);

2. S'il résiste à la Visite par la violence;

3. S'il présente des papiers frauduleux;

4. S'il ne possède pas les papiers nécessaires pour établir l'objet de la Visite;

5. S'il détruit, dénature (*defaces*) ou cache des papiers.

Les papiers que l'on doit généralement trouver à bord d'un navire sont :

1. L'immatriculation (*Registry*);

2. La liste de l'équipage (*Crew list*);

3. Le rôle d'équipage (*Log book*);

4. Une patente de santé (*Bill of health*);

5. Une charte partie (*Charter party*);

6. Les factures (*Invoices*);

7. Les connaissements (*Bills of lading*).

15. — Un navire neutre portant des dépêches ennemies,

faisant route comme paquebot-poste ou estafette (*dispatch vessel*) pratiquement au service de l'ennemi doit être saisi; tel n'est pas le cas d'un paquebot-poste portant régulièrement ces dépêches de la manière habituelle, soit qu'elles fassent partie d'un courrier au milieu des sacs à dépêches, soit qu'elles constituent un paquet séparé, pour la commodité du transport et sans qu'il soit intervenu ni rémunération ni arrangements spéciaux. Les voyages des paquebots-poste ne doivent pas être entravés (*not to be interfered*), à moins que l'on ait les motifs les plus évidents de soupçonner de leur part une violation de la loi, en matière de contrebande de guerre ou de blocus.

16. — Un navire neutre au service de l'ennemi pour le transport des troupes ou de personnes ayant la qualité de militaires est dans le cas d'être saisi.

Des navires marchands de l'ennemi.

17. — Sont de bonne prise et peuvent être saisis partout, excepté dans les eaux neutres, tous les navires marchands de l'ennemi.

Toutefois, la proclamation du Président du 26 avril 1898 a apporté à cette règle les exceptions suivantes :

« 4. Les navires de commerce espagnols se trouvant dans des ports ou baies des États-Unis auront jusqu'au 21 mai 1898 inclus pour compléter leur chargement et sortir desdits ports ou baies; et ces mêmes navires espagnols, s'ils sont rencontrés à la mer par un croiseur des États-Unis, seront autorisés à continuer leur voyage, à condition que l'examen des papiers de bord fournisse la preuve que les chargements ont été pris à bord avant l'expiration de la date précitée; *à condition* encore qu'il n'y ait à bord aucun officier de l'armée ou de la marine au service de l'ennemi, ni charbon (à l'exception de celui qui est nécessaire pour le voyage), ni aucun autre article défendu de contrebande de guerre, ni aucune dépêche provenant du gouvernement espagnol ou à lui destinée.

« 5. Tout navire de commerce espagnol qui, antérieurement au 21 avril 1898, aura fait route d'un port étranger pour un port ou lieu quelconque des États-Unis, sera autorisé à entrer dans ce port et à y décharger sa cargaison, puis à reprendre la mer sans être inquiété ; et si un tel navire est ensuite rencontré à la mer par un croiseur des États-Unis, il sera autorisé à poursuivre son voyage vers un port quelconque non bloqué. »

Propriété de l'ennemi sur des navires neutres non considérée comme contrebande de guerre.

18. — Le Président, par sa proclamation du 26 avril 1898, a déclaré :

« 1. Le pavillon neutre couvre la marchandise ennemie, à l'exception de la contrebande de guerre. »

De la contrebande de guerre.

19. — L'expression contrebande de guerre ne comprend que les objets destinés à un belligérant, dans un port ennemi ou à une flotte ennemie. Avec cette définition, les articles suivants, pour le moment, doivent être considérés comme contrebande :

Contrebande absolue (absolutely contreband). Les canons ; les mitrailleuses et accessoires et leurs parties ; les blindages et tout ce qui appartient à l'armement offensif et défensif des navires de guerre ; les armes et instruments en fer, acier, bronze, cuivre, ou de toute autre matière, tels que des armes et instruments spécialement adaptés pour faire la guerre sur terre ou sur mer ; les torpilles et leurs accessoires ; les cartouches de démolition ou tout matériel analogue ; les machines et le matériel de transport, tels que affûts, avant-trains, caissons à munitions, forges de campagne, cantines, pontons ; les approvisionnements d'artillerie ; les télémètres portatifs ; les pavillons de signaux destinés à la marine ; les munitions et explosifs de toute nature ; le salpêtre ; les harnachements et équipements militaires de toute sorte ; les chevaux.

Contrebande conditionnelle ou par destination (conditionally contreband). Le charbon, lorsqu'il est destiné à une station navale, un port de rendez-vous, ou un navire ou des navires de l'ennemi ; le matériel de construction pour chemins de fer et télégraphes et l'argent, lorsque ces matériaux et l'argent sont destinés aux forces de l'ennemi ; les matières alimentaires lorsqu'elles sont destinées à un ou plusieurs navires de l'ennemi, ou à une place assiégée.

De la conduite des Prises.

20. — Les Prises doivent être envoyées pour être mises en jugement, à moins qu'il n'en soit décidé autrement (*unless otherwise directed*), vers le port national le plus voisin dans lequel une Cour des Prises puisse se réunir.

21. — La Prise doit être remise à la Cour aussi exactement que possible dans la condition où elle se trouvait au moment de la saisie ; et à cet effet, ses papiers doivent être mis sous scellés au moment de la saisie et gardés sous la surveillance du *maître de Prise (prize master)*. On devra avoir égard aux articles 16 et 17 des Statuts administratifs de la Marine des États-Unis (Note A).

22. — Tous les témoins dont la déposition est nécessaire pour le jugement de la Prise doivent être retenus et envoyés avec elle ; et, si les circonstances le permettent, il est préférable que le *maître de Prise* soit l'officier qui a opéré la Visite.

23. — Pour la remise de la Prise à l'autorité judiciaire, il faut consulter les paragraphes 4615, 4616 et 4617 des statuts revisés de 1878 (Note B). Les papiers, y compris le rôle

d'équipage de la Prise, sont remis aux *Commissaires de la Prise*; les témoins confiés à la garde du Prévôt (*Marshal*) des États-Unis; et la Prise elle-même reste sous la garde du *maître de Prise,* jusqu'à ce que la Cour décide qu'un de ses propres officiers en prendra charge.

24. — Le titre à la propriété saisie comme Prise ne peut être transféré que par une décision de la Cour des Prises. Mais si le navire lui-même ou sa cargaison sont d'une utilité immédiate pour un service public, ils peuvent être affectés à cet usage, après inventaire fait avec le plus grand soin et une estimation certifiés à la Cour des Prises, par des personnes impartiales.

25. — S'il y a des raisons sérieuses (*controlling*) pour que le navire ne soit pas envoyé en jugement, par exemple s'il ne peut plus tenir la mer, s'il est contaminé par une maladie infectieuse ou si l'on manque d'équipage pour l'amariner, il peut être estimé et vendu et si on ne peut en opérer la vente, il peut être détruit. Le danger imminent de recapture de la Prise justifie la destruction s'il n'y a pas de doute que le navire était de bonne prise. Mais dans tous les cas ci-dessus, tous les papiers et autres témoignages doivent être envoyés à la Cour des Prises, de façon à ce qu'un décret puisse régulariser l'opération.

Note A.

Art. 16. — Il est interdit à toute personne de la marine de distraire d'une Prise, ou d'un navire saisi comme Prise de l'argent monnayé ou en lingots, des marchandises ou une partie quelconque de son armement, à moins que cela ne soit utile pour sa meilleure conservation, ou que de tels articles ne soient absolument nécessaires pour l'usage d'un navire ou d'une force navale des États-Unis, avant que ledit navire capturé ne soit jugé prise légale par une Cour compétente; mais l'ensemble du navire, sans fraude, sans

rien dissimuler ni dénaturer, doit être amené devant la Cour
pour qu'elle prononce son jugement; et toute personne qui
aura contrevenu à cet article sera punie comme l'indiquera
la Cour martiale devant laquelle elle aura à comparaître.

Note B.

Sec. 4615. — L'officier commandant un croiseur faisant
une capture devra mettre en sécurité les documents relatifs au navire et à la cargaison, y compris le rôle d'équipage
avec les autres documents, lettres et autres papiers trouvés
à bord; faire un inventaire du tout; les mettre sous scellés
et les envoyer avec l'inventaire à la Cour à qui appartient
la procédure, avec un rapport établissant que ce sont là tous
les papiers trouvés et qu'ils sont dans l'état où ils ont été
trouvés; ou, s'il y a lieu, expliquant l'absence de certains
documents ou papiers et les changements y apportés. Il devra aussi envoyer à cette même Cour, comme témoins, le
capitaine (*master*), un ou plusieurs officiers, le subrécargue,
le comptable (*purser*) ou agent de la Prise, ainsi que toute
personne trouvée à bord qu'il peut supposer avoir des intérêts dans le navire, ou avoir connaissance du titre, de la
nationalité ou de la destination de la Prise. Il enverra la
Prise, avec les documents, papiers et témoins sous la charge
d'un maître de Prise (*prize master*) compétent, et d'un
équipage de prise dans le port où elle doit être jugée en
expliquant, s'il y a lieu, l'absence de tels et tels témoins
habituels; et, à défaut d'instructions de l'autorité supérieure quant au port où elle doit être envoyée, il fera
choix du port qu'il estimera convenir le mieux en vue des
intérêts des personnes qui s'inscriront sans doute comme
plaignants, aussi bien que de ceux des capteurs. Si le navire
capturé, ou partie de la propriété capturée, n'est pas en
état d'être envoyé en jugement, une visite minutieuse sera
faite et des personnes aussi compétentes et aussi impartiales

qu'il sera possible de réunir à cet effet feront une estimation. Leurs rapports seront envoyés à la Cour à qui appartenait de faire la procédure, et cette propriété, à moins qu'elle ne puisse être utilisée pour le service du Gouvernement, sera vendue de par l'autorité de l'officier commandant présent, et les procès-verbaux de vente déposés entre les mains du trésorier adjoint (*assistant treasurer*) des États-Unis le plus voisin de la Cour et placé sous sa dépendance en ce qui concerne l'affaire. (Voyez *Sec.* 1624, art. 15.)

Sec. 4616. — Si un navire de guerre des États-Unis réclame pour partager une Prise, soit qu'il ait pris part à la capture, soit encore qu'il se soit trouvé à distance de signaux du navire qui a opéré la capture, l'officier commandant ledit navire devra faire un rapport écrit de sa revendication, établissant les motifs sur lesquels elle est fondée, les principaux faits montrant quels navires ont opéré la capture et quels navires se trouvaient à distance de signaux de ceux ayant effectué la capture, avec des détails suffisants relatifs aux temps, distances, lieux, signaux faits, aperçus et répondus; et ce rapport de revendication sera signé par lui et envoyé à la Cour de qui relève la procédure et introduit dans la cause.

Sec. 4617. — Le maître de Prise fera toute diligence pour gagner le port choisi et là, remettra immédiatement à un commissaire de Prise les documents et papiers accompagnés de leur inventaire. Il fera un *affidavit*, attestant que ces papiers sont bien ceux de la Prise, qu'ils sont dans le même état que quand on les lui a remis, ou expliquant, s'il y a lieu, telle absence ou tel changement survenus; que la propriété capturée est dans le même état qu'il l'a reçue ou expliquant la cause de telle perte ou de tel dommage survenus. Il fera ensuite un rapport à l'attorney du district et lui donnera tous les renseignements qu'il possède relatifs à la Prise et à sa capture; enfin, il fera la remise des per-

sonnes envoyées comme témoins au Prévôt et retiendra la
Prise sous sa garde jusqu'à ce qu'il en soit déchargé par
décision de la Cour des Prises... (Voyez *Sec.* 5441.)

L'extrait suivant du Rapport annuel de l'Attorney général des États-Unis est un document officiel témoignant de
la hâte avec laquelle les croiseurs américains donnèrent la
chasse aux navires marchands ennemis surpris en mer par
la déclaration de guerre. Les vapeurs *Pedro* et *Buenaventura*
capturés le 22 avril furent déclarés de bonne prise par la
Cour des Prises du District sud de la Floride. La cargaison
de ce dernier fut relâchée, étant établi qu'elle était propriété
neutre ; mais celle du *Pedro* fut déclarée douteuse.

Le total des Prises faites pendant la guerre, malgré le
zèle déployé par la marine américaine, ne s'éleva qu'au
chiffre de 56, vendues, navires et cargaisons, pour la somme
insignifiante de $ 701,034.36 ou 3,500,000 fr.

Ce chiffre de 56 ne comprend, en effet, que 10 vapeurs
espagnols, la plupart de faible tonnage et de mince valeur,
et 33 voiliers parmi lesquels de nombreuses goëlettes.

Parmi les navires neutres, 10 navires anglais furent capturés sur lesquels 4 petits voiliers et 2 vapeurs furent relâchés. Par contre, les cargaisons des vapeurs *Restormel-
Barry* et *Twikenham* réputées, sans doute, contrebande de
guerre, furent déclarées de bonne prise et vendues 65,705 fr.
et 9,215 fr. Enfin, deux vapeurs anglais, le *Newfoundland*
et l'*Adula,* furent condamnés avec leurs cargaisons.

D'autre part, un vapeur norwégien et un vapeur mexi-
cain capturés furent ensuite relâchés. Il en fut de même
pour l'*Olinde-Rodrigues,* vapeur français de la Compagnie
transatlantique dont nous étudierons le cas plus loin, ainsi
que ceux du *La Fayette* et du *Manoubia* de la même compagnie qui ne figurent pas sur la liste des Prises, mais qui
furent néanmoins arrêtés et saisis pendant un certain temps.

D'après les documents parvenus à notre connaissance, il semble qu'il y ait eu excès de zèle de la part des croiseurs américains, en ce qui concerne ces trois navires au sujet desquels la Compagnie transatlantique est en instance de dommages et intérêts vis-à-vis du gouvernement des États-Unis (1).

Extrait du rapport annuel de l'Attorney général (1898).

Affaires de Prises.

Immédiatement après le commencement des hostilités avec l'Espagne, le Département de la justice fut appelé à procéder au jugement et à la condamnation de navires et de chargements capturés par notre marine et conduits dans nos ports pour être vendus en adjudication. Dès le 22 avril, deux bâtiments espagnols, *le Buenaventura* et le *Pedro,* furent pris et successivement, au cours de la guerre, le nombre des navires capturés s'éleva à 56, dont 5o furent amenés à Key-West et soumis à la juridiction du district méridional de la Floride ; 4 furent conduits à Charleston, 1 à Savannah et 1 à New-York.

Tous les cas, à l'exception de 8, des 5o qui avaient été présentés à la Cour de la Floride ont été entendus et jugés. Les cas réservés sont relatifs aux prises faites à la fin de la guerre.

Le montant réalisé par la vente des navires et des cargaisons déclarés de bonne prise s'élève à $ 701,034.36.

Dix appels ont été formés par la partie réclamante, auprès de la Cour suprême des États-Unis.

Les tableaux des pages 224 à 226 donnent le détail des prises faites et des résultats du jugement.

---

(1) Cette demande de dommages et intérêts n'a pas été admise par la Cour suprême de Washington.

District sud de la Floride.

DATE de CAPTURE.	NOM.	RÉSULTAT DU JUGEMENT.	APPEL, VENTE, ETC.
1898 22 avril..	Vapeur espagnol *Buenaventura*.........	Condamné. — Cargaison relâchée.....	Appel, vendu à New-York $ 12,200.
22 —	Vapeur espagnol *Pedro*..	Condamné. — Cargaison douteuse....	Appel, navire gardé par la Marine, $ 200,000.
23 —	Goëlette espagnole *Matilda*.........	Condamnée avec la cargaison.......	Vendus : navire $ 1,600, cargaison $ 5,493.
24 —	Vapeur espagnol *Miguel-Jover*.........	Relâché avec cargaison.......	»
24 —	Vapeur espagnol *Catalina*.	Id..........	»
23 —	Goëlette espagnole *Condita*.........	Condamnée avec cargaison......	Vendus : navire $ 950, cargaison $ 510.
24 —	Goëlette espagnole *Sofia*..	Id..........	Vendus : navire $ 1,550, cargaison $ 5,566.
25 —	Vapeur espagnol *Panama*.	Id..........	Appel. Vente à New-York : navire $ 41,000, cargaison $ 14,523.
25 —	Goëlette espagnole *Paquita*........	Id..........	Vendu, navire $ 490.
25 —	Goëlette espagnole *Pinero*.	Id..........	Vendu, navire $ 1,070.
26 —	Vapeur espagnol *Ambrosio-Bolivar*........	Id..........	Appel. Vendus : navire $ 4,350, cargaison $ 8,848.
27 —	Vapeur espagnol *Guido*..	Id..........	Appel. Navire vendu New-York $ 130,000.
28 —	Goëlette espagnole *Engracia*..........	Id..........	Vendu, navire $ 1,000.
24 —	Goëlette espagnole *Tres-Hermanos*.......	Id..........	Vendu : navire $ 575, cargaison $ 3,535.
27 —	Goëlette espagnole *Lola*..	Id..........	Vendu, navire $ 800.
2 mai..	Goëlette espagnole *Antonio y Paca*......	Id..........	Vendu, navire $ 1,910.
29 avril..	Goëlette espagnole *Mascotte*.........	Id..........	Vendu, navire $ 360.
29 —	Vapeur espagnol *Argonauta*.........	Id..........	Appel ; navire vendu $ 17,060, cargaison $ 30,000.
27 —	Goëlette espagnole *Quatro de Setiembre*.....	Id..........	Vendu, navire $ 470.
2 mai..	Goëlette espagnole *Oriente*.	Id..........	Vendu, navire $ 530.
5 —	Brick espagnol *Frasquita*.	Id..........	Vendu : navire $ 920, cargaison $ 20.

DATE de CAPTURE.	NOM.	RÉSULTAT DU JUGEMENT.	APPEL, VENTE, ETC.
	District sud de la Floride (*suite*).		
1898 3 mai. .	Goëlette espagnole *Antonio-Suarez*	Condamnée avec cargaison	Vendu, navire $ 1,260.
7 —	Goëlette espagnole *Poder de Dios*	Id.	Vendu, navire $ 1,010.
7 —	Goëlette espagnole *Espana*.	Id.	Vendu, navire $ 1,310.
5 —	Trois-mâts espagnol *Lorenzo*	Id.	Vendu : navire $ 3,010, cargaison $ 19,791.
3 —	Goëlette espagnole *Fernandito*	Id.	Vendu, navire $ 550.
8 —	Goëlette espagnole *Santiago-Apostol*	Id.	Vendu, navire $ 2,700.
10 —	Goëlette espagnole *Severito*.	Id.	Vendu, navire $ 1,350.
17 —	Trois-mâts espagnols *Carlos-Rosas*	Id.	Vendu : navire $ 1,310, cargaison $ 16,750.
28 —	Vapeur anglais *Restormel-Barry*	Relâché; cargaison condamnée.	Cargais. vendue $ 13,141; appel pour la cargaison.
10 juin. .	Vapeur anglais *Twickenham*	Id.	Cargaison vendue $ 1,843.
24 —	Goëlette espagnole *Amapala*	Condamnée avec cargaison.	Vendus : navire $ 2,900, cargaison $ 69.
25 —	Goëlette espagnole *Emmanuel-Raoul*.	Relâchée (ordre de la cour).	
30 —	Goëlette anglaise *Nikerson*	Id.	
3 juillet.	Vapeur espagnol *Bonita-Estenger*	En suspens. — Attente de témoins.	
5 —	Goëlette espagnole *Gallito*.	Condamnée avec cargaison	Vendu : navire $ 700, cargaison $ 8,150.
9 —	Sloop anglais *Wary* . . .	Relâché (ordre de la cour).	
21 —	Vapeur norvégien *Franklin*	Pas de jugement (ordre de l'Attorney général).	
22 —	Vapeur anglais *Regulus*. .	Relâché (ordre de l'Attorney général).	
13 —	Sloop espagnol *Bella Inez*.	Condamné avec cargaison	Vendu.
6 —	Sloop anglais *Pilgrim* . .	Relâché (ordre de la cour).	
7 —	Goëlette anglaise *Three Bells*	Id.	

DATE de CAPTURE.	NOM.	RÉSULTAT DU JUGEMENT.	APPEL, VENTE, ETC.
	District sud de la Floride (*suite*).		
1898 7 juillet.	Vapeur anglais *Greenan-Castle*	En instance.	
17 —	Sloop espagnol *Domingo-Aurelio*	Id.	
27 —	Sloop espagnol *Anguedita*.	Id.	
27 —	Goëlette espagnole *Gibara*.	Id.	
26 —	Goëlette espagnole *Express'o de Gibarra*. . .	Id.	
24 —	Goëlette espagnole *Dolorès*	Id.	
30 —	Vapeur mexicain *Tabasqueno*.	Relâché (ordre de l'Attorney général).	
6 août. .	Sloop espagnol *Cristina* .	En instance.	
	District sud de la Caroline.		
8 mai. .	Vapeur espagnol *Rita* . .	Condamné. Cargaison douteuse.	Pris par l'armée, vendu $ 125,000. Appel pour la cargaison.
21 —	Trois-mâts espagnol *Dolorès*	Condamné avec cargaison.	Navire et cargaison vendus $ 1,875.
17 juillet.	Transatlantique français *Olinde-Rodrigues* . . .	En instance, attend de nouveaux témoignages.	
18 —	Vapeur anglais *Newfoundland*	Condamné avec cargaison.	Appel, cargaison vendue 11 octobre.
	District sud de Georgie.		
16 juillet.	Vapeur anglais *Adula* . .	Condamné avec cargaison.	Appel, navire transféré à New-York pour vente.
	District sud de New-York.		
26 juillet.	Remorqueur espagn. *Humberto-Rodriguez*	Relâché par ordre de la Cour.	

Nous allons maintenant examiner quelques cas particuliers qui montreront la nécessité, de la part des croiseurs, d'user de tact et de prudence, toutes les fois qu'ils se trouvent en présence d'un vapeur neutre appartenant à une grande compagnie de navigation, surtout si ce vapeur porte des dépêches postales.

Cas du « *La Fayette* ».

Parti le 21 avril de Saint-Nazaire, le *La Fayette,* après avoir relâché le 22 et le 23 à Santander et à la Corogne, se trouvait le 5 mai, à 6 heures du soir, à 13 milles de la Havane lorsqu'un croiseur américain, l'*Annapolis,* lui signala de mettre en panne. Un officier de ce navire monta à bord, notifia le blocus de la côte de Cuba sur le journal de bord puis déclara que le vapeur était libre de continuer sa route sur Vera-Cruz, après avoir visité tous les papiers de bord : manifestes, listes de passagers, etc., et avoir écrit en dessous de la notification : « *La Fayette* averti de ce que dessus. » Il s'était aussi assuré que le chargement ne comprenait aucune contrebande de guerre.

Le vapeur se mit aussitôt en route pour la Vera-Cruz ; mais l'*Annapolis* ne tarda pas à lui signaler : « Mettez en panne » en appuyant son signal d'un coup de canon à blanc. Il fut rejoint par deux autres navires de guerre, le *Newport* et le *Marrill,* vers 7 heures du soir. Le *La Fayette* s'étant de nouveau arrêté fut accosté par une embarcation. Un lieutenant de vaisseau monta à bord avec 11 marins armés et signifia au vapeur d'avoir à se rendre, non plus à la Vera-Cruz, mais à Key-West, sous l'escorte du *Wilmington.*

Le commandant du *La Fayette,* sur cette injonction, ne manqua pas de protester, non plus que l'agent des Postes ; mais obligé de céder à la force, il conduisit son navire à Key-West, où il apprit qu'il était saisi et capturé, parce que le navire ayant quitté La Corogne le 23 avril, il avait dû avoir connaissance de la déclaration de guerre datée du 21, ainsi que de la notification du blocus de Cuba datée du 22.

Le commandant du *La Fayette* protesta de nouveau et télégraphia au consul de France à la Nouvelle-Orléans pour le prier de réclamer sa-mise en liberté.

Cependant, le 6 mai, l'agent fiscal de Key-West vint faire une visite à bord, demanda si la cargaison ne renfermait ni munitions de guerre, ni équipements ou autre contrebande de guerre, s'il n'y avait pas de passagers militaires ou de fonctionnaires espagnols, et sur la réponse négative qui lui fut faite, le navire fut autorisé à se rendre à son premier port de destination, c'est-à-dire à la Havane où il séjourna du 7 au 10 mai. Il avait d'abord mis à terre les marchandises; mais elles furent réembarquées à bord sur l'ordre du ministre de France, et il prit la mer pour la Vera-Cruz avec 865 passagers, sans être ultérieurement inquiété par les forces de blocus.

Tel est l'exposé des faits d'où il semble résulter :

1° Qu'il a été impossible de prouver que le *La Fayette* pût être considéré comme ayant reçu notification du blocus de la Havane par le fait qu'il avait quitté la Corogne le 23 avril à 6 heures du soir, c'est-à-dire le lendemain de la notification de ce blocus.

2° Que le fait, pour ce vapeur, de passer à 13 milles du port bloqué, ne constituait pas une tentative de forcement de blocus.

Il est à remarquer, en outre, que le blocus ne fut réellement effectif qu'à partir du 28 avril, c'est-à-dire cinq jours après le départ du navire du dernier port d'Europe. Or, les États-Unis (voir le § 2 des Instructions générales, p. 211) ont admis, comme l'Espagne du reste, qu'un blocus pour être obligatoire doit être effectif.

Il était donc matériellement impossible que le navire eût eu connaissance d'un blocus obligatoire, c'est-à-dire effectif, avant le moment de sa rencontre avec l'*Annapolis*. C'est d'ailleurs ainsi qu'avait paru l'entendre ce croiseur, lors de sa première visite, en application du § 3 des Instructions où il est dit : « mais si aucune information positive ne lui est parvenue (au navire neutre), la règle de la connaissance supposée, résultant de la notoriété, doit être interprétée d'une manière libérale en faveur du neutre ».

C'est ainsi, d'ailleurs, qu'en jugea l'agent fiscal de Key-West et l'on ne peut que s'incliner devant la rapidité et la libéralité de sa décision, puisqu'il autorisa le *La Fayette* à entrer dans le port de la Havane, alors bloqué sans conteste, pour y déposer les malles ; mais il est permis de trouver le zèle des capteurs un peu excessif, en cette circonstance. Ils eussent dû avoir égard, en outre, à ce que le vapeur rencontré faisait un service postal, comme il est dit à l'article 15 des Instructions : « Les voyages de paquebots-poste ne doivent pas être entravés, à moins que l'on ait les motifs les plus évidents de soupçonner de leur part une violation de la loi, en matière de contrebande de guerre ou de blocus. »

La saisie du *La Fayette* peut donc être mise au nombre des erreurs que l'excès de zèle rendra parfois inévitables en temps de guerre maritime, mais qui devraient donner lieu à des dommages et intérêts, lorsque la bonne foi du navire illégalement saisi a été reconnue.

Notons, pour prouver la bonne foi du *La Fayette* et de la Compagnie transatlantique, qu'au moment de son départ de la Corogne, on ignorait si bien qu'un blocus effectif existât sur la côte de Cuba que ses instructions portaient de se présenter devant la Havane ; mais que si quelque obstacle s'opposait à son entrée, il devait continuer sa route sur Vera-Cruz.

D'autre part, notre ambassadeur à Washington, M. Cambon, avait informé, depuis plusieurs jours, le gouvernement américain de l'arrivée probable du navire français, et sollicité pour lui l'autorisation de débarquer dans ce port les passagers et la cargaison, sans y prendre d'ailleurs aucun chargement.

Des instructions avaient été rédigées dans ce sens à l'amiral Sampson, mais ne lui étaient pas encore parvenues au moment de la saisie du *La Fayette*.

Le commodore Watson, commandant la marine à Key-West, reçut en conséquence l'ordre de remettre le navire en liberté. Ainsi se termina ce malentendu regrettable sur lequel il ne nous paraît pas utile d'insister.

Affaire du « Manoubia ».

Le *Manoubia*, vapeur annexe de la Compagnie générale transatlantique, détaché dans la mer des Antilles, partait de Fort-de-France le 23 juillet 1898 sur lest à destination de Sagua Grande avec escale à Saint-Thomas où il arriva le 24. Il repartit de ce port le 25, à 5 heures du matin, et quatre heures plus tard aperçut le croiseur américain *Dixie* qui lui signala de stopper, en appuyant ses couleurs d'un coup de canon à blanc. Deux officiers vinrent à bord, examinèrent les papiers et objectèrent que la côte nord de Porto-Rico, où est situé le port de Sagua, était bloquée.

Le commandant du *Manoubia* déclara qu'il n'en avait eu connaissance nulle part, que tout le monde l'ignorait à son bord, et que si on lui notifiait ce blocus sur son journal de bord, il était prêt à s'y conformer et à retourner à Saint-Thomas.

Les officiers quittèrent le bord, puis revinrent à une heure et demie de l'après-midi avec 10 hommes armés et signifièrent au commandant du *Manoubia* que « *le fait d'avoir été expédié pour Sagua constituait une violation de blocus* » et qu'en conséquence, il devait se rendre à Charleston, sous l'escorte du *Dixie*, pour y être jugé.

Le *Manoubia* arriva à Charleston le 30 juillet où il fut relâché le 6 août 1898 et autorisé à aller à Sagua.

Le motif allégué pour saisir le *Manoubia*, sans avoir égard à ce que ce navire n'avait pas eu notification du blocus, ne pouvait se soutenir en droit, car cela signifierait qu'il est permis de réprimer une *violation fictive* d'un blocus dont l'existence est ignorée.

Le traité anglo-américain du 28 août 1795 spécifie clairement, au contraire, que les navires à destination des ports bloqués ne doivent pas être capturés à moins que, avertis du blocus sur les lieux mêmes, ils ne cherchent à le forcer.

Les Conventions de neutralité des 16 et 18 décembre 1800 déclarent de même « qu'on ne pourra seulement regarder comme contrevenants, que les bâtiments qui entreront dans le port bloqué ou ceux qui, ayant été préalablement avertis de l'état du port par le commandant du blocus, tenteront d'y pénétrer par violence ou supercherie. »

M. Robert Frémont, jurisconsulte distingué, auteur d'excellents articles parus sur le Droit maritime international à l'occasion de la guerre hispano-américaine, estime [1] : « que le délit simplement *intentionnel* de violation de blocus est une erreur définitivement condamnée à partir des traités de 1814; l'Angleterre même, dit-il, qui l'a longtemps défendu théoriquement, a maintes fois renoncé à réclamer l'application de ce faux principe, notamment pendant le blocus de Canton.

Si le blocus est *fictif*, ajoute-t-il, le fait matériel de sa violation ne saurait se produire. Si le blocus est *effectif*, un simple dessein ne saurait le rompre.

De plus, la violation d'un blocus effectif suppose qu'il y a eu notification actuelle, ou notification par notoriété publique; or il n'a pu être prouvé que le *Manoubia* avait reçu

---

[1] Voir le *Moniteur maritime* de mai à décembre 1898.

cette notification avant sa rencontre avec le *Dixie*. La saisie opérée par ce croiseur était donc abusive.

Rappelons enfin que le gouvernement américain lui-même ne manqua jamais l'occasion d'affirmer au cours de la guerre de Sécession, la nécessité d'un fait matériel pour constituer la violation du blocus, ni de dégager sa responsabilité morale des décisions qui n'étaient point conformes aux vrais principes du Droit (¹), et nous aurons à y revenir à propos du cas de l'*Olinde-Rodrigues,* dont la saisie, maintenue pendant plusieurs mois et sans qu'elle ait pu être justifiée devant la Cour des Prises, constitue une atteinte grave au Droit des neutres.

Affaire de l' « Olinde-Rodrigues ».

Saisie du navire.

L'*Olinde-Rodrigues,* de la Compagnie générale Transatlantique, sortait le 5 juillet 1898, du port de San-Juan de Porto-Rico, où il était entré la veille, lorsqu'il rencontra le croiseur américain *Yosemite,* qui voulut le saisir pour violation de blocus. Toutefois, le commandant du *Yosemite* admit les arguments donnés par le capitaine du paquebot pour sa défense, à savoir qu'il n'avait pas eu connaissance du blocus en faisant escale à Saint-Thomas, et en second lieu qu'il avait reçu pendant cette escale, du consul de France à San-Juan, un câblogramme lui disant : « pas blocus. »

Le *Yosemite,* satisfait de ces explications, laissa libre l'*Olinde-Rodrigues,* qui se rendit à Puerto-Plata, ayant reçu due notification du blocus.

Sorti de ce port le 16 juillet, à 6 heures du matin, l'*Olinde-Rodrigues* faisait route pour Saint-Thomas, lorsque le 17, à

---

(1) Voir affaire Yveton C. Fry. — Affaire *Néréide.* — Proclamation du Président, 19 avril 1861. — Dépêche de Lord Lyons à Lord Russel, contenant, sur la question, le sentiment du secrétaire d'État Seward.

8 heures et demie du matin, se trouvant à environ 9 milles au large de San-Juan, il fut arrêté par le *New-Orleans,* qui lui tira un coup de canon à l'avant, et lui fit savoir que le navire était saisi, attendu qu'il violait le blocus.

Malgré les protestations du capitaine, qui put établir qu'il avait câblé à San-Juan qu'il ne pouvait aller prendre 50 passagers signalés; malgré les papiers de bord prouvant que le navire allait à Saint-Thomas, la saisie eut lieu et le navire fut conduit à Charleston.

Sur les réclamations faites par la Compagnie Transatlantique, les autorités américaines se refusèrent à relâcher le navire, mais firent proposer à la Compagnie de verser une caution moyennant laquelle l'Attorney offrait un ajournement de 60 jours pour plaider l'affaire.

La Compagnie répondit qu'elle n'acceptait aucun ajournement et ne verserait aucune caution pour qu'on ne puisse même pas admettre la possibilité d'une faute de sa part, son paquebot passant au large à plus de 9 milles de la côte bloquée, au moment où il fut arrêté.

La Compagnie donna au contraire des instructions à son représentant à New-York pour que le procès vienne aussitôt que possible, sans aucun délai, si les Américains persistaient à garder le navire, et fit représenter le 4 août 1898, au ministre des affaires étrangères, que depuis 18 jours que le navire était capturé, passagers et matelots français, correspondances postales et même une valise diplomatique, étaient retenus arbitrairement et contrairement à tous les droits.

Malgré ces réclamations, le navire fut gardé deux mois environ à Charleston, puis de là, envoyé à New-York en octobre où le chargement fut relâché. Enfin, le navire lui-même fut relâché le 23 décembre 1898, après avoir été retenu pendant cinq mois et demi, la preuve de la violation du blocus n'ayant pu être faite au cours de ce long procès.

Quels étaient les motifs de saisie invoqués par les capteurs ? L'enquête menée par le juge à l'arrivée du navire à *Charleston* va nous les faire connaître. Deux faits étaient invoqués pour demander la condamnation du paquebot :

1° Son entrée dans le port de San-Juan le 4 juillet et sa sortie le 5, ce port étant bloqué ;

2° Son essai d'entrer dans ce même port au voyage de retour, le 17 juillet.

Or l'enquête établit que, sur le premier point, le capitaine avait reçu notification du blocus, qu'il ignorait, seulement le 5 juillet et au sortir du port, par le croiseur américain *Yosemite*.

Sur le second point, il n'y avait pas de preuves qui permissent d'affirmer que le paquebot avait voulu forcer le blocus à son voyage de retour ; mais il y avait cependant la parole des officiers américains qui le capturèrent, et en attendant que ces officiers apportent des preuves convaincantes du fait incriminé, le navire avait été retenu.

Voici, du reste, le texte des conclusions du juge, traduites littéralement :

« Toutes les circonstances de ce cas rendent très improbable qu'il y ait eu un essai de forcer le blocus. Le navire est grand et précieux ; il appartient à une des plus grandes compagnies de navigation à vapeur du monde, et il est à peine croyable que son capitaine ait couru les risques de confiscation, pour les profits précaires d'une telle aventure. Les navires de cette catégorie ne se lancent pas dans ce genre d'affaires. Il effectuait son voyage de retour, ayant comme chargement du tabac, du sucre, du café et d'autres produits de ces pays, pour lesquels il n'aurait pas trouvé de marché à Porto-Rico. Il était passé à San-Juan seulement douze jours avant, et le profit à récolter à son retour était si peu en rapport avec le risque encouru, qu'il faudrait une évidence écrasante pour contrebalancer le témoignage positif de ses officiers, qu'ils n'avaient aucune intention d'entrer dans le port. Un jugement en faveur de la libération du navire serait rendu sans hésitation, si ce n'était la motion de l'avocat de district, demandant l'autorisation de fournir d'autres preuves. Cette motion est appuyée par les dépositions de *bene esse* du lieutenant Russeil et autres du navire ayant effectué la capture, devant la Commission des Prises. Ils jurent positivement que le navire essayait de faire l'entrée du port de San-Juan quand il fut capturé par le *New-York*. Refuser la motion semblerait vouloir faire croire que la capture a été le fait : d'un zèle exagéré ou d'une cupide spéculation. Il n'y a aucune base pour une telle imputation. Il y a un côté de cette affaire qui pourrait indiquer un motif pour essayer d'entrer, qui mérite considération, et au sujet duquel on pourra peut-être obtenir des témoignages qu'il a été impossible d'obtenir jusqu'à présent.

« Après la destruction de la flotte espagnole de l'amiral Cervera et la reddition de Santiago, il est devenu très probable que San-Juan serait investi par terre et par mer et de là probable que les riches habitants de cette ville voudraient essayer de quitter la ville et que, pour échapper aux horreurs d'un siège, ils auraient offert une telle somme pour leurs passages, qu'elle aurait pu tenter le capitaine de l'*Olinde-Rodrigues* et le faire dévier de cette voie de prudence dans laquelle il s'était fait remarquer.

« Pensant que le gouvernement doit avoir l'occasion de prouver sa cause, si, après avoir pleinement considéré sa responsabilité, il juge à propos de le faire, j'ordonne qu'il soit permis d'apporter de nouvelles preuves. Un jugement sera aussi rendu, libérant le navire sur stipulation de sa valeur, au choix du réclamant.

« Enregistrez ce qui précède, comme mon opinion.

WILLIAM H. BAWLEY,
juge des États-Unis.

Ce jugement, devant l'impartialité duquel il faut s'incliner, ne conclut au maintien de la capture que sur la déclaration des officiers capteurs qui « avaient juré positivement que le navire essayait de faire l'entrée du port de San-Juan quand il fut capturé par le *New-York,* et sur la motion de l'avocat de district, demandant l'autorisation de fournir d'autres preuves ».

Quelles étaient ces preuves ? Autant que nous avons pu le savoir, il s'est trouvé à bord de l'*Olinde-Rodrigues* un passager de nationalité américaine, qui a déclaré avoir entendu le capitaine se vanter de forcer le blocus ? Sans entacher cette assertion de mauvaise foi, il est bien permis de se demander si l'Américain qui aurait entendu cette vantardise n'avait pas compris autre chose que les paroles prononcées dans une langue qui n'était pas la sienne. Il faut reconnaître en outre, que cette vantardise d'un capitaine, en présence de ses passagers de nationalités diverses dénoterait, de la part de cet officier, une imprudence touchant de près l'imbécillité, et cela nous paraît inadmissible.

Quoi qu'il en soit, le bâtiment fut relâché le 23 décembre 1898, et pendant les cinq mois que dura la saisie, il fut impossible aux capteurs de faire la preuve annoncée.

Nous nous abstiendrons ici de plus amples commentaires au sujet de cette affaire, nous bornant à donner ci-après une analyse de la sentence rejetant la demande de dommages et intérêts de la Compagnie Transatlantique.

Sentence de la Cour suprême des États-Unis.

Rappelons que la Cour du district, le 13 décembre 1898, ayant décidé que le blocus de San-Juan n'était pas effectif au moment de la capture, avait ordonné la restitution du navire. Mais appel de ce jugement fut interjeté par le gouvernement des États-Unis devant la Cour suprême et la même solution (restitution pure et simple du navire) fut confirmée, mais par adoption de motifs différents. Contrairement aux premiers juges, la Cour suprême décida que le blocus de San-Juan était effectif, mais que l'intention de le violer n'étant pas suffisamment établie, pour justifier la condamnation de l'*Olinde-Rodrigues,* celui-ci devait être relâché. Toutefois, son attitude était considérée comme suffisamment suspecte pour motiver la condamnation aux dépens.

Les motifs invoqués furent les suivants : les instructions du 20 juin 1898 portant que le blocus, pour être effectif et obligatoire, doit être maintenu par une force suffisante pour rendre *dangereuse* l'entrée ou la sortie du port bloqué, la Cour décida qu'un seul croiseur moderne, en droit, était suffisant si, en fait, il satisfaisait au résultat recherché, et rendait l'entrée du port dangereuse aux autres bâtiments.

Mais, d'autre part, en ce qui concerne la validité de la capture, pour tentative de forcement de blocus, l'intention hostile doit être clairement et péremptoirement établie pour qu'un navire appartenant aux citoyens d'une nation amie puisse être condamné.

Or, il semble que la parfaite bonne foi de l'*Olinde-Rodrigues* ait été établie, puisque la Cour reconnut que, dans l'espèce, après examen de l'ensemble des pièces et dépositions, cette intention hostile n'avait pu être établie.

Mais, d'autre part, il résultait, suivant la Cour, des éléments de preuve apportés par les capteurs, qu'il y avait des *présomptions suffisantes pour justifier le soupçon,* sinon pour justifier la capture.

En conséquence la restitution de l'*Olinde-Rodrigues* fut accordée ; mais sans dommages et intérêts, et à charge de supporter les dépens, sauf les honoraires d'avocat.

Ainsi donc, pendant cinq mois que dura la capture, il fut impossible d'apporter, la Cour le reconnaît, une preuve de l'intention qu'aurait eue le navire de violer le blocus, et le préjudice énorme qui en résultait pour la Compagnie Transatlantique fut néanmoins laissé à sa charge par sentence que nous venons d'analyser, sur de *simples présomptions justifiant le soupçon!*

C'est le cas d'en revenir à l'opinion émise par M. Brusa à propos du *Doelwijk* (voir p. 189). « En somme, dit-il, les sujets neutres doivent s'abstenir de faire acte d'État en interprétant à leur guise les actes des belligérants ; les belligérants seuls ont le droit de juger avec effet légalement obligatoire pour les parties en cause. »

Puisse cette sentence et ces paroles ne pas se retourner un jour contre ceux qui les ont prononcées ; mais qu'il nous soit permis de citer à nouveau la réflexion que nous avons émise à propos de l'évolution moderne du Droit maritime international, à savoir, qu'il semble se modifier dans le sens du renforcement progressif des droits de la guerre et des belligérants, aux dépens des neutres (1).

Les câbles télégraphiques pendant la guerre hispano-américaine.

La Convention de Paris, du 14 mars 1884, dont les États-Unis et l'Espagne étaient signataires, avait pour objet l'établissement et la protection des câbles télégraphiques *en temps de paix,* et l'article XV disait expressément : « Il est entendu que les stipulations de la présente convention n'affecteront en rien la liberté des belligérants. »

Or, on s'accorde à reconnaître aux belligérants le droit de couper ou d'avarier un câble quelconque, pouvant être utile à l'adversaire, quels que soient les dommages subis par les neutres du fait de cette interruption.

---

(1) *La Jurisprudence de la Cour suprême des États-Unis en matière de Prises,* par HENRI FROMAGEOT (*Revue maritime,* juin 1901, p. 1373). On trouvera la traduction *in extenso* de cette sentence dans la *Revue générale de Droit international public* (Documents, p. 1 à 15).

Les États-Unis qui avaient un grand intérêt, en faisant le blocus des colonies espagnoles, à les isoler de la métropole, ne manquèrent pas d'user de ce droit, aussi bien aux Philippines qu'aux Antilles.

A cet effet, le croiseur auxiliaire *Saint-Louis* de l' « American line », réquisitionné le 24 avril, embarquait à la hâte quelques appareils nécessaires pour draguer et couper les câbles, et partait six jours plus tard pour le théâtre des opérations. Il était loin toutefois de posséder l'outillage complet des navires spécialement affectés à la pose, au relèvement et à la réparation des câbles. Il se contenta, comme le *Zafiro,* le *Mangrove* et l'*Adria,* de ce qu'on put trouver de disponible, et les ruptures de câbles sur plusieurs points de la côte de Cuba furent souvent effectuées par de simples embarcations munies de grappins, dans les petits fonds, c'est-à-dire à une faible distance de la côte, grâce à la négligence mise parfois par les Espagnols à surveiller les points d'atterrissage.

Destruction du câble de Manille.

Après la bataille de Cavite et la destruction de l'escadre espagnole, l'amiral Dewey entra en pourparlers avec le gouverneur général de Manille, au sujet des communications télégraphiques par le câble reliant cette île à Hong-Kong et de là au monde entier. Ce câble était la propriété collective de Sociétés anglaises et danoises, qui s'en étaient réservé l'exploitation et recevaient une subvention du gouvernement espagnol. A la demande de l'amiral de s'en servir en commun pour communiquer avec leurs gouvernements respectifs, le gouverneur général répondit par un refus formel. En conséquence le câble fut coupé et son extrémité placée à bord d'un navire.

Il s'écoula toutefois un temps assez considérable, avant

que l'amiral pût se procurer un appareil transmetteur et des télégraphistes spéciaux; mais dès qu'il put réussir à établir la communication avec son gouvernement, le gouvernement espagnol usa de son droit, en raison du contrat qu'il avait avec l'Eastern Extension Telegraph Company, et mit les scellés sur l'extrémité du câble aboutissant à Hong-Kong. Ainsi se trouvèrent isolés à Manille les vainqueurs et les vaincus.

Il est hors de doute que l'amiral Dewey, en coupant le câble, était dans son droit absolu. L'usage commun du câble par les deux belligérants, s'ils avaient pu se mettre d'accord, eût placé la Compagnie dans une position neutre, tandis que l'usage exclusif du câble par l'amiral Dewey ou par les Espagnols la mettait du côté d'un belligérant au détriment de l'autre. D'ailleurs le fait que la Compagnie recevait une subvention du gouvernement espagnol donnait au câble le caractère belligérant, et par conséquent l'exposait à la saisie ou à la destruction de la part de l'autre belligérant. On s'explique aussi que la Compagnie ait refusé les offres de l'amiral Dewey, ce qui l'eût amenée à desservir la puissance qui lui versait une subvention.

L'Eastern Company réclama au gouvernement américain des dommages et intérêts, mais nous n'avons pu savoir quelle suite a été donnée à l'affaire, sinon qu'un refus formel a été fait tout d'abord à cette demande.

Les câbles de Cuba.

La question se posa, dès le début des hostilités, de la destruction du câble reliant Key-West à la Havane; mais comme aucune dépêche télégraphique venant des Espagnols par cette voie ne pouvait échapper au contrôle américain, ce câble fut maintenu d'un commun accord, d'autant plus qu'il pouvait être très utile dans certaines circonstances, pour échanger des communications officielles entre les deux nations en guerre, et faire en quelque sorte l'office de câble parlementaire.

Le secrétaire d'État à la marine, M. Long, dans ses instructions préliminaires à l'amiral Sampson, avant l'ouverture des hostilités, prescrivait de détruire les câbles (¹), et le seul câble qui restât intact à la fin de la guerre fut celui de la Havane à Key-West; mais il est hors de doute que Santiago resta en communication avec l'Europe, jusqu'aux derniers jours du blocus, par le moyen du câble anglais, atterrissant assez avant dans l'intérieur de la baie et qui ne put être coupé.

Le 25 avril, M. Long prescrivit de surseoir à la destruction des câbles, disant à l'amiral Sampson, qui regrettait cette mesure, qu'on songeait à proclamer leur neutralité. Toutefois, le gouvernement s'empara sans tarder de la station de Key-West du câble allant à la Havane, puis, après s'être entendu sans doute avec les puissances intéressées, il envoya le 30 avril, à l'amiral Sampson, l'ordre de destruction attendu.

Le 11 mai, l'*Eagle* essaya, mais en vain, de draguer le câble placé entre Cienfuegos et Batabano, par petits fonds, l'eau étant claire. Le même jour des embarcations opérant près du rivage, à 180 mètres environ, réussirent à couper le câble entre Cienfuegos et Manzanilla. En réalité ces embarcations trouvèrent trois câbles à cet atterrissage; mais elles durent se retirer avant d'avoir coupé le troisième, sous des feux de salve tirés de terre.

Dans la nuit du 16 mai, le *Saint-Louis*, aidé du *Wompatuck*, essayait de couper le câble reliant Santiago à la Jamaïque, lorsque survint une chaloupe espagnole armée en

---

(1) *La guerre hispano-américaine. Blocus et défense des côtes*, par SEVERO-GOMEZ NUNEZ, capitaine d'artillerie.

guerre. L'opération fut abandonnée ; mais deux jours plus tard elle fut reprise et menée à bonne fin, le câble ayant été relevé par 500 brasses de fond, à une distance d'un mille à peine du fort du Morro, qui se mit à ouvrir le feu sur les deux navires. Le commandant Goodrich, du *Saint-Louis,* prit chasse avec le câble relevé et eut l'impression qu'il y avait là deux câbles, et que le deuxième avait été endommagé. Ce dernier point est douteux.

Le 19 mai, les mêmes navires essayèrent de couper le câble français atterrissant à Guantanamo. Ils avaient déjà grappiné le câble, lorsqu'une canonnière espagnole les obligea à s'éloigner. Mais l'autre extrémité du câble aboutissait près du môle Saint-Nicolas, sur la côte ouest de Saint-Domingue. C'est là que le commandant Goodrich se rendit le lendemain 20 mai, et qu'il réussit à couper le câble par une grande profondeur, en ayant soin de se tenir en dehors de la limite de 3 milles des eaux territoriales.

Une tentative fut faite ensuite pour couper le câble de Porto-Rico à Ponce, mais elle fut infructueuse à cause de la nature du fond et de la grande profondeur de l'eau, le *Saint-Louis* et son annexe n'étant outillés que très imparfaitement pour ce genre d'opérations.

Ce fut encore le *Saint-Louis* qui coupa le câble de Cienfuegos, seul moyen de communication télégraphique entre la Havane et Santiago.

Sans entrer dans le détail des opérations américaines dirigées contre les câbles télégraphiques, on peut encore citer comme y ayant pris une part active : le *Mangrove,* qui avait été muni d'un treuil à câbles spécial, acheté à Key-West, à la Western Union telegraph C⁰ ; puis l'*Adria,* appartenant au service des communications de l'armée (*Signal service*).

Enfin, comme nous l'avons dit plus haut, grâce au manque de précautions des Espagnols, des navires de guerre, assez mal appropriés à ce genre d'opérations, réussirent parfois à couper des câbles, en envoyant des embarcations les draguer près des points d'atterrissage.

Les câbles télégraphiques et les devoirs des neutres.

Le passage d'une dépêche d'un belligérant à travers un territoire neutre, ou la réception d'une dépêche par un belligérant dans un port neutre, ne doivent-ils pas être considérés par l'autre belligérant comme une rupture de neutralité ou tout au moins comme un acte non amical? La plupart des jurisconsultes le pensent ainsi, et nous traiterons plus loin cette question avec plus de développements; mais nous pouvons citer, pendant la guerre hispano-américaine, deux exemples de non-transmission ou de suppression de télégrammes, donnés par les gouvernements français et anglais, voulant prouver leur stricte et impartiale neutralité dans le conflit.

Télégramme non transmis de la Martinique.

On se souvient des suppositions contradictoires faites sur la route prise par l'amiral Cervera, se rendant des îles du Cap Vert à Santiago, et de l'anxiété qui régnait parmi les Américains, dans l'incertitude où ils se trouvaient à cet égard.

Or, deux navires de l'escadre fantôme, le *Viscaya* et un contre-torpilleur, ayant des avaries à réparer, relâchèrent le 12 mai 1898 à Fort-de-France (Martinique). On assure qu'à ce moment, le consul des États-Unis à Fort-de-France, ayant tenté de faire parvenir cette information d'importance capitale à son gouvernement, ne fut pas autorisé à transmettre une telle dépêche, le gouverneur de la colonie estimant que le fait de donner une telle autorisation était un acte non amical vis-à-vis de l'Espagne, et pouvait être considéré de la part de la France comme une rupture de neutralité.

De toute façon, le gouvernement des États-Unis connut l'événement le 14, grâce à un croiseur qui sut lui faire parvenir l'information par une voie détournée ; mais ce retard de 48 heures pouvait avoir une importance considérable sur l'issue de la guerre, et la responsabilité des conséquences qu'aurait pu avoir une information immédiate des autorités américaines aurait pesé de tout son poids sur le gouvernement français, s'il l'avait permise.

C'est d'ailleurs ce que reconnut le gouvernement des États-Unis, qui tout d'abord s'était plaint de ce procédé par la voie diplomatique.

Câble anglais coupé par la Compagnie elle-même.

Voulant éviter le soupçon de donner des informations télégraphiques à l'île de Porto-Rico, et en même temps le reproche, de la part des États-Unis, d'agir vis-à-vis d'eux d'une façon peu amicale, une compagnie anglaise coupa elle-même un tronçon de câble, allant à Ponce. Les deux stations terminus du câble principal se trouvaient ainsi dans l'impossibilité de communiquer avec l'île bloquée.

Le bruit courut pendant la guerre que le câble entre Saint-Vincent et Sainte-Lucie avait été coupé, et l'on attribuait cette rupture aux Espagnols ; mais le fait est controuvé.

I

DE LA DESTRUCTION DES PRISES

Aux États-Unis.

Pendant la guerre de l'Indépendance, les navires ennemis étaient systématiquement détruits, sans même qu'on fût empêché par de sérieuses difficultés d'en disposer autrement.

Déjà, au commencement de la guerre contre l'Angleterre en 1812, le gouvernement américain, entre autres instructions, prescrivit au commandant de ses escadres de « détruire toutes les prises, à moins de cas extraordinaires justifiant manifestement une exception ». « Le commerce de l'ennemi, disait-il, est le point le plus vulnérable de l'ennemi que nous puissions attaquer, et sa destruction est le but principal ; c'est vers ce but que tous vos efforts doivent être dirigés. C'est pourquoi, à moins que vos prises ne soient de grande valeur et à proximité d'un port ami, il sera imprudent et presque inutile d'essayer de les emmener.

« Un croiseur isolé, en admettant qu'il y réussisse, ne peut garnir de matelots qu'un petit nombre de prises ; et alors, chaque prise diminue essentiellement ses forces ; mais un croiseur isolé, en détruisant chaque bâtiment qu'il capture, conserve la force de continuer en toute vigueur son œuvre de destruction aussi longtemps qu'il peut se procurer des vivres et des munitions dans les ports amis ou au moyen de celles trouvées à bord des navires qu'il prend. »

Pendant la guerre de Sécession, les navires commissionnés par les États confédérés, au premier rang desquels il faut placer l'*Alabama,* détruisirent presque invariablement leurs prises pour la raison qu'ils ne trouvaient pas de port où ils pussent les conduire sans danger.

Opinion des jurisconsultes anglais. — Dans un livre publié en 1870 sur la neutralité de l'Angleterre pendant la guerre de Sécession aux États-Unis, M. Montague Bernard, professeur de droit international à l'Université d'Oxford, dit au sujet des croiseurs confédérés cités plus haut : « C'est assurément une manière destructive de faire la guerre et aggravant les désastres inséparables des hostilités dirigées contre la propriété privée ; mais elle n'est prohibée par aucun usage ni par aucune loi internationale. »

Les Confédérés du Sud ne faisaient d'ailleurs qu'appliquer les principes professés par leur célèbre chancelier Kent lorsqu'il dit : « Dans certaines circonstances, la propriété capturée en haute mer ne peut être conduite dans un port. Le capteur peut alors ou la *détruire* ou *rançonner* le propriétaire. »

Twiss, lord Stowell, Lushington sont du même avis. A ce propos, Hall pense qu'il est assez difficile de voir ce qu'a de révoltant la destruction d'une propriété qui ne doit plus revenir à son propriétaire primitif si on tolère la procédure alternative de condamnation par un tribunal de prises. La propriété a passé des mains de ce possesseur en celles du capteur ; or, si celui-ci aime mieux détruire que garder une chose qui lui appartient désormais, les personnes qui n'ont aucun intérêt à la propriété des objets détruits n'ont pas le droit de se plaindre de sa manière d'agir. »

Il s'agit là, bien entendu, de navires ennemis. En ce qui concerne les navires neutres violant un blocus ou portant de la contrebande de guerre à l'ennemi, ou bien encore les navires ennemis portant des marchandises dont la neutralité est attestée par des papiers de bord bien en règle, c'est-à-dire signés des deux parties, il semble que, dans tous les cas de force majeure, la destruction est encore légitime.

D'après Perels, et nous sommes de son avis, après la destruction de la prise, accompagnée d'un procès-verbal qui démontre qu'on y a été obligé, il est nécessaire qu'une décision judiciaire confirme la validité de la capture ; et cela est très facile, puisque les papiers de bord ont été mis sous scellés et que l'équipage et les officiers ont été ramenés sains et saufs. On dispose donc, sans exception, de tous les éléments d'un jugement en règle.

En France.

. Cas du « Ludwig » et du « Vorwærts » (¹). — Deux bâtiments portant pavillon allemand, le *Ludwig* et le *Vorwærts*, furent incendiés le jour même de leur prise (21 octobre 1870) par le commandant du croiseur *le Desaix*, qui eut soin de dresser un procès-verbal constatant la nécessité de cette destruction. Par suite de réclamations, tant de la part des armateurs du *Ludwig* que de celle des capteurs, l'affaire fut portée devant le conseil des prises siégeant à Bordeaux, qui décida, le 27 février 1871, qu'il résultait des papiers de bord et de l'instruction, que ces bâtiments appartenaient à des sujets allemands ; que leur prise était donc bonne et valable ; que la destruction ayant été causée par force majeure pour conserver la sûreté des opérations du capteur, il n'y avait pas lieu à répartition au profit des capturés ; qu'en agissant comme ils l'avaient fait, les capteurs avaient usé d'un droit, rigoureux sans doute, mais dont l'exercice est prévu par les lois de la guerre et recommandé par les instructions dont ils étaient porteurs. (Voir les instructions complémentaires de la guerre de 1870, article 20, page 138.)

Les propriétaires des deux navires, ainsi que les consignataires et les chargeurs de leurs cargaisons, interjetèrent appel de cette décision devant le Conseil d'État. Les premiers contestaient la légitimité de la capture et, par suite, de la destruction du navire, et demandaient que la valeur leur en fût restituée. De leur côté, les consignataires et les chargeurs de la cargaison, se prévalant de leur qualité de sujets neutres, invoquaient l'article 3 de la déclaration du Congrès de Paris de 1856, lequel affranchit de la confiscation la marchandise neutre, à bord d'un navire ennemi, et revendiquaient le prix de leur propriété détruite.

(¹) Voir Calvo, vol. V, p. 279.

JUGEMENT EN APPEL. — « Considérant que si, aux termes de la Déclaration du Congrès de Paris du 16 avril 1856, la marchandise neutre n'est pas saisissable à bord d'un navire ennemi, il suit de là seulement que le neutre qui a embarqué ses marchandises sur ce navire a droit à la restitution de ses marchandises ou, en cas de vente, au paiement du prix ; mais qu'on ne peut induire de cette déclaration qu'il peut réclamer une indemnité à raison des préjudices qu'a pu lui causer soit la capture du navire lorsque cette capture a été reconnue valable, soit les faits de guerre qui ont accompagné ou suivi cette capture ;

« Considérant qu'il résulte de l'instruction que la prise du *Ludwig* et du *Vorwærts* a été jugée valable, et que la destruction des navires avec leurs cargaisons a eu lieu sur l'ordre du commandant du bâtiment capteur, par le motif que la sécurité de ce bâtiment ne permettait pas, à raison du grand nombre de prisonniers à bord, de détacher une partie des hommes de l'équipage pour conduire les prises dans un port de France ;

« Que, dans ces circonstances, la destruction de ces prises constituait un fait de guerre dont les propriétaires des cargaisons ne peuvent être admis à discuter l'opportunité et qui ne peut donner ouverture à leur profit à un droit à une indemnité..... »

La destruction des prises est un acte de guerre légitime.

D'après Calvo, l'interprétation que les appelants entendaient donner à la Déclaration du Congrès de Paris était trop large et trop absolue. Selon l'éminent jurisconsulte, l'article qu'ils en invoquaient n'a pas d'autre portée que celle que lui attribue le décret de la commission. Il n'est pas à présumer, en effet, que les puissances contractantes aient jamais entendu subordonner les droits des belligérants aux intérêts des neutres dans tous les cas, même dans les cas de force majeure dominés par les nécessités de la guerre.

Que porte en substance l'article 3 qu'on invoque ? Il dit textuellement : « La marchandise neutre, à l'exception de la contrebande de guerre, n'est pas *saisissable* sous pavillon ennemi. » Or, de ce que la marchandise neutre n'est pas saisissable, ou plutôt n'est pas confiscable, il ne s'ensuit pas absolument qu'elle soit inviolable.

Ledit article signifie simplement que le capteur ne doit pas en tirer profit; il a enlevé au belligérant le droit de se l'approprier. Mais la Déclaration du Congrès de Paris n'est pas allée et ne saurait vraisemblablement aller plus loin. Elle ne pouvait, en effet, prévoir les actes de force, les moyens hostiles, dirigés par le belligérant contre le navire ennemi, par suite desquels la propriété neutre peut être endommagée ou détruite; et, les eût-elle prévus, avait-elle le pouvoir d'y mettre obstacle et d'entraver sous ce rapport l'exercice des droits incontestables de la guerre?

On ne saurait contester que capturer et détruire un bâtiment ennemi ne soient des actes licites. A un point de vue général, on peut dire que le respect de la marchandise neutre, sous pavillon ennemi, n'est que le côté accessoire de la question de neutralité. S'il était admis que le neutre dût être indemnisé de sa marchandise détruite avec le navire ennemi, l'acte de couler ou d'incendier une prise devrait être interdit toutes les fois qu'il se trouve à bord un chargement neutre ; car, dans bien des cas, l'obligation de payer la marchandise imposerait au capteur des charges que ne compenserait pas la destruction du navire ennemi.

Si nous raisonnons par analogie avec les usages de la guerre sur terre, nous voyons que là le principe du respect de la propriété privée revêt un caractère bien plus absolu, puisqu'il s'étend, non pas seulement à la propriété du neutre, mais à celle de tout individu inoffensif ne prenant pas une part active à la lutte. Cependant, quelles atteintes ne reçoivent pas ces propriétés par les actes que le belligérant accomplit dans l'exercice rigoureux de son droit? Et l'histoire nous apprend que ces atteintes ne donnent lieu à aucune réclamation fondée, ou du moins à aucune indemnité, ni même à aucune ingérence des gouvernements desquels dépendent les parties lésées.

Pour n'en citer qu'un exemple, d'une enquête faite à la suite du bombardement de Valparaiso par la flotte espagnole, il résulta que le commerce neutre avait eu à souffrir plus que celui du Chili ; pourtant, aucune indemnité ne fut accordée aux neutres, en faveur desquels leurs gouvernements respectifs, notamment l'Angleterre, les États-Unis, la France, l'Allemagne et la Belgique, refusèrent d'intervenir auprès du gouvernement de l'Espagne.

En droit strict, quelque interprétation que l'on donne à la Déclaration du Congrès de Paris, le droit du capteur demeure intact, en présence de circonstances de force majeure ou de certaines nécessités de la guerre, et la destruction des prises, même lorsqu'elles sont chargées de marchandises neutres, doit être considérée, dans certains cas, comme un acte légitime des belligérants.

II

ARRÊT DE PRINCE. — EMBARGO. — ANGARIE

« On ne saurait prétendre, dit Calvo (¹), que les droits d'hospitalité puissent restreindre le droit qui appartient à un gouvernement d'user de tous les moyens légaux pour pourvoir à la conservation de l'État ou que les étrangers puissent obtenir une situation privilégiée ; l'exemption des conséquences des malheurs publics est, en effet, la garantie des dommages qui pourraient être causés par force majeure ou par l'impérieuse nécessité de pourvoir au salut public. »

En cas de guerre, la raison d'État prime parfois l'intérêt privé, national ou étranger, et légitime l'emploi de ces moyens extrêmes désignés sous le nom d'*arrêt de prince* et d'*angarie*.

L'*angarie* s'applique à la mise en réquisition d'un navire marchand pour un service public quelconque. Ce droit implique la responsabilité matérielle et financière de l'État.

Le droit d'*arrêt de prince* ou d'*embargo*, pour être légitime, doit être général et fondé sur des raisons majeures. Il n'implique, le plus communément, que la responsabilité morale du gouvernement qui l'exerce.

L'*embargo* consiste dans la mainmise, à titre de gage ou comme mesure de précaution, sur les propriétés publiques ou privées d'une autre nation, notamment sur les navires marchands qui portent son pavillon et se trouvent mouillés dans les ports, les rades ou les baies de la juridiction territoriale.

Dans les premières années de ce siècle, la plupart des nations

---

(1) Calvo, *Droit international,* vol. III, p. 138.

maritimes ont eu recours à l'embargo comme préliminaires d'une guerre formelle.

De nos jours, on a une tendance à laisser tomber en désuétude ce droit considéré comme trop rigoureux et trop préjudiciable au commerce ; mais il est clair qu'à titre de représailles, il peut devenir nécessaire de l'exercer. Il se justifie notamment lorsqu'il devient un moyen de coercition pour amener le redressement de griefs sérieux, un changement d'attitude politique ou la réparation de violation flagrante du droit des gens.

EXEMPLES D'EMBARGOS. — On peut citer comme embargos (¹) de ce genre celui dont la France frappa la marine portugaise en 1831, lors de ses démêlés avec l'infant Don Miguel ; celui auquel le gouvernement anglais eut recours en 1839 pour forcer la Hollande à reconnaître l'indépendance de la Belgique dans les conditions sanctionnées par toutes les puissances européennes, et celui mis en 1838 par l'Angleterre sur les navires napolitains.

L'arrêt de prince ne doit pas être confondu avec l'embargo tel que nous venons de le caractériser. C'est la simple défense faite aux navires marchands mouillés dans un port bloqué ou placés par suite de circonstances politiques dans une situation exceptionnelle, de quitter momentanément leur mouillage.

DOCTRINE ANGLAISE. — Sous l'empire des principes que sanctionnait l'ancien droit des gens, les embargos servaient de prétexte pour nuire à l'ennemi avant toute déclaration de guerre et les équipages des navires marchands étaient invariablement transformés en prisonniers de guerre et traités comme tels. Il est utile à ce sujet de reproduire les arguments de sir William Scott à l'appui de la doctrine que la Cour d'amirauté britannique fit prévaloir lors de l'embargo mis en 1803 par l'Angleterre sur les navires hollandais : « La saisie de ces navires, dit ce magistrat, fut, dans le principe, indéterminée et équivoque. Si le différend international entre les deux pays avait abouti à une réconciliation, la saisie, par un effet rétroactif des circonstances, se

---

(1) CALVO, *Le Droit international,* vol. III, § 1825.

serait convertie en un simple *embargo civil,* et les choses auraient été replacées dans l'état antérieur ; mais du moment que le débat, au lieu de se résoudre par une transaction, a eu pour effet l'ouverture des hostilités, un effet diamétralement opposé se produisit et la saisie originaire revêtit rétroactivement un caractère hostile. Ce n'est plus un embargo, un acte équivoque, sujet à deux interprétations différentes ; les faits postérieurs ont révélé l'intention *(animus)* dans laquelle la mesure a été prise. Or, comme cette intention était hostile *(animo hostili)* dès l'origine *(ab initio),* on est fondé en droit à en faire peser les conséquences sur les personnes coupables d'offenses qu'elles ont refusé de réparer par un changement amiable dans leur manière d'agir. Telle est la marche nécessaire quand il ne survient pas d'accord spécial pour la restitution des propriétés saisies avant toute déclaration formelle de guerre. »

ÉVOLUTION MODERNE
DES DROITS ET DEVOIRS DES BELLIGÉRANTS
ET DES NEUTRES

Imprécision et contradictions
du Droit maritime international.

Nous lisons dans le préambule de la Déclaration de Paris que le droit maritime international en temps de guerre a été, pendant de longues périodes, un sujet de déplorables disputes, et que l'incertitude de la loi et des devoirs qu'elle impose en pareil cas a soulevé, entre les neutres et les belligérants, des différences d'opinion qui peuvent occasionner de sérieuses difficultés et même des conflits.

Si la loi internationale maritime manque d'exactitude et de précision, et semble avoir perdu de son autorité, c'est peut-être qu'on a négligé de consulter, en même temps que le diplomate, les marins qui ont pour mission de la mettre en pratique.

Jusqu'à ces derniers temps, les hommes d'État avaient pour règle de conduite de mettre leurs actes en accord avec un certain « droit public européen », dont les principales maximes sont les suivantes : 1° la paix est la condition normale des choses ; 2° les États sont indépendants les uns des autres et ont des droits égaux ; 3° aucun État n'a le droit d'intervenir dans les affaires d'un autre, hors le cas où sa propre sécurité est en danger.

En est-il de même aujourd'hui ? En principe oui, mais en fait non, comme le prouvent l'occupation de l'Égypte, la guerre hispano-américaine, l'intervention des puissances en Crète et l'occupation simultanée, en pleine paix, de plusieurs points du littoral de l'empire chinois.

La loi maritime internationale déjà imprécise présente encore d'autres contradictions. On sait, par exemple, que l'article 1er de la célèbre déclaration de Paris de 1856 est ainsi conçu : *La course est abolie;* mais cela n'empêche pas toutes les puissances de se préparer à la guerre de course et de l'organiser dès le temps de paix, ce qu'on ne faisait pas jadis, en désignant d'avance les paquebots destinés à devenir des croiseurs auxiliaires, en exigeant qu'ils soient construits assez solidement pour porter des canons, qu'ils aient des soutes à poudre bien conditionnées, et en rassemblant dans des magasins spéciaux le matériel d'artillerie qui leur est réservé (1).

L'article 2 : « Le pavillon neutre couvre la marchandise ennemie, à l'exception de la contrebande. de guerre », est encore, plus que le premier, sujet à controverses, attendu que la définition de la contrebande de guerre est laissée aux soins des belligérants. Avant cette déclaration, l'Angleterre avait toujours revendiqué et exercé le droit de saisir la marchandise ennemie sur les bâtiments neutres. Elle y a renoncé, mais il lui reste, comme à tous les signataires de cet acte diplomatique, le bénéfice de l'exception de la contrebande de guerre qui, en dehors des armes, des munitions, peut être du riz, du charbon, du coton, de la laine, des matières alimentaires en général, etc., etc.

On voit donc que la fameuse maxime : *Le navire libre fait la marchandise libre,* sera sujette, dans la pratique, à de nombreuses restrictions.

Par contre, l'ancienne règle : *Les navires ennemis rendent la marchandise ennemie,* a été remplacée par celle-ci : *La marchandise neutre n'est pas saisissable sous pavillon ennemi.*

---

(1) Le budget anglais de la Marine (*Navy estimates*) pour l'exercice 1900-1901 prévoit une subvention de 62,000 liv. st. ou 1,570,000 fr. à répartir entre les paquebots suivants destinés en temps de guerre à devenir des croiseurs auxiliaires : *Campania* et *Lucania* de la Cunard; *Hymalaya, Australia, Victoria* et *Arcadia* de la Peninsular and Oriental; *Teutonic* et *Majestic* de la White Star; *Empress of India, Empress of China* et *Empress of Japan* de la Canadian Pacific.

On a voulu aller plus loin dans la voie du respect de la propriété privée sur mer. Les États-Unis, on s'en souvient, ont refusé, en 1856, d'adhérer à la Déclaration de Paris, en proposant de supprimer complètement le droit de capture sur mer. Ils ont renouvelé, en 1870, cette proposition déjà formulée au siècle dernier par Jefferson et Franklin, et qui ne paraît pas devoir être admise de sitôt par les nations dont la « guerre industrielle » se trouve être, dans certains cas, le seul moyen de défense.

De la contrebande de guerre par destination. — Doctrine du voyage continu. — Convention au sujet des devoirs des États neutres entre les États-Unis et l'Angleterre.

En ce qui concerne la contrebande de guerre, comme nous l'avons dit plus haut, outre qu'elle n'est pas définie, ce qui peut donner lieu à des surprises fort désagréables pour le commerce des neutres, la doctrine de la *destination ultérieure* de la marchandise transportée tend de plus en plus à prévaloir dans son sens le plus restrictif (*Doctrine du voyage continu*).

C'est ainsi que, pendant la guerre de Sécession, les tribunaux des prises américains déclarèrent de bonne capture une cargaison trouvée sur bâtiment neutre et destinée à un port neutre, mais qu'on avait l'intention de transborder et de réexpédier par mer pour un port belligérant.

Allant un peu plus loin, les mêmes juridictions déclarèrent de bonne prise le *Peterhoff*, allant de Londres à Matamoros, port neutre situé sur la rive mexicaine du Rio-Grande, sous prétexte qu'une partie du chargement, soit des harnachements d'artillerie, des bottes, etc., pouvait être ultérieurement transportée par voie de terre jusqu'à Wilmington ou Charleston, villes appartenant aux Confédérés.

Cette doctrine s'explique jusqu'à un certain point à cause des facilités de communication que donnent aujourd'hui les chemins de fer pour franchir la frontière qui sépare un État neutre d'un État belligérant ; mais, dans le cas du *Doelwijk,* que nous avons traité en détail, les marchandises saisies en même temps que ce navire auraient eu à traverser notre colonie des États somalis, où les chemins sont si peu sûrs que seules les caravanes protégées par une forte escorte peuvent s'y aventurer.

En appliquant cette manière de faire à la guerre hispano-américaine, tout navire neutre débarquant de la contrebande de guerre à la Jamaïque, à la Martinique, à Bordeaux ou à Cette, c'est-à-dire en pays neutre, ce qui est un droit strict, pouvait être saisi et capturé par un croiseur américain, sous prétexte que, de ce port neutre, la marchandise pouvait être transportée ultérieurement en pays ennemi, par voie de mer ou par voie de terre.

Ce qu'il faut considérer dans les jugements rendus à propos de captures, c'est que l'État belligérant, maître de la juridiction, est par le fait juge et partie, que les neutres n'ont point voix au chapitre, que les choses se sont toujours passées ainsi et que cette coutume, vieille de plusieurs siècles, subsistera encore longtemps.

Il faut dire, par contre, que l'exportation de la contrebande de guerre n'est généralement pas interdite par les États neutres. La capture reste donc la seule pénalité encourue par les particuliers qui se livrent à ce commerce à leurs risques et périls, et il serait excessif de prétendre qu'ils ont droit à la protection de leur gouvernement dans le cas où ils ont manqué à leurs devoirs de neutres en fournissant cette contrebande de guerre à un État belligérant.

Mais si l'exportation de la contrebande de guerre reste autorisée, il faut noter qu'à la suite du différend survenu, à propos de l'*Alabama*, entre les États-Unis et l'Angleterre, cette puissance, par le traité de 1871, s'est imposé les trois règles suivantes et les a portées à la connaissance des autres pays :

1° On usera de diligence pour empêcher l'armement ou l'équipement d'un navire que ce pays (Angleterre ou États-Unis) est raisonnablement fondé à croire destiné à croiser ou à porter la guerre contre une puissance amie ; et il faudra aussi user de la même diligence pour s'opposer au départ dudit navire d'un port quelconque soumis à sa juridiction, ce navire ayant été préparé en tout ou en partie pour la guerre dans cette juridiction ;

2° Il ne sera permis ni toléré qu'aucun navire belligérant fasse, de ses ports ou eaux territoriales, une base navale d'opérations contre l'autre belligérant, ou s'en serve pour augmenter ou renouveler ses moyens d'action militaires ou ses armes, ou pour y recruter des hommes ;

3° Il sera exercé une surveillance sévère dans les ports et eaux territoriales sur les personnes soumises à sa juridiction, pour les empêcher de violer les obligations et devoirs susmentionnés.

Ces règles, non encore adoptées par aucune autre nation, ont été rappelées aux sujets britanniques lors de la proclamation de neutralité formulée par le gouvernement anglais à l'occasion de la guerre hispano-américaine.

La question des câbles télégraphiques en temps de guerre.

La protection des câbles télégraphiques sous-marins est régie par la convention internationale signée à Paris le 14 mars 1884 ; mais l'article 15 de l'acte du Congrès stipule que la Convention réserve les droits des belligérants, c'est-à-dire que ceux-ci ont le droit d'interrompre les communications de l'ennemi en coupant les câbles, même quand ceux-ci appartiennent à des neutres.

Si exorbitant que semble ce droit, dont les Américains ont largement usé pendant la guerre hispano-américaine, le service des informations est d'une telle importance en temps de guerre, que les nécessités impérieuses de la défense le rendent presque toujours légitime.

Il est à remarquer, comme on l'a vu dans le chapitre consacré à la guerre franco-chinoise, que les stations télégraphiques de Gutzlaf (près de l'embouchure du Yang-Tsé) et de Sharp-Peak (à l'embouchure de la rivière Min) furent respectées par les Chinois comme par les Français, en vertu d'un accord tacite. La première appartenait à la Compagnie danoise des télégraphes du Nord et la seconde était anglaise.

Quand un câble est en pays neutre, les belligérants qui viennent accidentellement dans un port de cette nation ont-ils le droit de s'en servir pour des communications d'ordre militaire avec leurs gouvernements respectifs ? La question s'est posée quand l'escadre de l'amiral Cervera a détaché un de ses navires à Fort-de-France (Martinique), où se trouvait déjà un croiseur auxiliaire américain. Pour ne pas encourir le reproche, de la part des deux belligérants, de violer la neutralité, le gouvernement français refusa d'envoyer les télégrammes. Cette prudente réserve ne l'empêcha pas d'essuyer les plaintes des États-Unis, tant il est difficile de contenter les deux belligérants à la fois.

La possibilité de couper les câbles télégraphiques entre l'Égypte, l'Inde, l'Australie, les autres colonies anglaises et l'Angleterre est bien faite pour préoccuper cette puissance dans l'éventualité d'une guerre, d'autant plus qu'elle possède la plus grande partie des câbles immergés dans les deux hémisphères. Étant propriété ennemie, servant en outre de véhicule à des messages et à des informations militaires d'une extrême importance, ils seraient doublement exposés à être coupés. Que les neutres aient à en souffrir, cela n'est pas douteux ; mais, dans ce cas spécial, on pourrait appliquer sans scrupules le principe posé par lord Stowell : « C'est le droit du belligérant de couper les communications entre l'ennemi et ses possessions et, sans ménagement, d'appliquer tous ses efforts à jeter le trouble et à désorganiser ce système d'informations que l'ambition de l'ennemi (la France) est de maintenir intact. »

Telle est aujourd'hui la loi internationale en matière de câbles télégraphiques, et les faits qui se sont déroulés pendant la guerre hispano-américaine, comme nous l'avons vu plus haut, sont de nature à en confirmer les rigueurs, en dépit de la gêne et des entraves qu'elle apporte au commerce des neutres. Reste à débattre la question d'indemnité à accorder à la compagnie neutre à laquelle appartient le câble coupé, et il nous faut citer ici un fait qui pourra être invoqué à l'avenir comme précédent.

Pendant la guerre chilo-péruvienne, des câbles reliant ces deux pays et appartenant à une compagnie anglaise furent coupés soit dans les eaux territoriales, soit au large. Le gouvernement chilien, poursuivi par la compagnie, qui réclamait une indemnité pour les dommages matériels et indirects qui lui avaient été causés, admit aussitôt la première partie de cette réclamation. Il offrit de rembourser les frais de réparation des câbles et la compagnie accepta cette proposition, qu'elle considéra comme suffisante pour le préjudice qui lui avait été occasionné.

Opinions anglaises contre la Déclaration de Paris. Opinions américaines.

Dès 1876, chez plusieurs puissances et en Angleterre même, une campagne des plus actives fut entreprise par la presse, par des conférences et jusqu'au Parlement, en faveur de la dénonciation de la Déclaration de 1856, dont l'article II obtint, il est vrai, le consentement du gouvernement anglais, comme l'atteste un supplément de la *Gazette officielle* du 28 mars 1854, spécifiant que pendant les hostilités : « Le pavillon neutre couvrirait la marchandise ennemie. »

Mais on a souvent reproché à cette information, glissée dans un supplément avec un certain mystère, de n'être pas suivie de la formule d'usage : « Par ordre de la Reine », et de revêtir à faux les apparences d'un ordre pris en conseil (*Order in Council*), alors qu'il était avéré qu'aucun conseil privé (*Privy Council*) ne s'était réuni entre le 8 mars et le 29 mars. De plus, cette décision fut prise par le gouvernement anglais malgré les représentations d'une députation de négociants qui s'étaient rendus au *Foreign-Office* pour y porter leurs doléances.

Lord Clarendon leur répondit que les ministres reconnaissaient la force de leurs arguments, mais qu'ils devaient passer outre, vu l'hostilité de la Prusse contre le maintien de ce droit, la marine marchande de cette puissance voulant être à même de transporter librement sur ses navires toutes les marchandises russes pendant la guerre.

Quoi qu'il en soit, malgré cet acquiescement avant la date du gouvernement anglais à la Déclaration de Paris, cet acte n'a jamais été signé par la Reine ni ratifié par le Parlement, comme cela ressort d'une déclaration de lord Derby, faite à la tribune en 1880, en réponse à une question que lui posait à ce sujet le comte de Denbigh. « A la vérité, dit lord Derby, la procédure régulière n'a pas été observée pour la Déclaration de 1856 ; elle n'a été ratifiée ni par la Couronne ni par le Parlement. Elle peut n'avoir, par conséquent, aux yeux de quelques-uns, que peu d'autorité. Il n'en est pas moins vrai qu'elle a été consentie, il y a vingt-quatre ans, par un gouvernement exécutif représentant le Parlement et qu'elle a été depuis fréquemment discutée dans les deux Chambres. *L'honneur et la bonne foi du pays sont donc engagés dans l'observation de cet acte.* »

Il est à remarquer que, depuis 1856, l'Angleterre n'a eu à soutenir que des guerres coloniales et que, lors de la guerre hispano-américaine, sa situation de puissance neutre l'a fait bénéficier de l'article II ; mais il est à supposer aussi qu'un mouvement très puissant se manifesterait dans le pays s'il se trouvait engagé à nouveau dans une guerre européenne, surtout contre la Russie.

L'article Ier : « *La course est abolie* », était en quelque sorte la rançon de l'article II, car il est évidemment tout à l'avantage de l'Angleterre, dont la marine marchande a pris, depuis un siècle, une extension prodigieuse et se trouve d'autant plus vulnérable.

« Vous connaissez tous la colonne de Nelson, a dit un écrivain anglais, voulant rendre sa pensée plus saisissante ; voyez la statue qui la domine et supposons qu'elle représente la valeur totale des importations et exportations anglaises au temps où le grand amiral vivait et combattait ; eh bien, la valeur actuelle de nos importations et exportations est représentée par toute la hauteur de la colonne elle-même. »

Autre comparaison : la colonne de Trafalgar-square représentant le commerce maritime global de toutes les nations, la moitié de sa hauteur figure le tonnage de la marine marchande anglaise.

On conçoit, dans ces conditions, que l'article Ier de la Déclaration de Paris ne trouve guère d'opposants en Angleterre, où le souvenir des exploits de nos corsaires est toujours vivant ; mais ce serait une erreur de croire que cette satisfaction accordée aux plus puissants armateurs du monde désarme les adversaires acharnés de l'article II, qui renverse l'ancienne doctrine britannique, considérée comme d'une importance capitale. C'est pour soutenir ce droit de *saisir la marchandise ennemie sous pavillon neutre* que l'Angleterre soutint une grande guerre en 1801 ; qu'elle lutta contre la ligue de neutralité armée et qu'elle bombarda Copenhague ; et, fait digne de remarque, pendant cette guerre de 1801, grâce au simple exercice de ce droit, l'Angleterre, sans aucune attaque contre la flotte de guerre russe, mit la Russie à composition. Les attaques que Nelson pensait diriger sur Revel et Kronstadt furent inutiles, la cessation du commerce maritime ayant mis la grande puissance du Nord à la merci de l'Angleterre.

Qu'on se rappelle une déclaration de M. Chamberlain en 1898, à propos du conflit aigu qui éclata alors en Chine entre les deux grandes nations rivales et où ce fut l'Angleterre qui dut cette fois s'incliner, ne disposant, dit l'homme d'État anglais, d'aucune arme capable d'amener ses rivaux à composition. Or, cette arme toute-puissante, qui avait fait ses preuves en 1801, certains Anglais ne peuvent se consoler de l'avoir perdue par l'article II de la Déclaration de Paris.

C'est en vain, selon eux, que J. Macdonel, esquire, maître de la cour suprême, objecte que l'Angleterre perdrait beaucoup s'il était permis de saisir la marchandise ennemie sous pavillon neutre, puisqu'elle serait ainsi privée de la faculté d'importer des marchandises diverses sous pavillon non anglais. Les partisans de ce droit séculaire répondent qu'accepter de voir les importations et les exportations faites par le pavillon étranger ne saurait être une solution acceptable pour deux raisons : 1° parce que le commerce des neutres en tirerait de grands profits ; 2° parce que le commerce maritime anglais, dont vit en partie la nation, en subirait des pertes incalculables.

Ouvrons ici une parenthèse et mettons en lumière les raisons pour lesquelles, malgré les pertes énormes que subissait la marine marchande britannique, pendant les guerres de la Révolution et de l'Empire, du fait de la guerre de course, elle s'est retrouvée à la paix en pleine vitalité.

On répète aujourd'hui que la guerre de course n'a jamais amené à elle seule de résultats décisifs et on en tire la conclusion qu'il en serait de même de nos jours. Mais il est facile de se rendre compte par ce qui précède que, si le commerce maritime anglais prospérait quand même jadis, c'est qu'à cette époque l'Angleterre, maîtresse des mers, en saisissant la marchandise ennemie sous pavillon neutre, terrorisait les marines marchandes neutres et achevait de les ruiner en décrétant des blocus fictifs. Le commerce maritime anglais, en temps de guerre, s'arrogeait donc ainsi, de fait, un véritable monopole, car les blocus fictifs n'existaient que pour les navires neutres et non pas pour les navires anglais.

Il est facile de voir que, de nos jours, les conséquences d'une grande guerre soutenue par l'Angleterre seraient désastreuses pour sa marine marchande, car les neutres pourraient transporter à volonté la marchandise ennemie et de nombreux navires anglais seraient capturés ou détruits. Les nations neutres ne se soumettraient plus aujourd'hui aux blocus fictifs décrétés autrefois au mépris du droit des gens.

D'autre part, les transferts de pavillon, comme nous l'avons montré plus haut (voir page 89), qu'ils soient fictifs ou *bonâ fide*, sont impraticables, et le fussent-ils qu'ils constitueraient une opération désastreuse pour le commerce anglais.

Mais revenons aux adversaires de l'article II de la Déclaration de Paris. Ils ne peuvent se résoudre à accepter l'éventualité qu'en cas de guerre le commerce maritime neutre se développera au détriment du commerce anglais, au contraire de ce qui se passait jadis ; et ils considèrent que l'abandon de l'ancien droit séculaire britannique peut avoir les pires conséquences pour l'empire au moment où se dresse la question redoutable de la domination du continent asiatique, dans la Chine et dans l'Inde elle-même. L'Angleterre conservera-t-elle ses positions et son influence ou bien sera-t-elle rejetée au second plan par la Russie ? Grave question qui est le secret de l'avenir ; mais il semble que les partisans du droit de saisie de la marchandise ennemie sous pavillon neutre se font quelque peu illusion lorsque, remplis des succès de la guerre industrielle de 1801, ils répètent avec Richard Cobden : « Il est clair que la nature elle-même a destiné la Russie à une sujétion abjecte à la volonté des puissances maritimes. »

Il faudrait compter aujourd'hui avec les chemins de fer russes de l'Europe et, en particulier, avec le Transsibérien.

S'il est vrai que, sous certains rapports, l'article II de la Déclaration de Paris est préjudiciable à l'Angleterre, il est incontestable que, dans le cas d'une guerre avec ce dernier pays, la France en souffrirait encore davantage, avec cette circonstance aggravante que l'article Ier, qui abolit la course, lui est également défavorable. Il est évident, en effet, que, dans une telle guerre, nous aurions intérêt à capturer la propriété ennemie partout où elle se trouve et par tous les moyens. Les idées humanitaires qui ont présidé à la rédaction de la Déclaration de 1856 nous ont donc porté un coup funeste, ainsi qu'à toutes les marines secondaires qui y ont adhéré, et si l'accord pouvait se faire sur la dénonciation de cet acte qui nous lie les mains en cas de guerre avec une puissance possédant une marine marchande hors de pair et une très puissante flotte de guerre, la France ne devrait pas hésiter à déchirer cette Déclaration et à reprendre sa liberté, comme les États-Unis et l'Espagne.

Nous ne pouvons mieux faire à ce propos que de citer le passage suivant d'un article écrit en juin 1898 par le général américain Francis J. Lippitt (¹).

On y verra que, comme les Anglais en général, l'auteur américain revendique le droit de saisir la marchandise ennemie sous pavillon neutre ; mais il va plus loin que ses frères anglo-saxons ; il considère comme de première importance de maintenir le droit de faire la guerre avec des corsaires.

« La propriété de l'ennemi, dit-il, a toujours été de bonne prise, même sur un navire neutre, bien que, dans ce dernier cas, le navire soit remboursé du prix du fret. Mais ce droit a été suspendu à maintes reprises par des traités conclus entre certaines nations. Finalement, par suite de la Déclaration de Paris de 1856, à laquelle toutes les nations ont adhéré, excepté les États-Unis, l'Espagne et le Mexique, les marchandises de l'ennemi ne sont plus sujettes à capture à bord d'un navire neutre. La règle

----

(1) *Proceedings of the United States Naval Institute. June 1898. International law Naval captures,* p. 305.

se formule ainsi : navires libres, marchandises libres. Il est évident d'ailleurs que cette immunité disparaît s'il est fait un usage frauduleux du pavillon neutre.

« A cela, les États-Unis n'ont pas adhéré, posant comme condition que *toute propriété privée* sur les mers soit exempte de capture, qu'elle appartienne à l'ennemi ou aux neutres. Notre objection avait pour motif : 1° qu'en temps de guerre, il est nécessaire de détruire le plus possible le commerce de l'ennemi, cela étant le moyen le plus efficace de l'amener à conclure la paix ; 2° que les États-Unis, ayant une faible marine de guerre, incapable de se mesurer avec celle d'une grande puissance maritime, ne pouvaient se dessaisir même partiellement de leurs moyens de détruire le commerce ennemi, à moins que leur propre commerce ne soit lui-même exempt de toute capture, en même temps que toute propriété privée sur mer.

« Mais alors, qu'arriverait-il ? Si toute propriété flottante était exempte de capture, une guerre navale ne consisterait qu'en des batailles navales entre vaisseaux de guerre, et la nation possédant la plus formidable flotte de combat serait certaine de l'emporter tôt ou tard, de même que, dans les opérations sur terre, la victoire penche du côté des gros bataillons. La conséquence serait qu'une puissance navale faible, dans un conflit avec une marine très forte, n'aurait rien de mieux à faire que d'éviter à tout prix la guerre. »

« Une autre règle établie par la Déclaration de Paris est l'abolition de la course.

« A cet article, les États-Unis ont encore objecté que la guerre n'est qu'un conflit ayant pour objet d'établir quelle est la nation qui peut faire le plus de mal à l'autre, non pas par un motif de vengeance — à Dieu ne plaise — mais parce qu'il n'y a pas d'autre moyen de forcer l'ennemi à faire la paix. L'importance des corsaires sous ce rapport est établie par un article de l'*Edinburgh Review* de 1814, montrant qu'en deux années les États-Unis avaient capturé, principalement par des corsaires, 1700 navires anglais avec leurs chargements. Saurons-nous pour combien ce fait a contribué à la paix en décembre de la même année ?

« D'autre part, si la propriété privée sur mer n'était pas en toutes circonstances exempte de capture, lors d'une guerre avec une grande puissance navale, la moitié de ses navires de guerre suffirait à réduire notre flotte à la défensive sur nos côtes, pendant que l'autre moitié balaierait notre commerce de la surface des mers. Ainsi, nous n'aurions d'autre ressource que d'employer comme corsaires et de les envoyer chasser le commerce ennemi, les milliers de nos navires et de nos marins que la guerre aurait privés d'emploi. »

Tel est le raisonnement que peuvent tenir toutes les puissances à marine secondaire, et le droit international, en dépit des congrès de la paix, ayant une tendance à renforcer les droits de la guerre, sous prétexte d'arriver plus vite à la paix, il n'est pas impossible que le siècle qui commence assiste à la dénonciation de la Déclaration de 1856.

MODÈLES

DE PAPIERS DE BORD FRANÇAIS ET ANGLAIS

SERVICE HEBDOMADAIRE

DE

BORDEAUX A PARIS

Viâ ROUEN

S'adresser pour fret et renseignements :

Au Havre. . . à MM. WORMS et Cⁱᵉ, armateurs.
A Bordeaux. . à MM. WORMS et Cⁱᵉ, armateurs.
    de . . . à M. A.-F. SALADIN, courtier maritime, 5, place Richelieu.
A Rouen . . . à la Compagnie Générale de Navigation H. P. L. M., agents.
A Paris. . . . aux Bureaux des Services maritimes de la Maison WORMS et Cⁱᵉ, G. Langevin, agent, 2, Cité Rougemont.

POUR LES LIVRAISONS A PARIS :

Aux quais de la Compagnie Générale de Navigation H. P. L. M.
A La Villette . . . . 13, quai de la Loire.
A Bercy . . . . . 1, Port-de-Bercy.
A Saint-Bernard . . Quai de la Tournelle.
A Port-Louviers . . 28, boulevard de la Contrescarpe.

Règlement du fret et des frais :

Le fret pour chaque connaissement est calculé sur un tonnage **minimum de** 25 centièmes de tonneau.

PAYÉ AU DÉPART.			PAYABLE A DESTINATION.	
		Remboursement . . . . .F.		
		Prime de remboursement . . . . »		
		Assurance sur F. à °/₀ . .F.		
		Impôt 0.52 par 100 fr. de prime (avec minimum de 0.25 c.) . . . . »		
		Embarquement et arrimage à F. par T.		
		Fret sur T. à F. par T.		
		Débarquement à Paris à F. par T.		
2	»	Connaissements timbrés	2	»
		Payé d'avance. Payable à destination		

Les frais payés d'avance sont acquis même en cas de sinistre.

LIGNES RÉGULIÈRES DE STEAMERS

DE LA MAISON

WORMS & Cⁱᵉ

CHARGÉ en bon état apparent de conditionnement par **MM.** sur le steamer à hélice Capitaine actuellement en charge à **BORDEAUX** ou sur un autre lui faisant suite, pour, au premier temps favorable, être transportées à **ROUEN** ou au **HAVRE**, avec faculté d'escales, même rétrogrades, et de transbordement sur un autre steamer (*aux frais du Capitaine et des Armateurs mais non à leurs risques*), les marchandises déclarées comme suit :

> Les Chargeurs déclarent vouloir assurer pour la somme de Fr. contre les risques couverts par la police flottante des armateurs, et aux conditions de cette police, dont ils déclarent avoir pleine et entière connaissance, les marchandises désignées au présent connaissement pour le voyage qu'il prévoit.
> Les Armateurs, comme mandataires et assureurs, déclarent accepter l'assurance ci-dessus, moyennant la prime de °/₀.

ACQUIT N°   CONGÉ N°

dont les marques, numéros, poids et contenu déclarés comme ci-dessus par l'expéditeur, sont inconnus du Capitaine et des Armateurs, lesquelles seront délivrées à l'arrivée du steamer à **ROUEN** ou au **HAVRE** réexpédiées par voie fluviale à **PARIS**, au port de où elles seront délivrées à MM.

ou à ordre, **sans responsabilité quant à la qualité et au degré des vins,** moyennant le paiement du fret fixé à par tonneau de plus 2 francs pour connaissement et les frais accessoires détaillés en marge. En outre, pour remboursement, la somme de Fr. plus 2 1/2 °/₀ de prime.

Toutes les autres conditions du transport sont celles énoncées ci-contre, lesquelles sont substantielles du prix de fret, et que les Chargeurs déclarent connaître et accepter.

En foi de quoi il a été signé connaissements de même teneur et date, dont l'un accompli, les autres seront de nulle valeur.

BORDEAUX, le 189

Les Chargeurs,
                  Le Capitaine,

CONDITIONS GÉNÉRALES

ART. 1er. — **L'Assurance** est à la charge de la marchandise, mais elle peut, sur l'ordre des Chargeurs, être couverte par les Armateurs.

ART. 2. — **Les Armateurs ne répondent pas des fautes,** négligences, fausses manœuvres ou autres faits du Capitaine, du Pilote, du Mécanicien, de l'Équipage ou de toute autre personne embarquée à bord.

ART. 3. — **Les Armateurs et le Capitaine ne sont pas responsables :**
1o Des abordages, échouages ou autres risques et fortunes de mer, rivière ou navigation quelles qu'en puissent être la nature, l'espèce ou la cause. — Des actes de Dieu, de l'ennemi, des pirates ou voleurs sur terre ou sur mer. — Des faits de prince, réquisitions de gouvernements. — Des barateries de patron ou marins, — Des risques d'inondation, d'incendie, etc., tant à bord que dans les allèges, à terre, sous tentes, magasins ou entrepôts avant l'embarquement ou après le débarquement. — Des explosions de toutes sortes, — Du jet à la mer, — Des pertes, dommages ou avaries occasionnés par accidents de machines ou chaudières, ni des suites de la rupture éventuelle de l'arbre, même s'il y a vice propre, ni des dommages occasionnés par la défectuosité du corps, des palans, treuils, chaudières ou machines ou leurs accessoires, par la vapeur, la pluie et les fuites d'eau; 2o Des retards dans les ports de transbordement, — Du risque de magasinage, soit flottant, soit à terre; — Des pertes, dommages ou avaries résultant de l'évaporation, de l'odeur ou du coulage d'autres marchandises, des marchandises voyageant à nu ou avec des emballages défectueux ou insuffisants; 3o De la sueur, du coulage ni des manquants résultant des fausses, que ceux-ci aient été occasionnés en un avant l'embarquement, — Des suintements, des vice propres, pourriture, buée de coles ou influences climatériques, de dessèchement, — De la rouille, moiteliture par les rais ou la vermine; 4o Des retards ou livraisons fautives occasionnés par les erreurs ou insuffisances de marques, adresses, numéros ou étiquettes des colis; ils s'exceptent, quant à cela, aucune responsabilité tirée des énonciations du connaissement, de même que pour aucune marchandise enlevée du bateau par les procédés judiciaires; 5o Du nombre des marchandises chargées en vrac, telles que douelles, cornes, etc., alors même que le nombre en serait spécifié sur le connaissement; 6o De l'embarquement ni du débarquement des animaux vivants confiés à leur navire; ils ne répondent pas, non plus, d'accidents ni de mortalité pendant le cours du voyage.

ART. 4. — **En cas de perte d'un colis** inférieur en poids à 50 kil. ou en volume à 50 déc. cubes, et dont la valeur n'aura pas été déclarée, les Armateurs ne pourront être tenus de payer au delà d'une somme de cent francs. Un colis ne pourra être réputé perdu qu'après un délai de trois mois à compter du jour où il aurait dû arriver à destination; s'il est retrouvé dans ce délai, il sera remis à destination aux frais de l'Armateur, mais aux risques de la marchandise, sans qu'il puisse être réclamé d'indemnité de retard. En aucun cas, il ne sera dû de dommages-intérêts. Les Armateurs ne sont pas non plus responsables des objets de valeur, tels que or, argent, pierres précieuses, bijouterie, documents, objets d'art contenus dans les colis, lorsque la valeur n'en aura pas été déclarée.

ART. 5. — **Les causes des avaries seront constatées** au port de débarquement par les capitaines experts visiteurs dont le rapport fera foi.

ART. 6. — **Les Armateurs ne garantissent aucun délai de transport** et ne seront tenus en aucun cas à des indemnités pour retards. Les dates indiquées sur les connaissements ou dans les circulaires et journaux ne pourront donner lieu à aucune réclamation en cas de retard ou d'empêchement au départ du navire.

ART. 7. — **Les Armateurs et le Capitaine se réservent le droit de faire faire au navire toutes escales,** même rétrogrades, d'en intervertir l'ordre et de transborder en tous temps sur tout autre navire ou navires, avant ou après le départ, soit en cours de voyage, dans un port quelconque, les marchandises désignées d'autre part, soit en totalité, soit en partie et ce, aux risques de la marchandise. Les Armateurs et le Capitaine se réservent en outre la faculté de naviguer avec ou sans pilote, de remorquer ou d'assister tout navire, dans quelque situation qu'il se trouve, ou de faire remorquer le navire et de sauver des naufragés.

ART. 8. — **En cas de blocus ou d'interdit au port de destination,** ou si, sous blocus ni interdit, les Armateurs ou le Capitaine jugent qu'il est dangereux d'entrer dans le port de destination, à cause de guerre, révolte, grève, quarantaine, épidémie ou toute autre raison, de même qu'en cas de glaces, les Armateurs et le Capitaine se réservent la faculté de décharger les marchandises dans tout autre port convenable de leur choix, aux risques et frais des réceptionnaires, expéditeurs, les Armateurs et le Capitaine étant dégagés de toute responsabilité et le fret leur étant dû. Aussitôt le déchargement ainsi opéré, les chargeurs et réceptionnaires sont aussi responsables de tous frais de quarantaine ou autres grevant la marchandise.

ART. 9. — **Les Chargeurs ne peuvent demander que les Armateurs ou le Capitaine leur rendent,** avant le départ du navire, les marchandises qui ont été chargées, à moins qu'ils ne soient prêts à leur donner une compensation pour tout préjudice que la reprise des marchandises causera aux Armateurs et au Capitaine. Cependant, les Armateurs et le Capitaine conservent le droit de se refuser, même avec indemnité, à laisser reprendre les marchandises, si telle est leur convenance.

ART. 10. — **Toute matière dangereuse, inflammable ou explosive** devra faire l'objet d'une déclaration spéciale de la part de l'expéditeur, alors même qu'elle serait désignée sous son vrai nom dans le connaissement. A défaut de cette déclaration, l'expéditeur sera responsable de tous dommages qui pourront se produire. Le Capitaine et les Armateurs se réservent d'ailleurs, suivant les circonstances, d'accepter ou de refuser les marchandises de cette nature, de les charger sur le pont du navire et de les jeter à la mer ou de les détruire en tout temps, sans être tenus à aucune compensation.

ART. 11. — **Les marchandises seront déchargées** à quai, sur allèges, houriques, dépôts temporaires ou vaisseau, au choix des Armateurs ou du Capitaine, mais aux frais et aux risques des réceptionnaires qui auront à payer ces frais, comme stipulé d'autre part. Les marchandises sont à recevoir aussitôt que le navire est prêt à décharger. La responsabilité du navire, des Armateurs, Capitaine ou Agents des Armateurs cesse, en tout cas, au moment où la marchandise quitte le pont du navire. Les Armateurs et le Capitaine ont le droit de faire commencer le déchargement immédiatement après l'arrivée du navire au port de destination et de le continuer, sans interruption, à toute heure du jour et de la nuit, dimanches et jours fériés compris. Pour les marchandises qui ne seront pas réclamées dans les 48 heures après l'arrivée du steamer, aux choix des Armateurs ou du Capitaine, faculté au Capitaine de les faire transporter à l'entrepôt ou en magasin aux frais et risques des propriétaires de la marchandise. Les brais, térébenthines et autres marchandises qui, par leur nature dangereuse, ne peuvent être déchargés sur quai, doivent être reçus en gabarres dès qu'ils sont à la mer, dans les 12 heures après l'arrivée du navire, à défaut de quoi les Armateurs ou le Capitaine sont en droit de les déposer sur allèges, gabares ou autres bâtiments, aux frais et risques des réceptionnaires.

ART. 12. — **Les chargeurs et destinataires sont responsables de toutes amendes,** préjudices et pertes incombant au navire et au chargement, par suite de l'insuffisance ou de la différence de marques, de fausse indi-

cation du poids et du contenu des colis, soit sur le connaissement, soit sur les colis, et il est convenu que le Capitaine a, en outre, son recours contre les marchandises qui, par suite des cas ci-dessus, occasionneraient au navire un préjudice quelconque.

ART. 13. — **Si le vapeur est chargé pour plusieurs ports** et si des colis ne sont pas débarqués pour un motif quelconque, ou ne sont pas trouvés dans leur port de destination, le Capitaine les livrera à son retour ou les fera revenir du lieu de débarquement à ses frais, mais non à ses risques et, en aucun cas, il ne sera alloué d'indemnité pour retard.

ART. 14. — **Les chargeurs ont la faculté de faire suivre des sommes en remboursement,** à la prime de 2 1/2 0/0. A moins de conventions contraires, les Armateurs et le Capitaine n'acceptent pas le suivi d'aucune somme représentant tout ou partie de la valeur de la marchandise expédiée. Dans tous les cas, les chargeurs seront responsables des remboursements refusés.

ART. 15. — **Toute fraction de tonneau** de 1 à 5 centièmes est arrondie et paiera pour 5 centièmes.

ART. 16. — **Il ne sera pas signé de connaissement** pour un fret inférieur au minimum stipulé d'autre part.

ART. 17. — **En cas d'excédent de poids** dépassant 2 0/0, la marchandise aura à payer double fret sur le poids reconnu en plus, ainsi que les frais de pesage.

ART. 18. — **Le plein fret sera payé** sur la quantité chargée pour toute marchandise avariée ou diminuée par le coulage, ainsi que pour les légumes, fruits et autres marchandises détériorables, quel que soit leur état à l'arrivée.

ART. 19. — **Dans le cas où les destinataires refuseraient** de payer le fret ou tous autres frais, autorisés par les clauses du présent connaissement, il est bien entendu que le chargeur en reste responsable, ainsi que les primages et débours, sans que le Capitaine ni l'Armateur soient tenus à aucune formalité judiciaire.

ART. 20. — **Les Armateurs et le Capitaine ont droit sur toute marchandise** pour garantir le fret et les frais, y compris mort-fret, surestaries, frais de réexpédition et de transport antérieur, remboursements, amendes, dommages et frais mentionnés aux articles 8 et 12 et l'attribution aux avaries grosses. Il est entendu que dans le cas où les fret et frais ci-dessus ne seraient pas payés autrement, les chargeurs restent responsables de la différence entre le montant des fret et frais et le produit de la vente des marchandises, quand ce produit lui est inférieur.

ART. 21. — **Les fret, frais et remboursements payables au port de destination** doivent y être payés à la livraison, en espèces, sans escompte. Les fret et frais payés d'avance restent acquis au navire, même en cas de sinistre ou de rupture forcée du voyage.

ART. 22. — **Les avaries grosses sont à classer** d'après les usages et coutumes du lieu de destination du navire ou d'après les York et Antwerp Rules de 1890, au choix des Armateurs ou du Capitaine. A cet effet, les chargeurs ou destinataires sont tenus, sur la demande des Armateurs ou du Capitaine, de leur faire connaître la valeur des marchandises, et aucune marchandise ne sera livrée avant que les réclamations aient donné suffisamment de sécurité pour le paiement des contributions aux avaries grosses. Le Capitaine et les Armateurs auront le droit absolu de faire établir le règlement par un arbitre de leur choix.

ART. 23. — **En cas de délivrance du présent connaissement,** alors que la marchandise est encore sur le quai ou sur les allèges, les chargeurs sont responsables de tous les accidents qui pourraient survenir avant l'embarquement.

ART. 24. — **En acceptant le présent connaissement,** le chargeur ou autre agent du propriétaire de la marchandise reconnaît et accepte expressément toutes les clauses, conditions ou exceptions, qu'elles soient écrites ou imprimées.

CONDITIONS SPÉCIALES AUX CONNAISSEMENTS A FORFAIT

ART. 1. — Les marchandises prises à forfait pour un point quelconque au delà du port de destination du steamer sont transbordées et réexpédiées aux frais du Capitaine et des Armateurs, mais non à leurs risques.

ART. 2. — A moins de stipulation contraire d'autre part, le Capitaine et les Armateurs ont le choix du mode de réexpédition et cette réexpédition se fera aux conditions habituelles du transporteur qu'ils auront choisi.

ART. 3. — En cas d'augmentation des tarifs officiels des chemins de fer, depuis le moment où un connaissement prévoyant ce mode de réexpédition aura été signé, les destinataires supporteront cette augmentation.

ART. 4. — Pour les marchandises soumises aux droits ou formalités de Douane, le Capitaine et les Armateurs se réservent la faculté de les réexpédier soit acquittées soit en entrepôt. Les formalités de Douane, frais d'acquits, de vérification, de cachets et plombs sont pour le compte des Destinataires.

ART. 5. — Dans le cas où le mode de réexpédition prévu au connaissement serait rendu impraticable par les glaces ou toute autre cause, le Capitaine et les Armateurs ont le droit d'en employer un autre, et si le coût en est plus élevé, la différence sera supportée par la marchandise.

ART. 6. — Les chargeurs ou destinataires sont responsables de la décharge des pièces de douane, de régie ou autres qui accompagnent les marchandises.

ART. 7. — Les réparations à faire éventuellement aux colis qui à leur arrivée au port de transbordement, auraient subi des avaries pendant le voyage, se font pour compte du propriétaire de la marchandise.

ART. 8. — Les causes des avaries seront constatées au port de destination du steamer par les Capitaines experts visiteurs dont le rapport fera foi. Toutes contestations relatives à des faits antérieurs au transbordement au port de destination du navire devront être portées devant les tribunaux de ce lieu.

ART. 9. — Les conditions énoncées dans les huit articles précédents s'appliquent aussi bien au transport de Rouen ou du Havre à Paris, qu'aux transports antérieurs à Bordeaux.

ART. 10. — Lorsqu'il aura été constaté au port de débarquement des avaries résultant de causes pour lesquelles la responsabilité des Armateurs est couverte par les conditions générales de ce connaissement, ceux-ci seront autorisés, sans responsabilité pour eux, à donner aux transporteurs correspondants toutes les réserves qui seront exigées au sujet de l'état de la marchandise.

ART. 11. — Le présent connaissement se trouvera de fait accompli du moment où le Capitaine et les Armateurs auront reçu du transporteur correspondant une décharge quelconque de la marchandise ; en conséquence, les réclamateurs des marchandises réexpédiées à l'intérieur devront exercer eux-mêmes et directement contre le transporteur terrestre, maritime ou fluvial, quel qu'il soit, toutes réclamations et tout recours pour livraison incorrecte ou défectueuse.

Toutes contestations devront être portées devant les Tribunaux du port de débarquement.

Premier exemple de Connaissement anglais.

ROBERT THORMAN

473 Tons.

Shipped in good order and well conditioned by ROBERT THORMAN
in and upon the good Ship called the *Erromanga* whereof is Master for this present
Voyage *Errington* and now lying in the Port of Sunderland and bound for *Dieppe*

Four hundred and seventy three tons of best Silksworth Pea Coals

being marked and numbered as in the margin, and are to be delivered in the like
good order and well conditioned at the aforesaid Port of *Dieppe* (The Act of God, the
Queen's Enemies, Fire, and all and every other Dangers & Accidents of the Seas, Rivers and Navigation of whatever nature and kind soever excepted) unto *order* or to his
or their Assigns he or they paying Freight for the said Goods, and other Conditions
as per Charter Party _______________________________________

with primage and average accustomed, **In Witness** whereof the Master or Purser of
the said Ship hath affirmed to *Two* Bills of Lading, all of this Tenor and Date the
One of which *Two* Bills of Lading being accomplished, the other *one* to stand void.

Weight and Quality unknown.

three Tons of Large
Coals on board for Ships
use independent of Car-
go.

Dated in Sunderland, *nov.* 25th 1887.

Richard Errington.

AUTHORISED FORM. — CONTINENTAL STEAM BILL OF LADING.

Description and Marks.	Measurement. — Feet.	Gross Weight.			
		Tons.	Cwts.	qrs.	lbs.

Shipped in apparent good order and condition by
On board the Steamship or Vessel called the
whereof is Master for this present voyage,
and now lying in this Port and bound for LONDON,
with liberty to call ᵃⁿᵈ/ₒᵣ receive ᵃⁿᵈ/ₒᵣ land Coals, Cargo ᵃⁿᵈ/ₒᵣ Passengers at any Port or Ports, in any rotation, in or out of the customary route, and with liberty to be towed in all situations, to sail with or without Pilots, and to tow and assist Vessels at all times without being deemed a deviation.

being marked and numbered as in the margin, with liberty to tranship the said goods or specie on board any other Craft or Steamer, and to be delivered subject to the exceptions and conditions hereinafter mentioned in the like good order and condition, either into Lighter or on the Quay, at Master's option, where the Ship's responsibility shall cease, at the Port of LONDON,   unto
or to his or their Assigns, Freight payable, Ship lost or not lost, at
———————— Shillings and ———————— Pence Sterling per Ton Gross Weight ⎱
———————— Pence Sterling per Cubic Foot   ⎰ With   per cent. Primage.
———————— Shillings and ———————— Pence Sterling
and Average accustomed, as per York-Antwerp Rules, 1890, and Disbursements £ ———————— as per margin.

1. The following are the exceptions and conditions above referred to : — The Act of God, the Queen's Enemies, Pirates, Robbers, Restraint of Princes, Rulers and People, Strikes or Combinations afloat or ashore, at home or abroad, Vermin, Jettison, Barratry, and Collision, Fire on Board, in Hulk, or Craft, or on Shore, and all Accidents, Loss, and Damage, whatsoever, from Machinery, Boilers, Steam and Steam navigation, or from Perils of the Seas, Canals, and Rivers, or from any Act, Neglect or Default, whatsoever of the Pilot, Master, Officers, Engineers, Crew, Servants or Agents of the Owners, in the Management, or Navigation of the Ship, or otherwise, and the Owners being in no way liable for any consequences of the causes before mentioned.

2. The Ship, her Owners or Master, are not liable (as regards negligence or otherwise) for any loss, damage, or injury in respect of Animals, Coin, Jewelry, Pictures, Statuary, China, Glass, Plate, and Furniture, and similar articles of value, unless previous arrangements, in writing, have been made.

3. Weight, Contents, Measure, Number, Quantity, and value unknown, and not answerable for Leakage, Ullage, Spiles, Lighterage, Breakage, Rust, Breakage of Seals, Torn Wrappers, Corruption, inherent Deterioration, Stained, Repaired, or Insufficient Packages, Damage by Sweating, or contact with other Goods, Rain, or incorrectness or insufficiency in the marks or numbers. The Goods to be taken from the Ship by the Consignees as soon after arrival as the Vessel is ready to discharge, during day and night, Sundays and Holidays at Ship's option, without interruption, or the same may be transhipped into Lighters, and or Landed on the Quays, and/or Warehoused, all at the expense and risk of the Owners of such Goods.

4. Machinery and all heavy weights are only accepted to be put on board and taken out at Merchant's risk and expense.

5. All Goods immediately they are discharged from the Steamer shall be entirely at the risk of the Owners of the Goods.

6. The Goods may, at Ship's option and Merchant's risk, be weighed and examined at the place of discharge, and if the weight and/or description on the Bill of Lading be incorrectly stated, the cost of weighing and examination will be added to the freight and be payable before delivery of the Goods, and double freight may be charged and payable.

7. Goods shipped as one parcel to be delivered in same way.

8. In the event of Quarantine, Labour, Strikes or Combinations Afloat or Ashore, or Ice, or in case of riot, anticipated disturbances, or war (Great Britain being a Belligerent or otherwise), blockade or interdict of the Port of discharge, or if the entering of or discharging in the Port shall be considered by the Master unsafe, the Goods may, at the Master's discretions, be discharged on arrival on to Quay or into Quarantine Depot, Hulk, Lighter, or other Vessels necessary for the Ship's despatch, at the risk and expense of the Owners of the goods, the Master to have the option, and is hereby authorised, to land the Cargo at the Port which, in the Master's judgment, shall be most fit and convenient, at the risk and expense of the Owners of the goods, where the Ship's responsibility shall cease.

9. In the event of transhipment or forwarding on by the Ship-Owners, the good will be forwarded on upon the terms, and subject to the conditions and restrictions of the Ship or other conveyance, by which they are so forwarded, and a'l Stamps, Duties and Charges are to be paid by the Owner of the Goods, and upon delivery to or alongside such Ship or other conveyance, or into the custody or control of any ulterior carrier, the Ship-Owners' responsibility ceases. In the event of any demurrage of craft, the same and all customs and other charges in connection therewith shall be a Charge on the Goods, and shall be borne by the Owners of the Goods.

10. Ship free in case of mortality. The Ship-Owners will not be liable for any loss arising from suffocation or other causes, occurring to Horses, Dogs, Cattle, and other animals ; or from the kicking, plunging, or viciousness of the same ; nor for any damage or injury from shipping or landing, or while in the possession of the Ship-Owners, or their Agents, before, during, or after the Voyage, from whatever cause they may remain in such possession, and whether such damage or injury is due to negligence or otherwise. And for the purposes of the Contract, the values of the undermentioned animals are to be taken as not exceeding : — For Horses, £ 50 ; for neat Cattle, £ 15 ; and for Sheep, Pigs and Dogs, £ 2 each.

11. No Officer or Servant of the Ship-Owner has authority to dispense with or vary these Conditions.

IN WITNESS whereof the Master or Agent of the said Vessel hath affirmed to   Bills of Lading, exclusive of the Master's copy, all of this tenor and date, one of which Bills being accomplished the others to stand void.

Dated in ———————————————————————— 189

———————————————————
Master.

In cases of through carriage and when land carriage, shipping, landing, lighterage, etc., or transhipping is effected by or at the cost of the Ship Owner, it is so done at the risk of the Owner of the Goods, and neither the Ship-Owner, the Wharfingers, the Barge-Owners, nor Lightermen are responsible for the risks of lighterage, strikes or combinations afloat or ashore, fire afloat or ashore, damage by vermin, wharfage, or any insurable risk, and if through goods are landed at a different port the extra cost attending discharge, carriage, etc., and otherwise, shall be a charge upon the goods and be borne by the Consignees.

Merchants are particularly requested to see that their Policies of Insurance include all the above and other excepted risks on Bill of Lading.

Disbursements £ ————————————————

Exemple de Charte-partie française.

LÉON DELARUE
Courtier Maritime,
INTERPRÈTE JURÉ
DIEPPE

—— ·—×—·· ——

CHARTE-PARTIE

Dieppe, *le 4 août 1877.*

Entre les Soussignés, *Couedec,* capitaine du navire français nommé *Uranie* de *Vannes,* jaugeant *109* tonneaux /100es, présentement à *Dieppe,* comme fréteur, d'une part, et M. *Desmarais,* négociant , demeurant à *Paris,* comme affréteur, d'autre part, a été convenu et arrêté ce qui suit par l'entremise de **Me Léon Delarue,** courtier maritime.

Article premier.

Ledit capitaine s'engage à mettre à la disposition de *l'*affréteur l'entière capacité de son navire (sauf la chambre, le logement de l'équipage et la place nécessaire pour les vivres et rechanges) en bon et dû état, bien étanché et muni de toutes les choses nécessaires pour naviguer avec sûreté, et à le rendre à *quai* pour y recevoir un plein et entier chargement de *pétrole en barils logés seulement dans la cale,* pour la destination de *Bordeaux, Blaye et Bayonne, ordres à la signature du connaissement.*

Art. 2.

Le grenier nécessaire au chargement sera fourni par le *navire, l'arrimage, recommandé aux bons soins du capitaine, sera fait au compte du navire.*

Art. 3.

Il est accordé pour charger *huit jours ouvrables* et pour décharger *huit jours ouvrables;* retenu au delà, il sera payé audit capitaine, et ce jour par jour, la somme de cinquante centimes par tonneau de jauge, sans qu'il soit tenu de remplir aucune formalité de justice.

S'adresser à
à M

Lesdits jours commenceront à courir le lendemain de celui où le capitaine aura déclaré être prêt à charger ou à décharger.

Art. 4.

Le chargement sera livré et délivré suivant l'usage, et à l'endroit
désigné, pourvu que le navire y soit en toute sûreté.

Art. 5.

Tous les droits concernant la cargaison, ainsi que tous les frais généralement quelconques occasionnés par elle, tant au lieu du chargement qu'à celui du déchargement, seront supportés par l   sieur
affréteur   ou consignataire   des marchandises, et ceux concernant
uniquement le navire seront à la charge du capitaine.

Art. 6.

Les avances nécessaires à l'expédition du navire seront faites au capitaine, sans intérêt ni commission autre que la prime d'assurance,
déduites du fret après heureuse arrivée, et acquises au navire en cas
de sinistre.

Art. 7.

Le navire chargé, le capitaine ayant signé ses connaissements et reçu
les expéditions nécessaires s'oblige à partir au premier temps favorable
et à faire route directement (sauf le cas de force majeure) pour le lieu
de sa destination, où étant arrivé, et après entière et fidèle livraison
des marchandises composant son chargement, au porteur des connaissements, il lui sera payé pour fret, comptant et en espèces, la somme
de *deux francs soixante centimes par baril si pour Bordeaux ou
Blaye ou trois francs pour Bayonne.*

Art. 8 ([1]).

Il est également convenu.......

Art. 9.

A son retour à Dieppe le capitaine s'engage à prendre Me **Delarue**
pour son courtier.

En cas d'avaries grosses, elles seront réglées suivant les us et coutumes de la mer.

Pour l'accomplissement de la présente, les parties contractantes engagent mutuellement tous leurs biens présents et futurs, ainsi que de
droit.

Fait et signé en minute après lecture, pour rester aux mains du courtier soussigné, qui en délivrera des expéditions à toute réquisition.

Couedec.

------

(1) Réservé le cas échéant pour des clauses additionnelles.

Exemple de Charte-partie anglaise.

STEAM

JOHN WADDIE & Cᵒ

LEITH

CHARTER-PARTY

Leith 15th March 1886.

It is this day mutually agreed between *John Crawford Esqʳᵉ, owner* of the good Steamer called the *Nellic, 436* tons net register, *681* tons gross, and about *760* tons burthen (Cargo), now *coasting and expected ready to load in about eight days,* and *John Waddie & Cᵒ of Leith* Merchants,

That the said Steamer being tight, staunch, and strong, and every way fitted for the voyage, shall with all convenient speed sail and proceed to a customary loading berth under Steam Crane or Spout at *Kennesfrans* and there load in the customary manner according to the existing regulations of the Port, from the Agents of the said Affreighters, a full and complete Cargo of *Clackmannan Jewel Coals,* such Cargo not to exceed what she can reasonably stow and carry, over and above her Bunker Coal, Tackle, Apparel, Provisions, and Furniture; and being so loaded, shall therewith proceed to *Dieppe* and deliver the same to the said Affreighters or their Assigns, alongside any Wharf, Craft, Steamer, or other safe discharging place, as ordered by Receiver, on being paid Freight at the rate of *4|6, say four shillings and six pence* British Sterling per ton of 20 cwts., delivered; being in full of all Port charges, Lights, Pilotages, Towages, and Harbour dues (the Act of God, Restraint of Rulers and Princes, the Queen's Enemies, Fire, and all and every other Dangers and Accidents of the Seas, Rivers, Boilers, Machinery, and Steam Navigation, of whatever nature and kind soever, during the said Voyage or Voyages, always excepted.)

The Freight to be paid by Receivers, on unloading and right delivery of the Cargo, in Cash, at current rate of exchange.

The Cargo to be brought to and taken from alongside at Merchant's risk and expense, and Steamer to conform to the rules and usages of the Ports.

The Charterers' responsibility to cease after shipment of the Cargo, the Owner having an absolute lien on the Cargo for the Freight.

The quantity of Coals on board for Steamer's use to be declared on signing Bills of Lading.

Steamer to employ Receivers' men to operate the discharge, paying the customary one franc per English ton.

Any average during the Voyage to be settled according to the laws and customs of *Lloyds* (¹).

Steamer to have liberty to tow and otherwise assist Vessels, without prejudice to this Charter.

Forty eight running hours (Sundays, Holidays, and Colliery Idle-days excepted) are to be allowed the said Affreighters for discharging, except in the case of Riots, Commotion by Pitmen, Strikes, Lockouts, Detention by Railway, Stoppage of Trains, Accidents to Machinery or Cranes, Frost, Snow, Floods, or any other causes or accidents beyond the Charterers' or Receivers' control, preventing the loading or discharging, and any Demurrage incurred over and above the said time for loading and discharging, to be paid for at the rate of *Sixteen shillings* per hour.

Time for loading to reckon from Steamer's arrival in *Kennesfrans* in the proper loading berth, and notice of Steamer's arrival there and ready to load being given to Charters in writing.

If Steamer arrives between 6 p. m. and 6 a. m., time not to count till 6 a. m., and arriving to load on Saturdays after 2 p. m., time not to count till Monday at 6 a. m.

Steamer to clear with Merchant's Broker *paying One hundred francs clearance.*

A Brokerage of five per cent. on the estimated gross amount of Freight is due to   on signing of this Charter by both parties, Steamer lost or not lost.

Penalty for Non-performance of this Agreement, estimated amount of Freight.

If Steamer does not arrive to load by the time specified above, Affreighters to have the option of cancelling this Charter.

(Sgd) John Waddie & C°

(Sgd) John Crawford

1 5/3 /86

---

(1) Or : of the place where the Cargo is insured.

ISSUED BY THE BOARD OF TRADE,
IN PURSUANCE OF 57 AND 58 VICT., CH. 60.

(O 3)

OFFICIAL LOG-BOOK.

NO. 3.

(Consisting of 24 Pages.)

FOR EITHER

FOREIGN-GOING OR HOME TRADE SHIP

Name of Ship.	Official Number.	Port of Registry.	Registered Tonnage.		Name of Master.	No. of his Certificate if any.
			Gross.	Net.		

Port at which and Date when Voyage commenced.	Nature of the Voyage or Employment.	Port at which and Date when Voyage terminated.
Port......................... Date.........................		Port......................... Date.........................

Delivered to the Superintendent of Mercantile Marine at the Port of...

on............day of................................. 189......

Countersigned

.... *Master*

Superintendent.

.... *Address.*

NOTE. — The above Entries are to be filled up by the Master, and the log-book is to be delivered to the Superintendent within forty-eight hours after the Ship's arrival, or upon the discharge of the Crew, whichever first happens, in the case of a « Foreign-going Ship » ; and within twenty-one days after the 30th of June and the 31st of December respectively in every year in the case of a « Home Trade Ship ». — *See Section* 242 *of the Merchant Shipping Act*, 1894.

Modèle n° 7

Feuillet n° 11 de l' « Official log-book ».

11

LOAD-LINE AND DRAUGHT OF WATER
POSITION OF DISC

* The centre of the disc is placed at   feet   inches below the   deck line marked under the provisions of the Merchant Shipping Act, 1894.

*POSITION OF LINES USED IN CONNECTION WITH THE DISC

SAILING SHIP

Maximum load-line in fresh water, _________ feet _________ inches above the centre of the disc.
Maximum load-line in winter, North Atlantic, _________ feet _____ inches below the centre of the disc.

STEAM SHIP

Maximum load-line in fresh water, _________ feet _________ inches above the centre of the disc.
Maximum load-line in Indian summer, _________ feet _________ inches above the centre of the disc.
Maximum load-line in summer, the centre of the disc.
Maximum load-line in winter, _________ feet _________ inches below the centre of the disc.
Maximum load-line in North Atlantic winter, _____ feet _____ inches below the centre of the disc.

* These particulars are to be taken from the certificate of approval of the position, or alteration of the position of the disc, and the words which are not applicable should be erased.

DATES OF ARRIVAL AT AND DEPARTURE FROM EACH PORT TOUCHED AT
WITH THE
FREE-BOARD AND DRAUGHT OF WATER
Upon every occasion of the Ship proceeding to Sea.

Arrival or Departure.	Date.	Hour.	Dock, Wharf, Port, or Harbour, at which the Ship arrives, or from which she proceeds to sea.	Draught of water in salt water at time of proceeding to sea.		Free-board amidships corresponding to foregoing draught.	
				Forward.	Aft.	Port.	Starboard.
				ft. in.	ft. in.	ft. in.	ft. in.

THE SUMMER MONTHS ARE APRIL TO SEPTEMBER INCLUSIVE
THE WINTER MONTHS ARE OCTOBER TO MARCH INCLUSIVE

The additional freeboard specified for the North Atlantic trades is to apply to vessels sailing to, or from, the Mediterranean or any British or European Port, which may sail to, or from, or call at, Ports in British North America, or eastern Ports in the United States, the entrance to which from the sea, or the entrance from the sea to the estuary or river on which such Ports may be situated, is north of 37° 30' north latitude, from October to March inclusive.

The reduced freeboard allowed for voyages in the Fine Season in the Indian seas only applies to vessels trading between the limits of Suez and Singapore.

TABLES

TABLE ANALYTIQUE DES MATIÈRES

A

C

D

E

F

G

M

N

O

P

R

S

T

V

W

Y

TABLE DES MATIÈRES

DEUXIÈME PARTIE

NOTIONS DE LÉGISLATION MARITIME COMMERCIALE

CHAPITRE Ier

L'État légal du navire de commerce.

TROISIÈME PARTIE

APPLICATIONS DU DROIT DE VISITE ET DES BLOCUS
AUX GUERRES MARITIMES CONTEMPORAINES

CHAPITRE Ier

Documents relatifs à la guerre franco-allemande de 1870.

DOCUMENTS ANNEXÉS

CHAPITRE II

Le Droit de Visite et les blocus pendant la guerre
franco-chinoise.

CHAPITRE III

Guerre italo-abyssine

CHAPITRE IV

Le Droit de Visite et les blocus pendant la guerre hispano-américaine.

APPENDICE. — NOTES DIVERSES

I. — DE LA DESTRUCTION DES PRISES

II. — ARRÊT DE PRINCE. — EMBARGO. — ANGARIE

III. — ÉVOLUTION MODERNE DES DROITS ET DEVOIRS

DES BELLIGÉRANTS ET DES NEUTRES

MODÈLES DE PAPIERS DE BORD FRANÇAIS ET ANGLAIS

Nancy, imprimerie Berger-Levrault et Cie.

Du Weser à la Vistule. *Lettres sur la marine allemande,* par Édouard Lockroy, ancien ministre de la marine, député. 1901. Un volume in-12, broché. . . **3 fr. 50 c.**

La Défense navale, par le même. 1899. Un volume in-8 de 582 pages, broché . **6 fr.**

La Marine de guerre. *Six mois rue Royale,* par le même. 2ᵉ édition. 1897. Un volume in-8 de 391 pages, broché . . . . **5 fr.**

Notre Marine de guerre en 1899. *Les vices de son organisation. Un programme de réformes.* Un volume in-12, broché . . . . **2 fr. 50 c.**

Notre Puissance navale, par J.-A. Normand. 1900. Brochure in-8 . . . **1 fr. 50 c.**

La Marine française au siècle prochain. *Sa réorganisation. Réformes nécessaires.* 1896. Un volume in-8, broché . . . . **4 fr.**

La Flotte nécessaire. *Ses avantages stratégiques, tactiques et économiques,* par le contre-amiral F.-E. Fournier. 1896. Un volume in-12, broché . . . . **3 fr.**

La Marine française au printemps de 1890, par J.-L. de Lanessan, député de Paris. 1890. Volume in-12 de 400 pages, broché . . . . **3 fr. 50 c.**

La Faillite de la marine. *Étude critique maritime et militaire,* par A. Demigny. 1899. Un volume in-12, broché . . . . **2 fr.**

La Marine dans les guerres modernes. *Guerre avec la Triple-Alliance. Guerre avec l'Angleterre,* par ***. 1898. Un volume in-12, broché . . . . **2 fr.**

La Leçon de Fashoda, par J. Legrand, ancien élève de l'École polytechnique, officier de marine démissionnaire. 1899. Un volume in-12, broché. . . . . **3 fr. 50 c.**

La Guerre avec l'Angleterre. *Politique navale de la France,* par le lieutenant X... 1899. Un volume in-12, avec 3 cartes stratégiques et 16 tables statistiques, br. . **3 fr.**

Guerre hispano-américaine (1898), par le capitaine Mahan, de la marine des États-Unis. *La Guerre sur mer et ses conséquences.* Traduit de l'anglais, avec l'autorisation de l'auteur, par le comte Alphonse de Diesbach. 1899. Un volume in-8, avec 2 cartes, broché . . . . **4 fr.**

La Tunisie. 1896. Publication en quatre beaux volumes in-8 :

— 1ʳᵉ partie : Histoire et Description. Le sol et le climat. L'homme. Organisation. Deux volumes avec 40 planches, dont 22 en couleurs, brochés . . . . **10 fr.**

— 2ᵉ partie : La Tunisie économique. Agriculture. Industrie. Commerce. Finances. Deux volumes avec 13 planches, dont 3 en couleurs, brochés . . . . **10 fr.**

Rapport sur l'Expédition de Madagascar, par le général Duchesne. Adressé au Ministre de la guerre. *Suivi de tous les documents militaires, diplomatiques et parlementaires,* relatifs à *l'expédition de 1895.* Avec 16 cartes, croquis ou itinéraires. 1897. Un volume grand in-8 de 487 pages et un atlas, broché . . . . **12 fr.**

Madagascar. L'île et ses habitants. Renseignements historiques, géographiques et militaires, par le capitaine G. Humbert. Avec un vocabulaire franco-malgache d'après les indications de M. Suberbie. 1895. Volume in-8, avec 8 cartes topographiques, broché. **4 fr.**

Mes Campagnes, par une femme (G. Vray). *Autour de Madagascar.* 1897. Un volume in-12, broché sous couverture illustrée en couleurs. . . . . **3 fr. 50 c.**
(Couronné par l'Académie française.)

Trente mois au continent mystérieux. *Gabon-Congo et Côte occidentale d'Afrique,* par Payeur-Didelot, ancien membre des missions Jules Crevaux et de Brazza. 1900. Un beau volume in-8 de 415 pages, broché, couverture illustrée . . . . . **5 fr.**

La Guerre au Dahomey. 1ʳᵉ partie : *1888-1893,* d'après les documents officiels, par Ed. Aublet, capitaine d'infanterie de marine, officier d'ordonnance du ministre de la marine. Un volume in-8 de 358 pages, avec un portrait, 21 croquis et 2 cartes, br. **7 fr. 50 c.**

— 2ᵉ Partie : *La Conquête du Dahomey (1893-1894),* par le même. Un volume in-8, avec 5 croquis et 1 carte, broché . . . . **5 fr.**

Histoire de la Conquête du Soudan français (1878-1899), par le lieutenant Gatelet, du 14ᵉ régiment de chasseurs à cheval, avec 13 croquis dans le texte et 13 cartes hors texte. 1901. Un beau volume in-8 de 531 pages, broché. . . . . **10 fr.**

Histoire de l'Armée coloniale, par Ned Noll. 1897. Un volume in-8, avec illustrations de M. Nayel. Broché . . . . **2 fr. 50 c.**

BERGER - LEVRAULT ET Cⁱᵉ, LIBRAIRES - ÉDITEURS
PARIS 5, rue des Beaux-Arts. — 18, rue des Glacis, NANCY.

LE PROBLÈME DE LA MARINE MARCHANDE

Par Maurice SARRAUT, avocat à la Cour d'appel de Paris, conseiller du commerce extérieur.
Préface de M. Édouard LOCKROY, député, ancien ministre de la marine. 1901. Un volume
in-8 de 425 pages, broché . . . . **6 fr.**

Les Transports maritimes. *Éléments de droit maritime appliqué,* par A. HAUMONT
et A. LEVARLY, avocats au barreau du Havre, professeurs à l'École supérieure de commerce
du Havre. 2ᵉ édition. 1898. Un vol. in-8 de 384 pages, relié en percaline gaufrée. **4 fr.**
Armements maritimes. *Cours professé à l'École supérieure de commerce de Marseille,* par C. CHAMPENOIS, capitaine au long cours, ancien commandant (Messageries
maritimes. 1895. Deux vol. in-8, avec 140 figures, reliés en percaline g . . . **10 fr.**
Manuel de Géographie commerciale, par V. DEVILLE, agrégé, professeur au Lycée
Michelet. (*Ouvrage récompensé par la Société de géographie commerciale de Paris.*)
1893. Deux volumes in-8 avec cartes et diagrammes, reliés en percaline gaufrée . **10 fr.**
Précis d'Histoire du Commerce, par CONS, professeur à la Faculté des lettres de
Lille, à l'École supérieure de commerce de Lille et à l'Institut industriel du Nord. 1895,
2 volumes in-8, reliés en percaline gaufrée. . . . . **8 fr.**
Manuel diplomatique et consulaire. Aide-mémoire pratique des chancelleries, suivi
d'un appendice à l'usage spécial des agents consulaires, par R. MONNET. 1899. Un volume
in-8 de 480 pages, broché . **7 fr. 50 c.** — Relié en percaline gaufrée. . **8 fr. 50 c.**
La Concurrence étrangère. **Les Transports par terre et par mer,** par Paul VIBERT.
1896-1897. Deux volumes grand in-8, chacun de 470 pages, brochés . . . . . **20 fr.**
Code annoté du Commerce et de l'Industrie. Lois, décrets, règlements relatifs au
commerce et à l'industrie, avec un commentaire tiré des circulaires ministérielles, de la
jurisprudence du Conseil d'État et de la Cour de cassation, par Georges PAULET, professeur
à l'École des sciences politiques. 1891. Un volume grand in-8 de 956 pages, sur deux colonnes, broché. . . . . **15 fr.** — Relié en demi-chagrin, plats toile. . . . . **18 fr.**
Code de Commerce et Lois commerciales usuelles, avec des Notions de législation comparée, à l'usage des élèves des Facultés de droit et des Écoles de commerce, par
E. COHENDY, professeur à la Faculté de droit et à l'École supérieure de commerce de Lyon.
3ᵉ édition. 1900. Un volume in-18, relié en percaline gaufrée . . . . **2 fr.**
Recueil des Lois industrielles, avec des Notions de législation comparée, à l'usage
des élèves des Facultés de droit et des Écoles industrielles et commerciales, par le même.
3ᵉ édition. 1901. Un volume in-18, relié en percaline gaufrée . . . . **2 fr.**
Les Tribunaux de commerce. Organisation, compétence, procédure, par A. HOUYVET,
ancien agréé près le Tribunal de commerce de la Seine, professeur à l'École supérieure de
commerce de Paris, avec une préface de M. F. RATAUD, professeur honoraire à la Faculté
de droit de Paris. 1894. Un volume in-8, relié en percaline gaufrée. . . . . . . **4 fr.**
Les Chambres de commerce avant et depuis la loi du 9 avril 1898, par Georges GUIL-
LAUMOT, auditeur au Conseil d'État. Un volume grand in-8 de 199 pages, broché. . **4 fr.**
Organisation générale des Colonies françaises et des pays de Protectorat,
par Édouard PETIT, sous-chef de bureau à l'Administration centrale des colonies, professeur
à l'École coloniale. 1894. 2 vol. grand in-8 d'environ 700 pages chacun. Prix de chaque vol.,
br. **12 fr.** — Relié en percal. **13 fr. 50 c.** — Relié en demi-maroquin. **14 fr. 50 c.**
(Couronné par l'Académie des sciences morales et politiques et par la Société de géographie de Paris.)
Le Régime du travail et la Colonisation libre dans nos colonies et pays de protectorat, par Henri BLONDEL, sous-chef de bureau au ministère des colonies. 1895. Volume
de 180 pages, broché . . . . **5 fr.**
(Ce volume fait suite à l'ouvrage de M. Ed. PETIT sur l'*Organisation des Colonies.*)

La Défense des côtes, par Albert GRASSET, lieutenant de vaisseau. 1899. Un volume
in-8 de 679 pages, avec 29 planches hors texte, broché. . . . . **10 fr.**
(Ouvrage couronné par l'Académie des sciences.)
La Défense des côtes d'Europe. Étude descriptive au double point de vue militaire et
maritime, par Carl DIDELOT, lieutenant de vaisseau. 1895. Un volume in-8 de 540 pages,
avec atlas grand in-4 de 204 cartes, brochés . . . . **25 fr.**
Reliés toile, l'atlas monté sur onglets . . . . **30 fr.**

Nancy, impr. Berger-Levrault et Cⁱᵉ.